广东省人才发展研究报告

Research Report on Talent Development
in Guangdong Province 2023

2023

郑贤操 萧鸣政 主编

中国社会科学出版社

图书在版编目(CIP)数据

广东省人才发展研究报告. 2023 / 郑贤操， 萧鸣政主编.
北京 ：中国社会科学出版社， 2025. 3. -- ISBN 978-7
-5227-5172-6

Ⅰ. C964.2

中国国家版本馆 CIP 数据核字第 2025GJ0623 号

出 版 人　季为民
责任编辑　许　琳
责任校对　苏　颖
责任印制　郝美娜

出　　版　中国社会科学出版社
社　　址　北京鼓楼西大街甲 158 号
邮　　编　100720
网　　址　http://www.csspw.cn
发 行 部　010-84083685
门 市 部　010-84029450
经　　销　新华书店及其他书店

印　　刷　北京君升印刷有限公司
装　　订　廊坊市广阳区广增装订厂
版　　次　2025 年 3 月第 1 版
印　　次　2025 年 3 月第 1 次印刷

开　　本　710×1000　1/16
印　　张　16.25
字　　数　235 千字
定　　价　98.00 元

《广东省人才发展研究报告(2023)》

领导小组

组　长： 郑贤操

副组长： 于海峰　萧鸣政

成　员： 郑贤操　于海峰　邹新月　罗贤甲　王志云
郑金栈　萧鸣政　林　莉　邓世豹　吕　英

研究小组

组　长： 郑贤操

副组长： 萧鸣政

成　员： 萧鸣政　陈小平　魏　伟　褚勇强　张睿超
楼政杰　冯建峰　谢含霁

组织编写机构　广东财经大学粤港澳大湾区人才评价与开发研究院

参与编写机构　北京大学人力资源开发与管理研究中心
广东财经大学人力资源学院

前　言

广东省委、省政府历来高度重视人才工作，自从20世纪80年代初以来，积极创新政策引进人才，设计制度激励人才。先进的人才工作是保障广东社会经济发展一直走在全国前列，也是广东推进新时代人才强省建设，推动广东更好地实现高水平科技自立自强的关键所在。

改革开放以来，广东经济社会发展实现了历史性跨越，GDP从1979年的209亿元增加到2023年的13.57万亿，连续35年位居全国第一，[①] 常住人口数量12706万人，比上年末增加49万人。连续16年全国第一。区域创新综合能力得分58.64分，连续7年蝉联全国第一，2023年全省研发投入4802.6亿元，位于全国第一，全省高新技术企业数量达到7.5万家，总数排名全国第一。其中全省专利授权总量70.37万件，居全国首位，比上年下降16.0%；其中，发明专利授权量14.31万件，增长24.4%。全年《专利合作条约》PCT国际专利申请量2.37万件，居全国首位。截至2023年底，全省发明专利有效量66.56万件，居全国首位。[②] 广东省已基本建成以创新驱动为战略支撑、以先进制造业为主体的实体经济、现代金融和人力资源协同助推发展的现代化经济体系。广东取得举世瞩目的发展成就，离不开人才支撑。为了全面地梳理和了解广东省人才发展情况，广东财经大学粤港澳大湾区人才评价与

---

① 2024年1月23日，广东省十四届人大二次会议开幕，省长王伟中在开幕会上做政府工作报告。报告指出，2023年广东地区生产总值达到13.57万亿元、增长4.8%，是全国首个突破13万亿元的省份，总量连续35年居全国首位。

② 广东省统计局、国家统计局广东调查总队：《2023年广东省国民经济和社会发展统计公报》，http：//www.gd.gov.cn/attachment/0/546/546406/4399833.pdf，2024年4月1日。

开发研究院牵头，联合北京大学人力资源开发与研究中心、广东财经大学人力资源学院等单位共同组织编写《广东省人才发展研究报告（2023）》（以下简称《发展报告》）。

《发展报告》编写组围绕全省区域人才的现状和分析，21 个地市人才开发与发展环境的评价和分析，全省人才政策分析，战略人才队伍、基础人才队伍的现状和分析，以及建设世界重要人才中心和创新高地面临的问题与建议等七个方面，全面阐述了近年来广东省人才工作的发展现状与经验。《发展报告》从启动、大纲确定、调查研究、具体编写到最后交稿，历时 20 个多月。全书内容大约 16 万字，七个章节。其价值在于对广东近年来的人才政策与工作发展情况进行了一个全面梳理和展现，并且在展现的同时，基于学术研究的视角进行了相关的研讨与分析，提出相关建议对策，对于政府部门的管理工作者、广大关心与支持粤港澳大湾区人才发展的师生、学者，均具有重要的参考价值。具体来说，其贡献包括六个方面：一是对广东省近年来的人才政策、人才发展与工作成就，进行了梳理与总结；二是对广东省人才发展方面的问题和不足，基于区域人才发展的视角提出了相关建议措施；三是对全省 21 个地级市的人才开发和人才发展环境近两年的情况进行综合评价和分析，为各地级市人才工作提供参考；四是对广东省人才政策存在的问题和不足，提出了进一步改进的对策建议；五是参考中央人才工作会议与党的二十大报告有关人才的新精神，对广东省战略人才与基础人才的建设问题与情况分别进行了探讨，针对这两方面的人才队伍提出了相应的发展建议；六是对广东省如何加快建设世界重要人才中心和创新高地的问题，进行了分析和建议。

《发展报告》是在广东财经大学党委书记郑贤操主编指导与把关下，由北京大学与广东财经大学的萧鸣政、陈小平、魏伟、褚勇强、张睿超、楼政杰、冯建峰、谢含霁等人员共同参与编写完成的。其中第一章主要由陈小平、谢含霁、萧鸣政完成，第二章主要由萧鸣政、张睿超参与完成，第三章主要由楼政杰与萧鸣政完成，第四章主要由褚勇强完成，第五章主要由魏伟完成，第六章主要由冯建峰完成，第七章主要由魏伟、萧鸣政、陈小平完成。

广东财经大学郑贤操书记高度重视《发展报告》的研究编写工作，从资料收集到中期审稿以及后期工作，均给予高水平的指导，前后多次参与书稿分工动员会、中期汇报与终稿审阅工作，提出了许多重要的建设性意见，为《发展报告》的质量提升，做出了重要贡献；萧鸣政教授根据郑贤操书记的要求，广泛参考国内外相关资料与以往白皮书撰写的工作经验，提出了《发展报告》的写作大纲与写作具体要求，进行分工计划，全程指导每位参与写作者的具体写作过程，包括 4 次章节写作框架具体修改与每章多遍逐章逐段修改批注与反馈工作；广东省委组织部与人力资源和社会保障厅、省科技厅等给予了大力的支持；邓梅林做了相关的协调工作。在此一并表示衷心的感谢！

全书内容主要是基于各类统计年鉴与公开的相关数据、并经课题组的相关分析。全书大部分数据是截至 2021—2023 年年底，但鉴于有些数据发布的滞后性和可得性，部分数据截至 2022 年。由于《发展报告》数据涉及面广，工作量大，获取比较难，研究人员水平有限，调研工作考虑不够全面，在相关章节的内容方面，可能存在不足，还需要进行深度挖掘和打磨，欢迎广大读者提出宝贵意见。

目　　录

第一章 广东省区域视角下的人才现状与分析

2021 年 9 月，习近平总书记在中央人才工作会议上明确提出，要在北京、上海、粤港澳大湾区建设高水平人才高地。① 黄坤明书记在 2024 年 2 月开年后的广东省高质量发展大会上提出“高质量发展是广东实现现代化的根本出路，高质量发展本质上是创新驱动发展。”“推进产业科技创新，人才是决定性因素。”因此，做好人才工作，既是广东省在粤港澳大湾区人才高地建设中发挥作用的基础，又是实现广东省高质量发展的内在要求，也是提升区域竞争力和创新能力的必要条件。根据广东地区经济社会发展的情况与差异，我们可以划分为珠三角地区、粤东、粤西与粤北等四个区域。珠三角地区包括广州、深圳、珠海、佛山、惠州、东莞、中山、江门和肇庆 9 市。粤东地区包括汕头、汕尾、潮州和揭阳 4 市。粤西地区包括阳江、湛江和茂名 3 市。粤北地区包含韶关、河源、梅州、清远和云浮 5 市。本章将基于此区域分类的视角出发，对广东省人才发展数量现状、质量现状、人才发展的经验与举措、存在问题进行深入分析，并提出针对性发展建议。

---

① 《习近平出席中央人才工作会议并发表重要讲话》，中华人民共和国中央人民政府网，https：//www. gov. cn/xinwen/2021-09/28/content_ 5639868. htm。

第一节 广东省人才资源数量现状

一 人才资源总量及结构分析①

(一)人才资源总量分析

《广东统计年鉴 2023》数据显示，广东省全省人才资源总量达 6904 万人，较上一年略有降低，减少了 168 万人，减少 2.38%。其中，珠三角地区为 4763.69 万人，较上一年减少 185.67 万人，减少 3.75%；粤东地区为 719.45 万人，较上一年增加 19.39 万人，增加 2.77%；粤西地区为 701.81 万人，较上一年减少 6.52 万人，减少 0.92%；粤北地区为 719.05 万人，较上一年增加 4.8 万人，增加 0.67%。

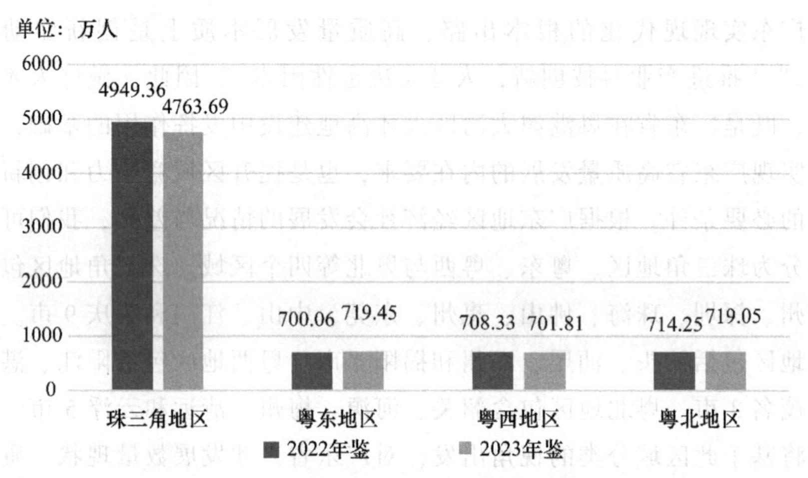

图 1-1 广东省各区域人才资源数量

(二)城乡人才资源结构分析

从城乡人才资源结构来看，2023 年的统计年鉴数据显示，广东省全

① 广东省统计局、国家统计局广东调查总队编：《广东统计年鉴 2023》(以下简称 2023 年鉴)。

省城镇人才资源数量共5389万人，较上一年有所降低，减少84万人，减少1.53%。其中珠三角地区4264.50万人，较上一年减少136.47万人，减少3.10%；粤东地区406.69万人，较上一年增加38.98万人，增加10.60%；粤西地区336.60万人，较上一年减少0.18万人，减少0.05%；粤北地区381.19万人，较上一年增加13.65万人，增加3.71%。全省乡村人才资源数量共1515万人，较2021年减少84万人，减少5.25%。其中珠三角地区499.19万人，较上一年减少49.20万人，减少8.97%；粤东地区312.76万人，较上一年减少19.59万人，减少5.89%；粤西地区365.21万人，较上一年减少6.34万人，减少1.71%；粤北地区337.86万人，较上一年减少8.85万人，减少2.55%。

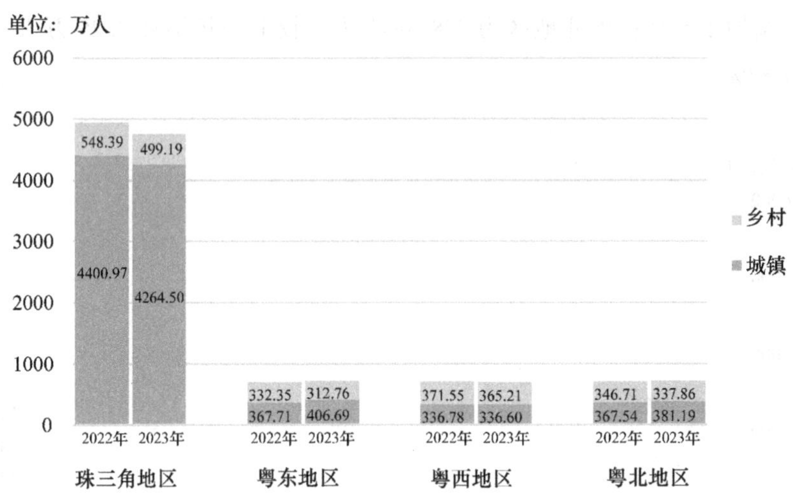

图1-2 广东省各区域城乡人才资源结构

资料来源：《广东省统计年鉴2022》《广东统计年鉴2023》。

（三）产业人才资源结构分析

从产业人才资源结构来看，2023年的统计年鉴数据显示，广东省全省第一产业人才资源数量共722万人，较上一年减少31万人，减少4.12%。其中珠三角地区为191.64万人，较上一年减少27.84万人，减少12.69%；

粤东地区为155.98万人，较上一年增加2.61万人，增加1.70%；粤西地区为196.03万人，较上一年减少4.12万人，减少2.06%；粤北地区为178.35万人，较上一年减少1.65万人，减少0.92%。全省第二产业人才资源数量共2524万人，较2021年减少41万人，减少1.60%。其中珠三角地区为1953.09万人，较上一年减少55.32万人，减少2.75%；粤东地区为241.19万人，较上一年增加8.07万人，增加3.46%；粤西地区为167.41万人，较上一年增加3.05万人，增加1.86%；粤北地区为162.31万人，较上一年增加3.20万人，增加2.01%。全省第三产业人才资源数量共3658万人，较上一年减少96万人，减少2.56%。其中珠三角地区为2618.96万人，较上一年减少102.51万人，减少3.77%；粤东地区为322.28万人，较上一年增加8.71万人，增加2.78%；粤西地区为338.37万人，较上一年增加5.45万人，增加1.59%；粤北地区为378.39万人，较上一年增加3.25万人，增加0.87%。

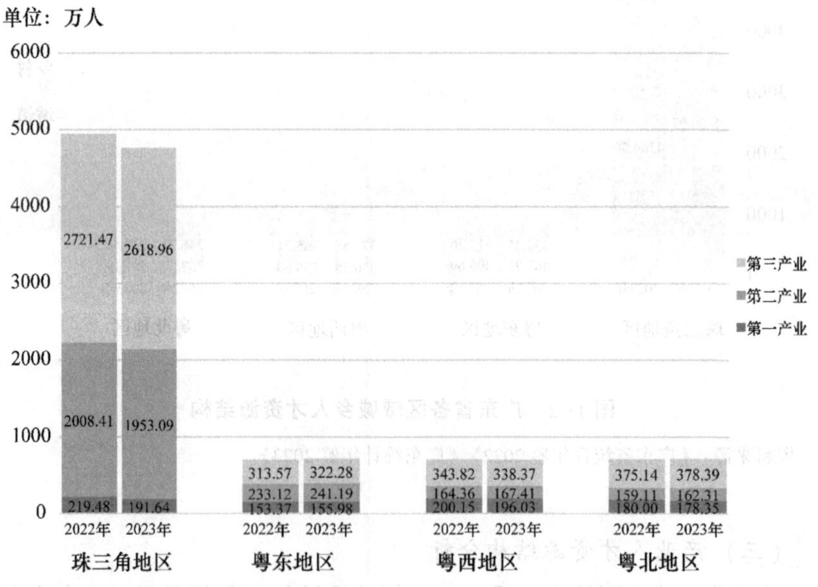

图1-3 广东省各区域产业人才资源结构

资料来源：《广东统计年鉴2022》《广东统计年鉴2023》。

（四）行业人才资源结构分析

从行业人才资源结构来看，2023年的统计年鉴数据显示，广东省全省各市城镇非私营单位各行业在岗职工共1993.65万人，主要集中在制造业（777.09万人），教育行业（164.40万人），公共管理、社会保障和社会组织行业（150.64万人），租赁和商务服务业（125.43万人）等。其中珠三角地区共1659.89万人，主要集中在制造业（709.08万人），租赁和商务服务业（117.16万人），教育行业（100.44万人）等；粤东地区共104.78万人，主要集中在制造业（23.63万人），教育行业（19.61万人），公共管理、社会保障和社会组织行业（15.70万人）等；粤西地区共101.53万人，主要集中在教育行业（21.78万人），建筑行业（16.96万人），公共管理、社会保障和社会组织行业（15.28万人）等；粤北地区共127.45万人，主要集中制造业（34.20万人），公共管理、社会保障和社会组织行业（23.19万人），教育行业（22.57万人）等。

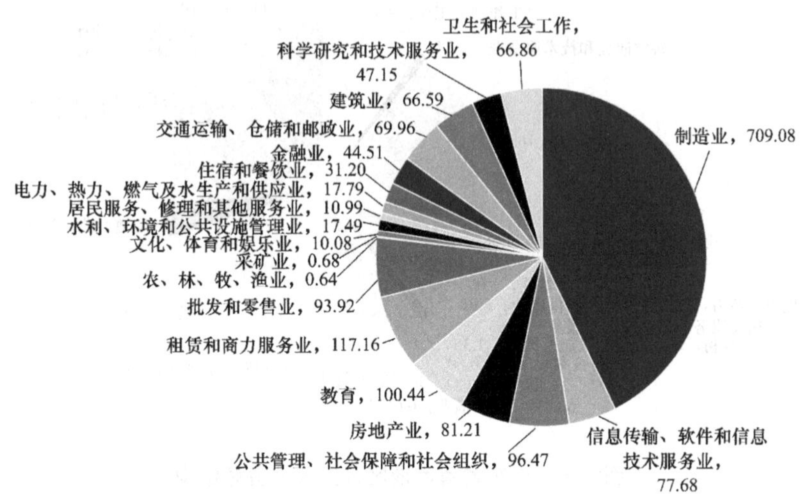

图1-4　广东省珠三角地区行业人才资源结构

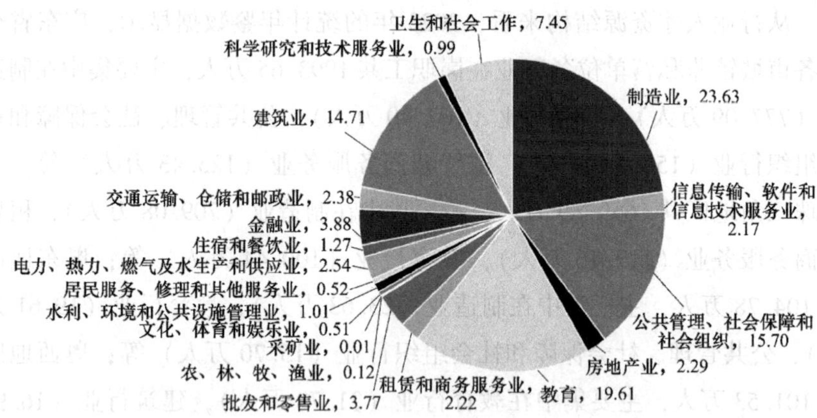

图 1-5　广东省粤东地区行业人才资源结构

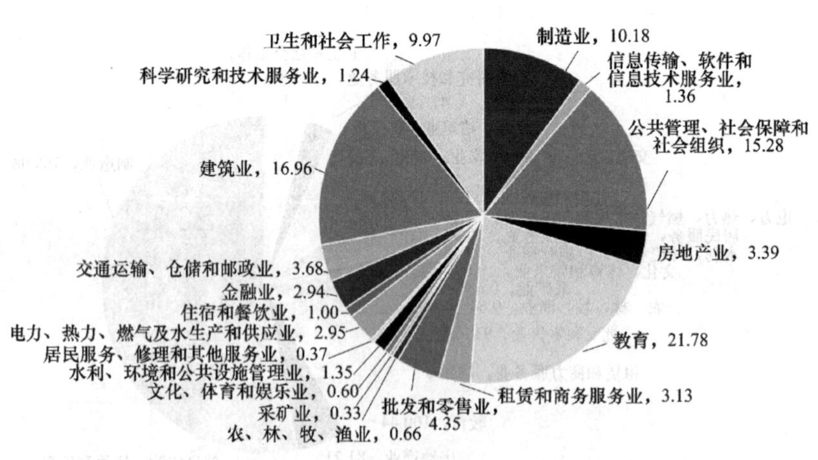

图 1-6　广东省粤西地区行业人才资源结构

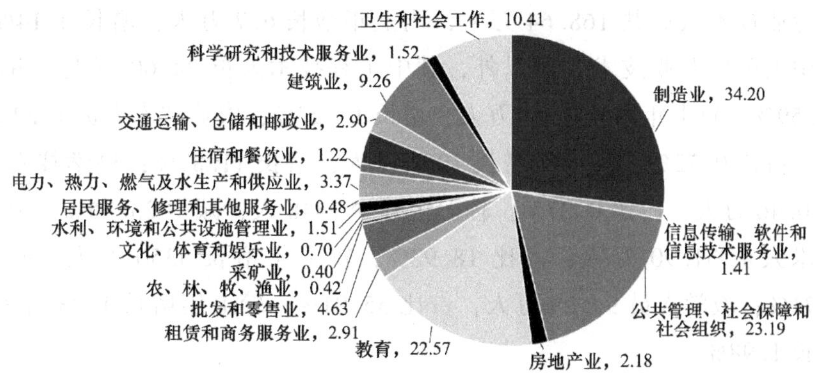

图 1-7　广东省粤北地区行业人才资源结构

二　人才队伍分析

人才队伍的发展现状分析不仅是对现有人力资源状况的一次全面审视，更是对未来发展战略规划的重要依据。通过对人才队伍的深入分析，我们可以识别人才结构的短板和优势，明确人才培养和引进的方向，优化人才政策，激发人才创新活力，促进人才与经济社会发展的深度融合。

由于数据的可获得性，本小节主要从专业技术人才、高技能人才、农业实用人才以及社会工作人才四个方面进行分析。专业技术人才以丰富的专业知识和创新能力，推动科技前沿的发展；高技能人才凭借精湛的技艺和实践经验，保障了工业生产的质量和效率；农业实用人才通过现代农业技术和管理知识，提高了农业生产力和可持续发展能力；而社会工作人才则通过专业的社会服务，促进了社会和谐与进步。本小节将从这四个关键领域出发，深入分析当前人才队伍的现状，以期为人才培养和政策制定提供参考和启示。通过对这些不同领域的人才队伍进行综合分析，我们可以更全面地理解人才资源的结构和发展态势，进而为实现人才强国战略目标提供坚实的基础。

（一）专业技术人才

2023 年的统计年鉴数据显示，广东省全省公有经济企业、事业单位专业技术人员共168.64万人，比上年增长6.7万人，增长4.14%。除中央单位专业技术人员以外，其中工程技术人员24.60万人，占比14.59%，较上年增长3.07万人，增长14.27%；农业技术人员1.22万人，占比0.72%，较上年增长1297万人，增长11.87%；科学技术人员0.46万人，占比0.27%，较上年减少1448人，减少23.85%；卫生技术人员31.90万人，占比18.92%，较上年增长5350万人，增长1.71%；教学人员94.29万人，占比55.91%，较上年增长1.83万人，增长1.98%。

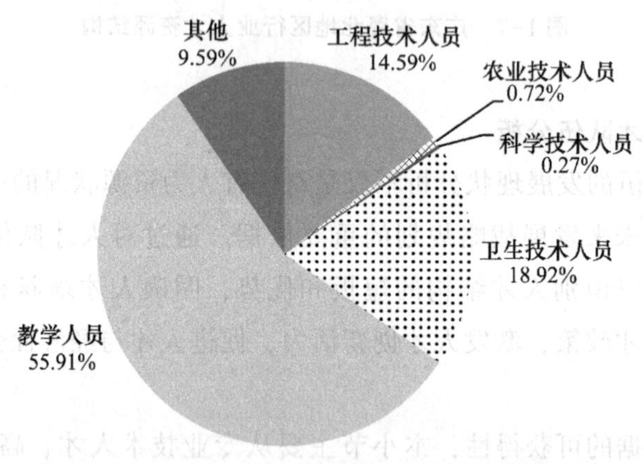

图1-8 广东省经济企业、事业单位各专业技术人员比重

教育人才是专业技术人才的重要组成部分。根据广东省教育厅于2023年6月发布的相关数据表明，全省各级各类学校专任教师163.58万人，比上年增加4.35万人，增长2.7%。其中学前教育专任教师35.10万人，占比21.46%，比上年增加0.59万人，增长1.7%；小学阶段教育专任教师60.20万人，占比36.80%，比上年增加0.98万人，增长1.7%；初中阶段教育专任教师32.79万人，占比20.05%，比上年增加1.28万人，增长4.1%；特殊教育专任教师7328人，占比0.45%，比上年增加739人，增长11.2%；普通高中专任教师16.47万人，占比10.07%，比上年增加7356人，增长

4.7%；中等职业教育专任教师 4.59 万人，占比 2.81%，比上年增加 941 人，增长 2.1%；高等教育专任教师 13.67 万人，占比 8.36%，比上年增加 0.58 人，增长 4.4%；另全省 8 所专门学校专任教师共 205 人，占比 0.01%。①

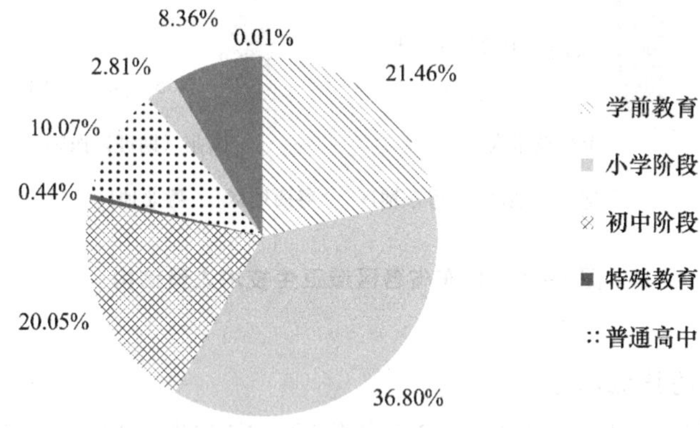

图 1-9　广东省各级各类学校专任教师比重

医疗卫生人才是专业技术人才的另一重要力量。2023 年的统计年鉴数据显示，广东省全省共有医疗卫生工作人员 111.18 万人，较上一年增加 4.94 万人，增加 4.65%。其中卫生技术人员 91.84 万人，其他技术人员 5.55 万人，管理人员 4.02 万人，工勤人员 9.76 万人。卫生技术人员中，执业（助理）医师 33.52 万人，注册护士 42.08 万人，医护比1∶1.26。从区域视角来看，珠三角地区有卫生技术人员 60.93 万人，执业（助理）医师 22.43 万人；粤东地区有卫生技术人员 8.61 万人，执业（助理）医师 3.35 万人；粤西地区有卫生技术人员 10.27 万人，执业（助理）医师 3.60 万人，粤北地区有卫生技术人员 12.04 万人，执业（助理）医师 4.13 万人。

① 广东省教育厅发布：《2022 年广东省教育事业发展统计公报》。

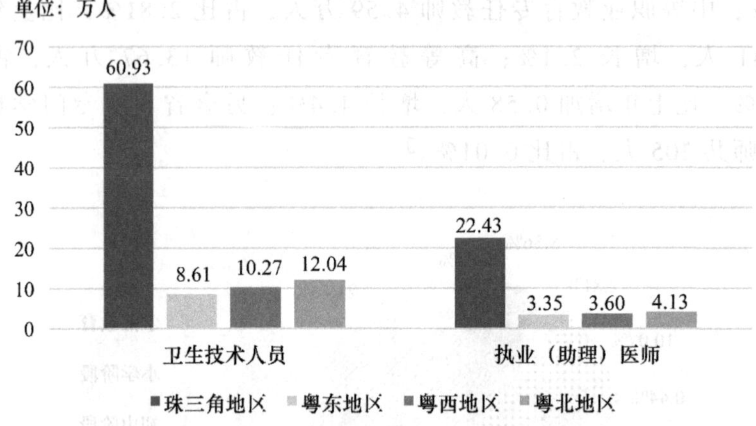

图 1-10　广东省各区域卫生技术人员结构

（二）高技能人才

2023 年 10 月，中共广东省委办公厅、广东省人民之政府办公厅出台《关于加强新时代广东高技能人才队伍建设的实施意见》，提出加强广东高技能人才队伍建设，培养造就更多高技能人才。

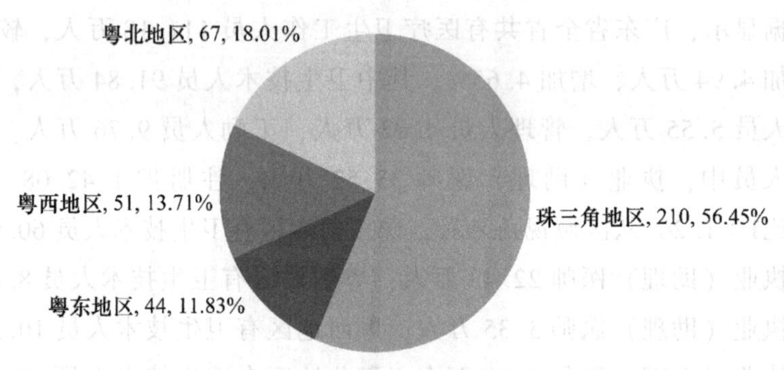

图 1-11　广东省各区域中等职业教育学校数量

近年来，广东省围绕产业导向和更高质量就业目标，不断推动技能人才教育工作，打造现代技工教育体系。全省现有 148 所技工院校，实现 21 个地级以上市技师学院全覆盖；在校生 65 万人，占全国的 1/7；

技工院校招生人数、教研成果、技能竞赛、就业率等九项主要指标均居全国第一。2023 年的统计年鉴数据显示，全省共有中等职业教育学校 372 所，其中珠三角地区共 210 所，占比 56.45%；粤东地区共 44 所，占比 11.83%；粤西地区共 51 所，占比 13.71%；粤北地区共 67 所，占比 18.01%。全省中等职业教育学校毕业生数共 27.19 万人，专任教师共 4.59 万人，其中珠三角地区毕业生共 16.64 万人，专任教师共 1.67 万人；粤东地区毕业生共 2.38 万人，专任教师共 0.48 万人；粤西地区毕业生共 4.18 万人，专任教师共 0.71 万人；粤北地区毕业生共 4.00 万人，专任教师共 0.73 万人。此外，广东省教育厅相关数据指出，全省共有专科层次高等职业教育院校 93 所。其中，珠三角地区共 72 所，占比 72.42%；粤东地区共 6 所，占比 6.45%；粤西地区共 7 所，占比 7.53；粤北地区共 8 所，占比 8.60%。高等职业教育院校毕业生 31.27 万人，专任教师共 5.15 万人。[①] 目前全省技能人才总量已达 1850 万人；[②] 98.72 万人次取得职业技能等级证书；已有 2115 家职业技

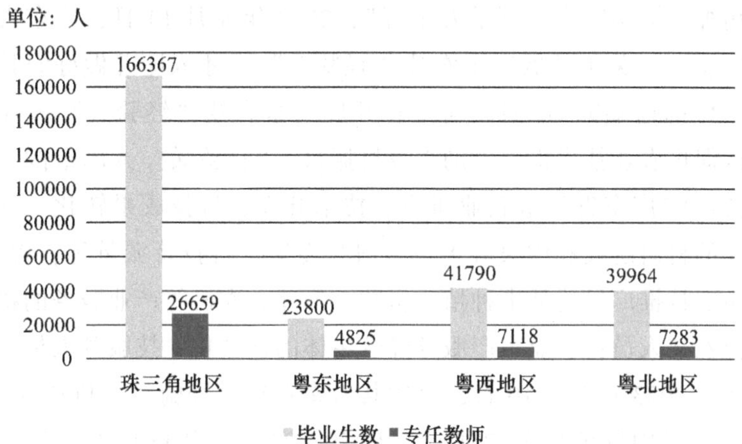

图 1-12　广东省各区域中等职业教育毕业生及专任教师数量

① 广东省教育厅：《广东省高等职业教育质量年度报告（2023）》。

② 《高质量发展调研行丨广东：打造现代技工教育体系》，光明网，https://baijiahao.baidu.com/s?id=1768282339851225106&wfr=spider&for=pc。

能等级评价机构，其中包括1566家企业、261家院校和288家社会培训评价组织。① 充足的高技能人才为经济社会高质量发展提供了有力支撑。

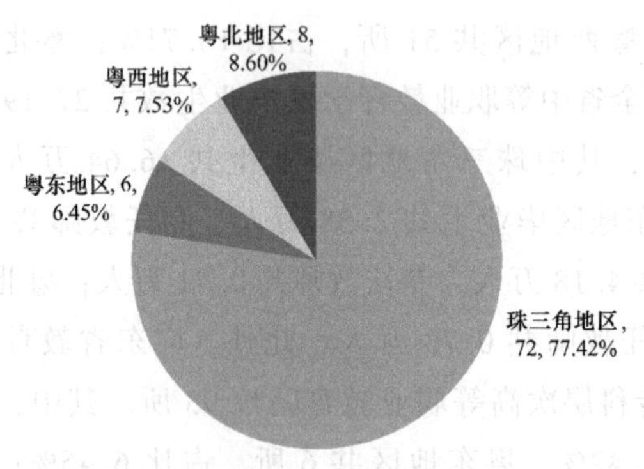

图1-13　广东省各区域高等职业教育院校数量

（三）农业实用人才

农业农村科技人才是农村实用人才的重要部分。为深入贯彻党的二十大精神，聚焦实施“百千万工程”，2023年4月14日，广东省农业农村厅发布《关于开展广东农技“轻骑兵”人才入库并做好农技需求对接工作的通知》，计划面向全省开展广东农技“轻骑兵”人才库建设，以促进农业技术推广，助力乡村振兴。“轻骑兵”入库范围主要包括三类：1. 广东省从事农业研究、技术开发、科技成果转化、推广应用工作的科研院校和中央驻粤单位科技专家、科技特派员等；省、市、县、镇农技推广机构从事种植、畜牧、渔业、农机等产业服务的机关事业单位农技人员；农业生产服务经营主体的社会化农技服务人员。

截至2023年5月10日，全省共入库农技“轻骑兵”机构（单位）9030个。其中科研院校47所，基层农技推广机构1394个，社会化服务机构7589个。从区域视角来看，珠三角地区农技“轻骑兵”机构2807个，占比31.09%；粤东地区农技“轻骑兵”机构1141个，占比

① 《广东近百万人次获职业技能等级证书　鼓励企业自主开展职业技能等级认定》，人民网，https：//baijiahao. baidu. com/s? id=1742637191635185915&wfr=spider&for=pc。

12.64%；粤西地区农技“轻骑兵”机构 1933 个，占比 21.41%；粤北地区入库农技“轻骑兵”机构 3149 个，占比 34.87%。全省入库农技“轻骑兵”专家和农技员共 22279 人。其中科研院校专家 1543 人，基层农技推广机构服务专家和农技员 9798 人，社会化服务机构乡土专家等 10938 人。按区域划分，珠三角地区入库农技“轻骑兵”最多，为 9213 人，与全省主要科研院校“科技专家”集中在珠三角地区有较大关系，占比 41.35%；粤东地区农技“轻骑兵”为 5740 人，占比 25.76%；粤西地区农技“轻骑兵”为 4750 人，占比 21.32%；粤北地区农技“轻骑兵”为 2576 人，占比 25.76%。①

（四）社会工作人才

广东省深入实施“广东兜底民生服务社会工作双百工程”，社会工作机构稳步增加，专业人才队伍不断壮大。截至 2022 年底，全省共建成1631 个乡镇（街道）社工站、9218 个村（居）社工点，社工人数

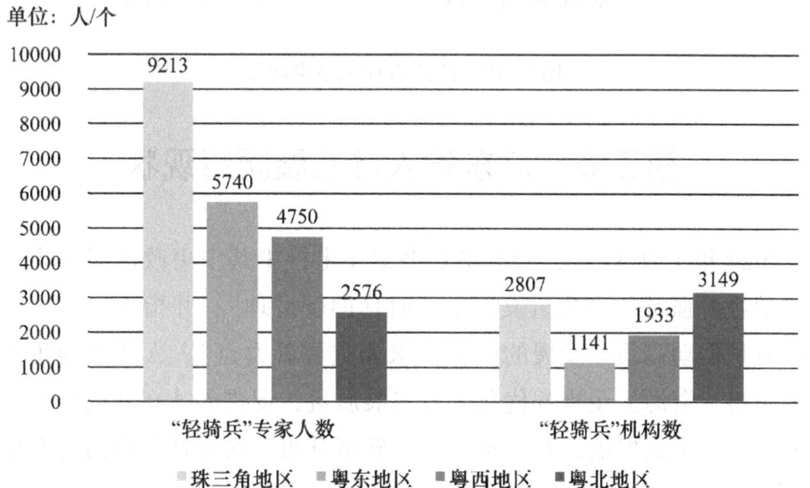

图 1-14　广东省各区域农技“轻骑兵”专家人数及机构数量

① 《9030 个机构、22279 人！数读农技“轻骑兵”人才库建设成效》，《南方日报》，https：//static.nfapp.southcn.com/content/202305/20/c7703135.html。

超过 2.8 万人，实现全省乡镇（街道）社工站（点）100%覆盖、困难群众和特殊群体社会工作服务 100%覆盖。①

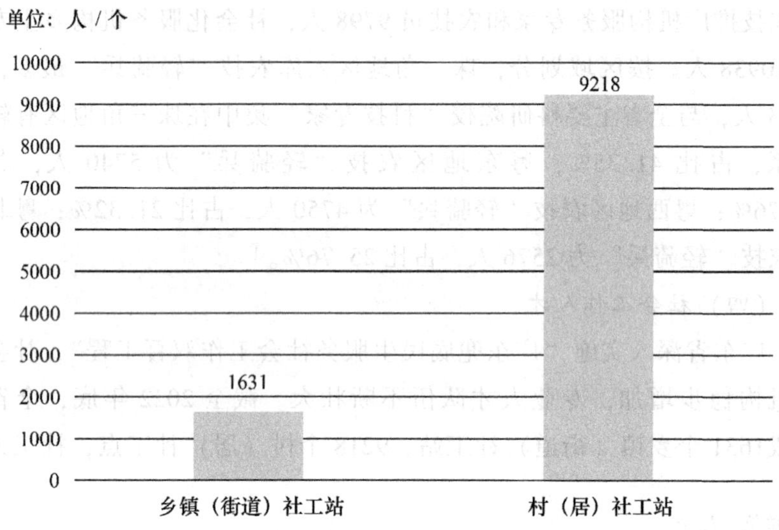

图 1-15　广东省社工站点数量

第二节　广东省人才发展质量现状

2024 年 1 月 31 日，习近平总书记在主持中共中央政治局第十一次集体学习时强调“高质量发展是新时代的硬道理”，并指出“发展新质生产力是推动高质量发展的内在要求和重要着力点”。人才作为生产力发展的第一资源，重视并优化人才发展质量，促进人才在新质生产力领域的均衡与全面发展，对于推动经济转型升级、实现社会和谐与全面进步具有至关重要的作用。本节将着重从人才资源总量增长率、人才密度、人才结构、产业人才偏离度、人才流动程度以及人才发展效能六个方面来分析广东省人才队伍总体质量。

① 广东省民政厅：http://smzt.gd.gov.cn/mzzx/tpxw/content/post_4122360.html。

一　人才资源总量增长率

人才资源总量增长率为2021—2023年广东省统计年鉴数据中人才资源总量增长率的年平均值，体现了人才发展的质量水平以及未来的发展潜力。广东省人才资源总量年均增长率全省总体为-0.95%的负增长趋势。从区域视角来看，珠三角地区和粤西地区的人才资源总量为负增长，粤东地区和粤北地区的人才资源总量为正增长，这也体现出近年来广东省促进劳动力向粤东和粤北的转移取得了一定成效。

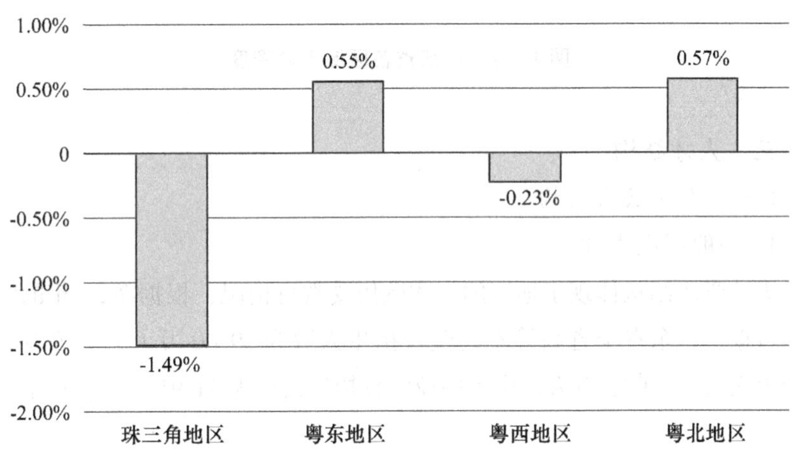

图1-16　广东省各区域人才资源总量增长率

二　人才密度

人才密度由各地区人才资源数量除以当地区常住人口数量获得，这一指标体现了地区的就业情况和人才的地区分布情况。根据2021年至2023年《广东统计年鉴》数据，从区域视角来看，珠三角地区作为全省经济发展的核心区和主引擎，人才密度显著大于粤东、粤西和粤北地区。粤东、粤西和粤北地区人才密度平稳发展，珠三角地区人才密度略有下降。

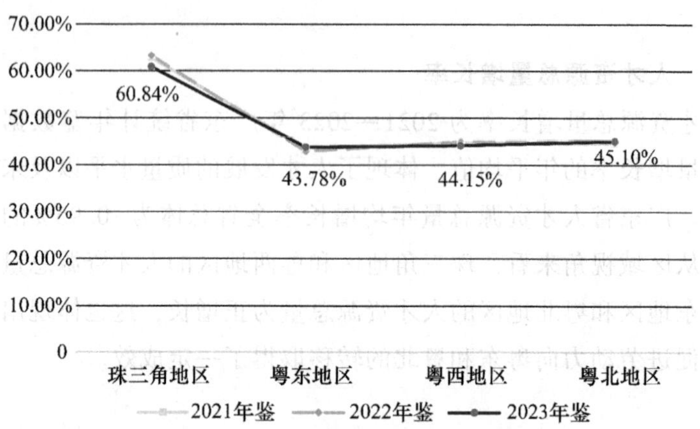

图 1-17　广东省各区域人才密度

三　人才结构

（一）人才层次结构

1. 一般层次人才

人才学历结构体现了地区的人才队伍受教育情况，根据 2023 年的统计年鉴数据，广东省全省高等本科院校招生人数为 39.00 万人，高等专科院校招生人数为 40.55 万人，中等职业院校招生人数为 34.91 万人，技工学校

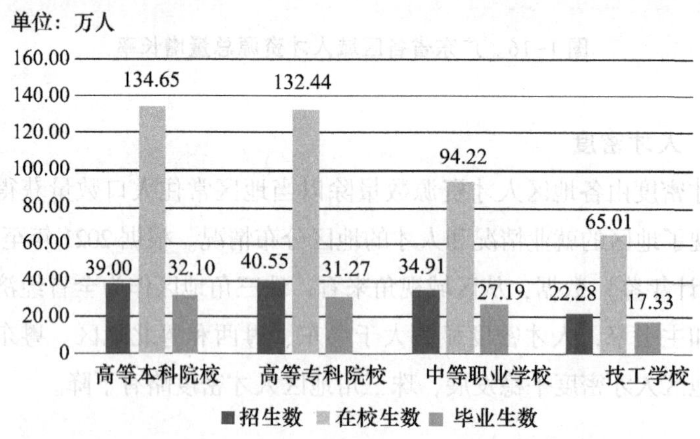

图 1-18　广东省一般层次人才数量

招生人数为 22. 28 万人，普通中学招生人数为 236. 55 万人；全省高等本科院校在校生人数为 134. 65 万人，高等专科院校在校生人数为 132. 44 万人，中等职业学校在校生人数为 94. 22 万人，技工学校在校生人数为 65. 01 万人；全省高等本科院校毕业人数为 32. 10 万人，高等专科院校毕业生人数为 31. 27 万人，中等职业学校毕业人数为 27. 19 万人，技工学校毕业人数为 17. 33 万人，普通中学毕业人数为 196. 30 万人。

2. 高层次人才

近年来，广东省高层次人才数量稳步增长，专业技术人才总量达 873 万，其中高层次人才 87 万。2023 年的统计年鉴数据显示，广东省博士生招生人数为 7687 人，博士生在校生人数共 27906 人，博士毕业生共 4506 人。

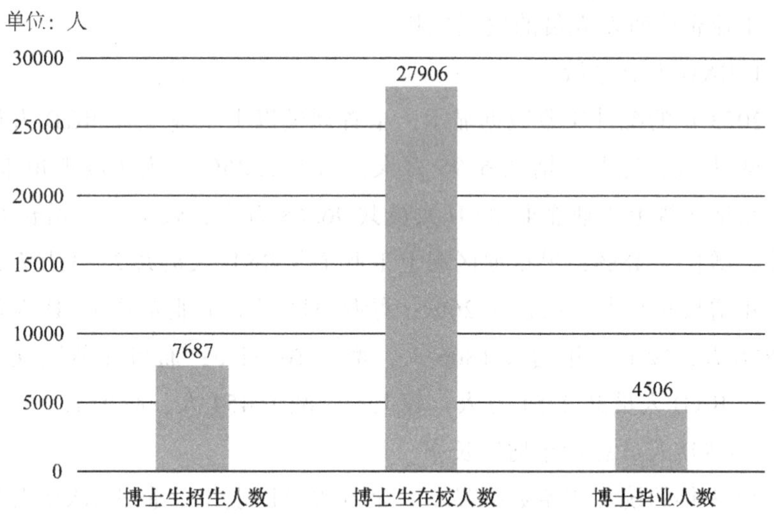

图 1-19　广东省博士人才数量

此外，2023 年的统计年鉴数据显示，全省高级职称批准人数共约 4. 75 万人，较上一年增长 1. 07 万人，增长 29. 14%；博士后招收人数 4519 人，较上一年增长 92 人，增长 2. 08%。全省建有博士后科研平台 1239 家、博士工作站 1083 家，在站博士后超 1. 1 万人，占全国 1/7。高水平建设“1+12+N”港澳青年创新创业基地孵化体系，为港澳青年成长成才创造更多机会，累计孵化港澳项目2823个、吸纳4122名港澳青年实现就业创业。①

（二）人才类别

研究与发展（Research and Development，R&D），指在科学技术领域中，为增加知识总量（包括人类文化和社会知识的总量），以及运用这些知识去创造新的应用而进行的系统的创造性活动，包括基础研究、应用研究、试验发展三类活动。在众多不同类别的人才中，研发人员作为推动科技进步和产业创新的关键群体，占据着举足轻重的地位。他们是知识经济时代最具活力的创新主体，代表着一个地区在新质生产力发展中的核心竞争力。广东省作为中国改革开放的前沿阵地和重要的经济中心，其研发人员队伍的规模、结构和能力直接关系到地区经济的创新力和未来的发展潜力。因此，本小节将聚焦于研发人员，分析广东省规模以上工业企业研发人员的发展现状。

1. R&D 人员总量

2023 年的统计年鉴数据显示，全省规模以上工业企业 R&D 人员共102.69 万人，比上年增加 6.95 万人，增加 7.26%。从区域视角来看，珠三角地区规上工业企业 R&D 人员共 96.68 万人，较上一年增长 6.73 万人，增长 7.48%；粤东地区规上工业企业 R&D 人员共 2.23 万人，较上一年增长 910 人，增长 4.26%；粤西地区规上工业企业 R&D 人员共1.28 万人，较上一年增长 1806 人，增长 16.41%；而粤北地区规上工业企业 R&D 人员共 2.51 万人，较上一年减少 454 人，减少 1.78%。

2. R&D 人员总量年均增长率

2023 年的统计年鉴数据显示，全省规模以上工业企业 R&D 人员总量的年均增长率总体为 6.17%。从区域视角来看，粤北地区规上工业企业 R&D 人员年均增长率最高，达 14.56%；珠三角地区和粤西地区的规上工业企业 R&D 人员也呈现逐年增长的趋势，年均增长率分别为6.22%和 8.44%；而粤东地区 R&D 规上工业企业 R&D 人员则呈现年均负增长的趋势，达-3.05%。

① 《广东高层次人才达 87 万，居全国前列丨粤港澳大湾区全球招商大会》，《南方日报》，https：//static. nfapp. southcn. com/content/202212/21/c7195769. html。

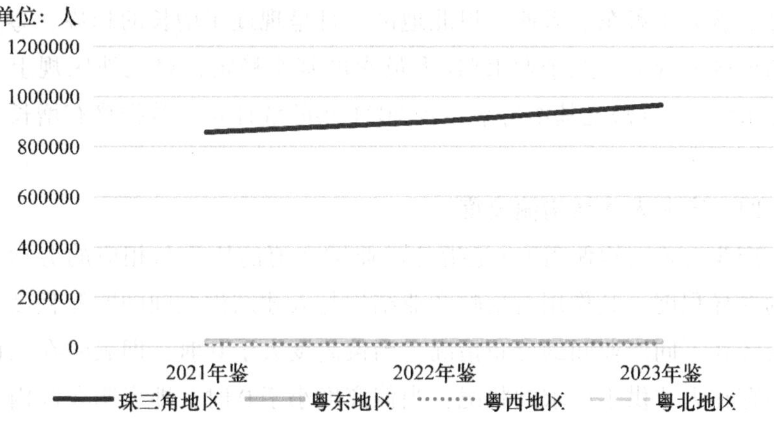

图 1-20　广东省各区域规上工业企业 R&D 人员总量

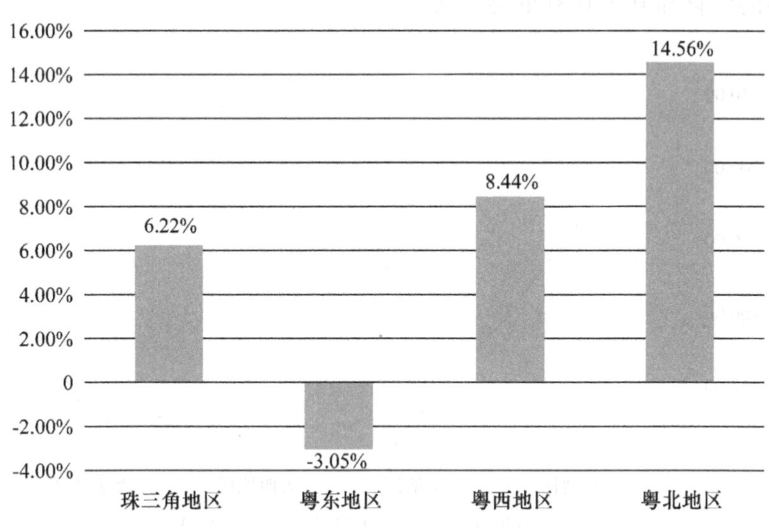

图 1-21　广东省各区域规上工业企业 R&D 人员总量年均增长率

3. R&D 人员密度

基于 2021 年至 2023 年《广东统计年鉴》数据，用各地市规上工业企业 R&D 人员数量（人）除以当地人才总量（万人）获得规上工业企业 R&D 人员密度数据。结果显示，珠三角地区规上工业企业 R&D 人员密度显著大于粤东、粤西、粤北地区，且呈现逐年增长的趋势。粤东和粤西地区的规上工业企业 R&D 人员密度基本稳定，粤北地区规上工业企业 R&D 人员密度基本持平，较 2021 年的统计年鉴数据略有增长。

四　产业人才结构偏离度

产业人才结构偏离度①是指各产业增加值的比重与相应的劳动力比重的差异程度。其作用是反映产业结构与人才结构之间的匹配程度，以及人才在不同产业间的分布情况。当偏离度大于 0 时，即表明在区内产业中存在人才供不应求的状况；当偏离度小于 0 时，即表明在区内产业中存在人才供过于求的状况。计算产业人才结构偏离度对于明确人才结构与产业结构的匹配程度，评估相关政策对人才结构的影响，推动产业结构的优化和升级具有重要意义。

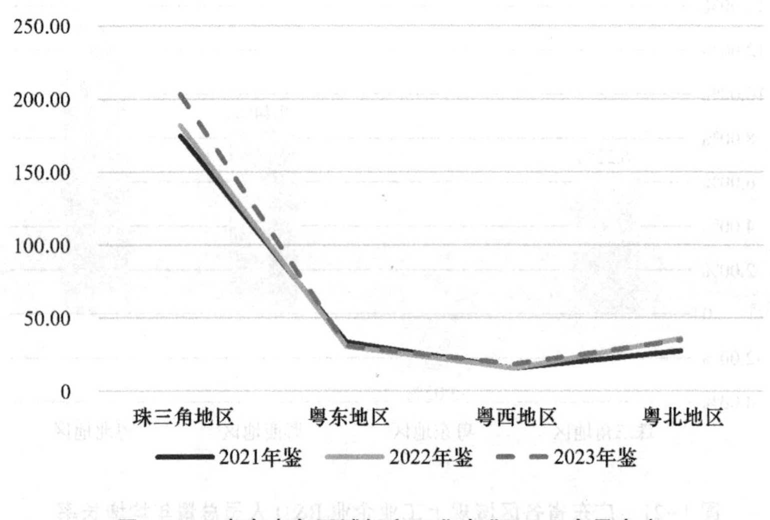

图 1-22　广东省各区域规上工业企业 R&D 人员密度

---

①　第一产业从业人才结构偏离度 =（GDP 第一产业构成比/第一产业从业人才构成比）-1；第二产业从业人才结构偏离度 =（GDP 第二产业构成比/第二产业从业人才构成比）-1；第三产业从业人才结构偏离度 =（GDP 第三产业构成比/第三产业从业人才构成比）-1；值小于 0，说明人才占比高于 GDP 占比，即人才占比偏高；值大于 0，说明人才占比低于 GDP 占比，即人才占比偏低。

从区域视角来看，广东省珠三角地区和粤东地区的第一产业人才结构偏离度分布小于0，即第一产业人才占比高于GDP占比，人才占比偏高，第二、第三产业人才结构偏离度分布大于0，即人才占比低于GDP占比，人才占比偏低；而粤西和粤北地区的第一产业和第二产业人才结构偏离度分布小于0，即第一产业人才占比高于GDP占比，人才占比偏高，第三产业人才结构偏离度分布大于0，即人才占比低于GDP占比，人才占比偏低。

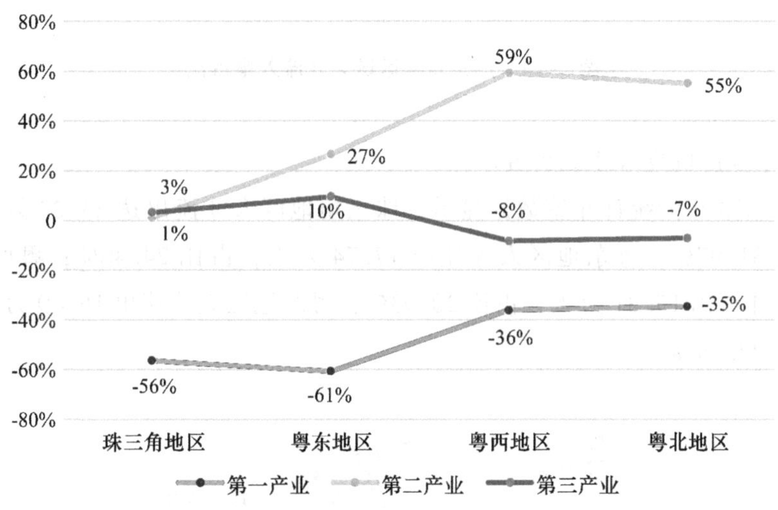

图1-23　广东省各区域产业人才结构偏离度

五　人才流动结构

（一）城市人才流入占比

2023年的统计年鉴数据显示，珠三角地区人才流入较大，共100.61万人，占比82.96%；粤东地区人才流入共7.30万人，占比6.02%；粤西地区人才流入共7.15万人，占比5.90%；粤北地区人才流入共6.20万人，占比5.12%。

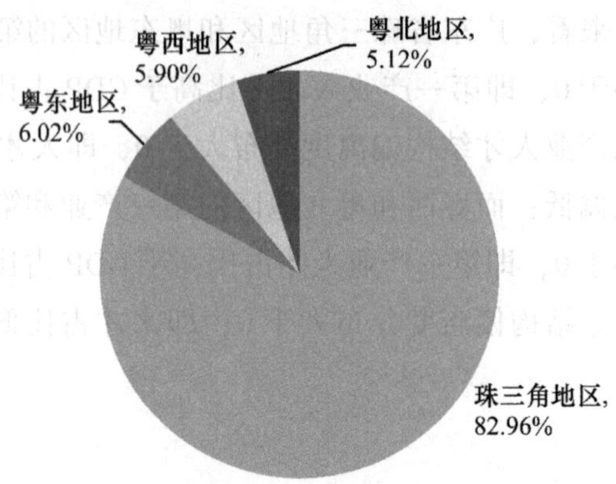

图 1-24 广东省各区域人才流入量占比

（二）城市人才流出占比

2023 年的统计年鉴数据显示，珠三角地区人才流出达 23.23 万人，占比 31.97%；粤东地区人才流出 17.74 万人，占比 24.40%；粤西地区人才流出 15.21 万人，占比 20.93%；粤北地区人才流出 16.49 万人，占比 22.69%。

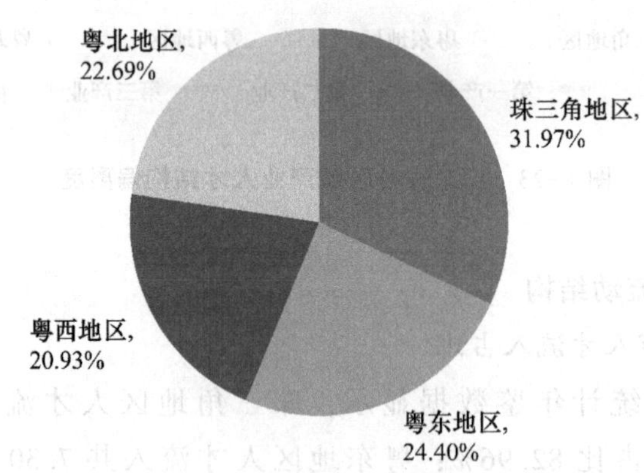

图 1-25 广东省各区域人才流出量占比

（三）人才流动结构

2023 年的统计年鉴数据显示，人才流动结构分布中，珠三角地区高于100%，达到433%，而粤东、粤西和粤北地区均低于100%，分别为41.17%，47.02%和37.61%。

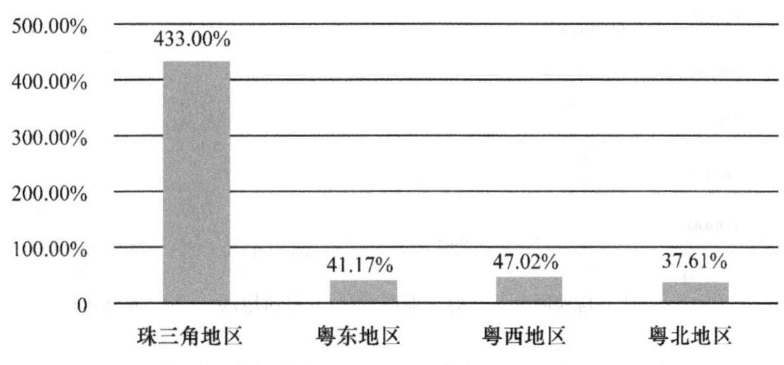

图1-26　广东省各区域人才流动结构分布

六　人才发展效能

（一）创新产出

创新产出是明确人才价值、优化资源配置、提高创新效率、增强竞争力并推动创新事业发展的重要指标。创新型企业的新产品销售收入在很大程度上取决于创新人才的技术创新和技术转化为市场产品的能力。当企业拥有具备创新能力和技术转化能力的人才时，他们更有可能开发出具有市场竞争力的新产品，进而提升新产品的销售收入。因此，本节分别采用规模以上工业企业新产品销售收入和占比衡量创新人才的技术创新转化效率。

1. 规模以上工业企业新产品销售收入

根据2023年的统计年鉴数据，广东省规模以上工业企业新产品销售收入大部分集中在珠三角地区，达到45298.13亿元，占比94.22%；粤东地区规模以上工业企业新产品销售收入达到940.16亿元，占比1.96%；粤西地区规模以上工业企业新产品销售收入达到499.60亿元，占比1.04%；粤北地区规模以上工业企业新产品销售收入达到1337.22亿元，占比2.78%。

2. 规模以上工业企业新产品销售收入占 GDP 比重

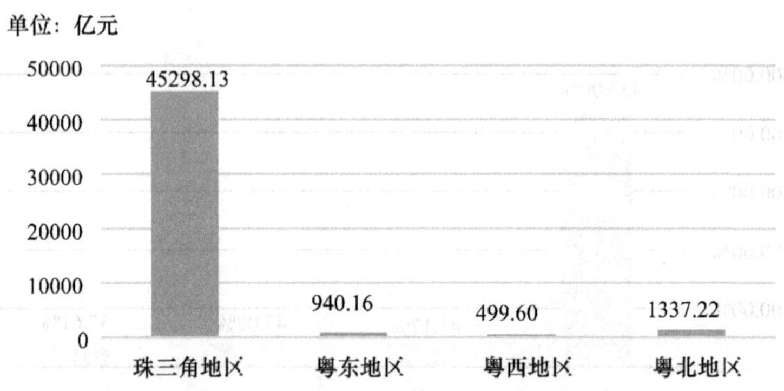

图 1-27　广东省各区域规上工业企业新产品销售收入

根据2023年的统计年鉴数据，广东省规模以上工业企业新产品销售收入占GDP 比重分布中，珠三角地区占比最高，达43. 27%；其次是粤北地区和粤东地区，占比分别为18. 14%和11. 88%，而粤西地区的占比仅5. 46%。

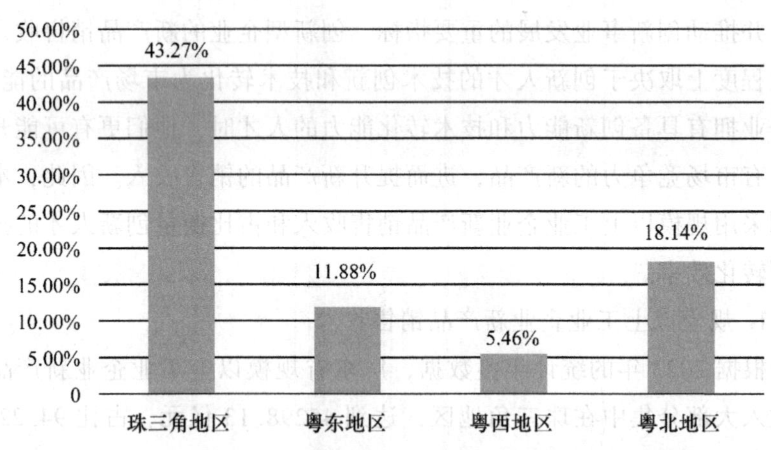

图 1-28　广东省各区域规上工业企业新产品销售收入占 GDP 比重

（二）经济产出

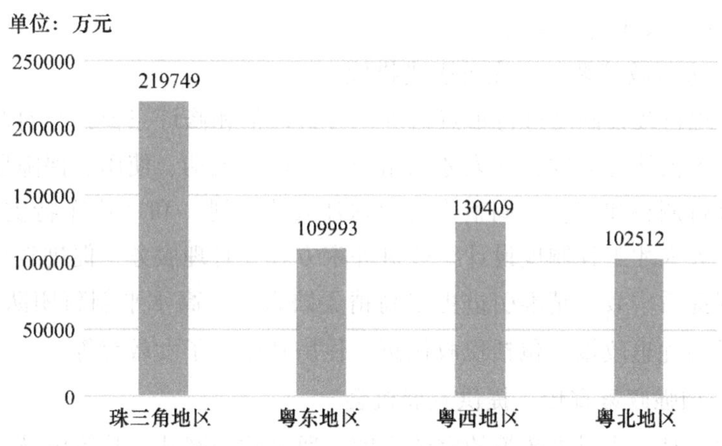

图 1-29　广东省各区域社会从业人才生产率

社会从业人才生产率①是反映地区社会生产力发展水平和经济实力的基本指标之一，也是衡量人才经济效能的重要参考。从区域视角来看，珠三角地区社会从业人才生产率最高，达 21.97 万元，其次为粤西地区，达 13.04 万元，然后是粤东地区，为 11.00 万元，粤北地区社会从业人才生产率略低，为 10.25 万元。

第三节　广东省人才发展的经验举措、存在问题及对策建议

基于广东省人才发展的数量以及质量现状，本节将重点关注广东省开展了哪些具体的人才发展举措来进一步推动人才资源的优化配置和能力提升。同时，本节还将指出当前人才发展过程中存在的问题和不足，并提出切实可行的对策和建议。

① 社会从业人才生产率＝GDP（万元）/社会从业人才数量（万人）。

一　人才发展的经验举措

(一) 人才引入举措

1. 进行政策调整，完善引进措施

对现行政策制度进行重点梳理、分析评估和修订完善，针对政策不协同、不衔接等问题，在人才的培养、引进、流动、使用、保障服务等环节进行调整和完善。调整优化“珠江人才计划”和“广东特支计划”等省重大人才工程制度设计，改进评审方式和管理服务，促进省重大人才工程提质增效，精准引进更多高精尖缺人才和高水平创新团队。[①] 出台一系列优惠政策，包括税收优惠、住房补贴、子女教育等。

2. 加强政策宣传，提供发展机会

加大对人才引进政策的宣传力度，通过政府网站、政策解读会、社交媒体、自媒体、人才招聘会、高校宣讲会、宣传手册、人才服务机构等多样化渠道，向全国乃至全球人才宣传广东省人才引进政策和优势，提高了广东省在人才市场上的知名度和影响力。同时，建立科技创新平台、产业园区，为人才提供了良好的创新创业环境和广阔发展机会。截至2023年底，广东省已经建立7家国家新一代人工智能开放创新平台和16家省级新一代人工智能开放创新平台，2家入选AI+算力“国家队”平台。[②] 此外，鼓励企业加大对人才的培养和投入，提高人才的职业发展空间和薪资待遇。

3. 简化引进流程，拓宽引进渠道

构建人力资源和社会保障厅网络服务平台，进一步简化人才引进流程，方便在线业务处理、浏览引进政策和相关信息；同时开展一站式人才服务，包括签证办理、住房安排、子女教育等，为人才进驻提供便

---

① 广东省科学技术厅发布：《广东省科学技术厅关于广东省十三届人大三次会议第1325号代表建议答复的函》，广东省科学技术厅网，https：//gdstc. gd. gov. cn/gkmlpt/content/3/3024/post_ 3024450. html#729。

② 广东省科学技术厅发布：《25个创新平台，国家队省队齐报到！广东这样布局AI新赛道》，广东省科学技术厅网，https：// gdstc. gd. gov. cn/kjzx _ n/gdkj _ n/content/post _ 4329590. html。

利。例如，深圳市推出“人才引进一站式服务”，将人才引进所需的多个审批环节整合到一个平台，提高办事效率。其次，积极拓宽人才引进渠道，与高校、科研机构、企业等建立合作，吸引优秀人才到广东工作。同时，鼓励人才参与自主创业、科研合作，为广东省的经济发展和社会进步做出贡献。

4. 建设人才住房，提供优质服务

广东省多个地市推进人才住房建设工作，为外来人才进驻提供住房。例如，深圳投入 1000 亿元设立人才安居集团，负责筹集建设人才住房，为人才提供安居保障。截至 2021 年 9 月，深圳市累计筹建房源 13. 66 万套，运营人才住房 151 万平方米，服务了 4000 余家企业和 10 万人才及家属。同时配备完善的生活设施和服务，如健身房、会议室、社交空间等，为人才提供了高品质居住环境。此外，广东省还为人才提供了优质的公共服务，建立了“一卡、一站、一网”的人才服务新模式。广东省人才优粤卡制度，已发放 3139 张优粤卡，为人才提供包括医疗、子女入学在内的 14 个方面的服务。[①] 这些公共服务的提供，不仅能够提高人才的生活质量，还能够让人才更加安心地在广东省工作和生活。

5. 建立人才数据库，举办人才交流会

广东省推进人才数据库建设，通过建立高层次人才信息数据库，以实现人才信息、人才成果、人才流向的“一库集成”，精准匹配高层次人才服务。[②] 该数据库的建立，旨在通过集中和整合人才相关信息，为人才的引进、培养、使用和留存提供更为精准和高效的服务。此外，广东省举办了各种形式的人才交流会，如中国国际人才交流大会、中国海外人才交流大学暨中国留学人员广州科技交流会（海交会）、深圳国际创新创业大赛国际赛，以及广东省各地市人才驿站活

① 《以全链条精细化服务建设“粤港澳大湾区（广东）人才港”　打造人才服务的“广东样板”》，广东人才网，http：// web. gdrc. gov. cn/gdrcw/xwdt/202102/e3fcdda4c2c844eb8bc20359d263c625. shtml。

② 《智汇湾区　才创未来——粤港澳大湾区（广东）人才港正式开港》，广东省人力资源和社会保障厅网，https：//hrss. gd. gov. cn/zwgk/xxgkml/gzdt/content/post_ 3900918. html。

动等，为人才提供了交流和合作的平台。这些活动的举办，不仅能够促进人才之间的交流和合作，还能够为广东省的经济发展和社会进步提供更多的智力支持。

（二）人才培养举措

1. 实施重大人才工程，构建人才培养体系

广东省不断优化实施“珠江人才计划”等重大人才工程，旨在柔性引才引智，健全科技领军人才和创新团队的引进、培养和使用机制，从而加快广东汇聚高端人才的步伐，为科技创新和产业升级提供了强有力的人才支撑。同时，广东省注重自主培养人才，大力发展高等教育和职业教育。例如，广东省拥有多所“双一流”建设高校，包括中山大学、华南理工大学等，这些高校为社会培养了大量高素质人才。此外，广东省还积极推进中外合作办学，如香港科技大学（广州）、香港城市大学（东莞）等，进一步提升了教育质量和国际化水平。

2. 打造创新创业平台，构建博士后工作体系

广东省通过“攀登计划”等项目资助大学生科技创新团队，推动青年大学生成长为创新创业的生力军。例如，过去5年，团广东省委累计投入1亿元专项资金，资助5000个大学生科技创新团队，这些团队在社会服务中作出了显著贡献。广东省不断打造学科专业齐全、行业分布广泛的博士后工作体系，建设博士后科研平台，提供具有竞争力的薪酬待遇，举办博士后创新创业大赛等，成功吸引了大量博士后人才，为粤港澳大湾区的科技创新和产业发展提供了强有力的人才支持。截至2022年底，全省已建成博士后科研平台1267家、博士工作站1083家。

3. 提升高等教育质量，完善教师队伍建设

广东省还注重提升高等教育质量，通过“冲一流、补短板、强特色”提升计划，推动高校科学定位、特色发展、争创一流。这一计划旨在形成规模适度、层次完善、结构合理、质量过硬、支撑力强的人才培养体系和科研创新体系。预计到2025年，广东省计划新增1至2所高校进入国家“双一流”建设行列，12至15所高水平大学进入全国前

列，打造一批具有国际竞争力的一流学科。[①]此外，广东省还注重提升教师队伍素质能力，通过加强师德师风建设，瞄准前沿领域和关键技术，加大人才培养引进力度。注重支持高校承担国家和省重大科研项目，聚焦重大科学和战略技术课题开展研究，提升原始创新能力。这些措施不仅提高了广东省高校的教学和科研水平，也为广东省的经济社会发展提供了强大的科技支撑。

（三）人才评价激励举措

1. 健全技能导向的激励机制

强化技能价值导向，引导企业建立健全基于岗位价值、能力素质和业绩贡献的技能人才薪酬分配制度。国有企业工资总额分配应向高技能人才倾斜，鼓励国有企业对评聘的技师、高级技师、特级技师、首席技师在工资结构中设置技能津贴等体现技能价值的工资单元。用人单位在聘的高技能人才在学习进修、岗位聘任、职务晋升、工资福利等方面，分别比照相应层级专业技术人员享受同等待遇。鼓励企业为高技能人才建立企业年金和补充医疗保险制度，企业可对作出突出贡献的优秀高技能人才实行特岗特酬。[②]

2. 完善高技能人才引进交流机制

健全人才服务体系，引导高技能人才合理流动和有效配置。建立健全技能人才柔性流动机制，鼓励技能人才通过兼职、服务、技术攻关、项目合作等方式更好发挥作用。鼓励各地将急需紧缺技能人才纳入人才引进目录，建立人才入县下乡激励机制，引导技能人才向粤东粤西粤北地区、基层一线流动，将高技能人才纳入城市直接落户范围，其配偶、子女按有关规定享受公共就业、教育、住房等保障服务。推进与港澳在高技能人才培养、职业教育与培训、职业技能竞赛等领域交流合作。支

---

① 广东省人民政府办公厅印发：《广东省人民政府办公厅印发高等教育“冲一流、补短板、强特色”提升计划实施方案（2021—2025 年）》，广东省教育厅网，https：//edu. gd. gov. cn/zwgknew/gsgg/content/post_ 3491666. html。

② 中共广东省委办公厅　广东省人民政府办公厅印发：《关于加强新时代广东高技能人才队伍建设的实施意见》，广东省人民政府网，https：//www. gd. gov. cn/gdywdt/gdyw/content/post_ 4328623. html。

持依托世界技能大赛等渠道，实施技能领域“走出去”“引进来”合作项目，积极参加和举办国际技能竞赛和国际性技能交流活动，多渠道组织高技能人才参加国（境）外培训交流活动，符合条件的可按程序报批列入政府出国培训团组计划。①

3. 畅通民营企业人才评价渠道

将民营企业高层次专技人才、急需紧缺人才、优秀青年人才纳入广东省职称评审“绿色通道”范围，直接申报相应级别职称。支持行业优势明显、人才资源密集的民营企业开展职称自主评审。鼓励民营企业参与职称评价标准条件制定，与企业相关的职称评审委员会、专家库要吸纳一定比例的民营企业专家。畅通民营企业“新八级工”职业技能等级申报渠道，支持符合条件的民营企业自主开展职业技能等级认定，对技艺高超、业绩突出的一线职工，按规定直接认定其相应技能等级。支持民营企业培养特级技师、首席技师，支持符合条件的民营企业申报省级、国家级高技能人才培训基地和技能大师工作室等平台建设。②

（四）人才服务举措

1. 人才优粤卡服务升级

广东省对人才优粤卡制度进行了修订和完善，以更好地服务、保障、吸引和激励人才。新办法扩大了服务对象，包括战略科学家、卓越工程师以及在关键技术领域的专家。持卡人可以享受多达 14 项便利服务，如户籍办理、社会保险、便利出行等，同时，简化了申办流程，强化了用人单位的主体责任，提升了人才服务管理水平。此外，省内各地全面落实对优粤卡持卡人的服务，确保了政策的全省通用性，提升了人才的获得感和满意度。

① 中共广东省委办公厅　广东省人民政府办公厅印发：《关于加强新时代广东高技能人才队伍建设的实施意见》，广东省人民政府网，https：//www. gd. gov. cn/gdywdt/gdyw/content/post_ 4328623. html。

② 《广东省人力资源和社会保障厅关于印发〈强化人社支持举措　助力民营经济发展壮大行动计划〉的通知》，广东省人力资源和社会保障厅网，https：//hrss. gd. gov. cn/zwgk/xxgkml/bmwj/gfxwj/content/post_ 4415601. html。

2. 人才引进配套服务完善

广东省不断创新人才引进与交流机制，以促进人才的合理流动和有效配置。政策鼓励引导技能人才向粤东粤西粤北地区、基层一线流动，并为他们提供公共就业、教育、住房等保障服务。同时，推进与港澳在人才培养、职业教育与培训、职业技能竞赛等领域的交流合作，支持高技能人才参与国际技能竞赛和国际性技能交流活动。此外，还加大了对高技能人才的表彰奖励力度，建立了技能导向的激励机制，鼓励企业建立健全基于岗位价值、能力素质和业绩贡献的技能人才薪酬分配制度。

二　人才发展存在的问题

广东省作为中国改革开放的先行地和经济强省，其人才发展状况一直受到广泛关注。然而，在快速发展的同时，广东省在人才发展方面也面临着一系列挑战和问题。这些问题的存在，不同程度地制约了广东省经济和科技的进一步发展。

（一）人才结构与产业发展不匹配

广东省的产业结构正在经历快速的转型升级，新兴产业和高科技产业的发展对人才提出了更高的要求。然而，人才结构的调整并未与产业结构的变化同步，导致了人才供需之间的不匹配。根据本章对产业人才结构偏离度的分析结果，广东省第一产业人才过剩，尤其在珠三角地区和粤东地区，第一产业的人才占比高于其 GDP 占比，表明这些地区第一产业的人才供过于求，可能存在人才资源浪费和效率低下的问题，而第二、第三产业的人才占比低于 GDP 占比，说明这些产业面临人才供不应求的状况。这些产业的人才不足也严重制约了产业的进一步发展和升级。产业人才结构偏离度的分布情况也反映出广东省产业结构调整可能滞后于经济发展需求，特别是在第一产业向第二、第三产业转型的过程中，人才结构未能及时适应新的产业需求。例如，根据《广东统计年鉴 2023》数据，广东省规模以上工业企业 R&D 人员共 102. 69 万人，比上年增加 6. 95 万人，增加 7. 26%。尽管 R&D 人员数量有所增加，但在某些关键领域，如集成电路、人工智能等，高技能人才的需求仍然旺盛，而供给却难以满足。这种结构性矛盾，不仅影响了人才的充分利用，也制约了产业的健康发展。

(二) 高技能人才不足

广东省在技能人才培养方面虽然取得了一定成效，但与经济社会发展的需求相比，高技能人才的总量仍有较大缺口。高技能人才队伍总量不足、结构不优、引领示范不强、评价机制不完善、使用激励机制不健全等是广东省一直面临的“老大难”问题。特别是在先进制造、电子信息、生物医药等关键领域，对高技能人才的需求远远超过了供给。广东省现有148所技工院校，实现21个地级以上市技师学院全覆盖；在校生65万人，占全国的1/7；技工院校招生人数、教研成果、技能竞赛、就业率等九项主要指标均居全国第一，截至2022年7月底，广东省有98.72万人次取得职业技能等级证书，这些数字虽然可观，但与广东省庞大的经济体量和产业需求相比，仍有较大的提升空间。此外，广东省各级职业技术院校、技工学校大多集中在珠三角地区，集中度较高，而粤东、粤西和粤北地区相对较少，这反映出广东省内不同地区在职业教育资源分配上存在不均衡。

(三) 人才流动不均衡

广东省内部的人才流动存在明显的地域差异。其中珠三角地区以其强劲的经济实力和丰富的就业机会，吸引了大量的优秀人才，人才流入占比高达82.96%。相比之下，粤东、粤西和粤北地区由于产业发展相对滞后，人才流入量较少，占比分别为6.02%、5.90%和5.12%。这种人才高度集中的现象，不仅凸显了区域经济发展的不平衡性，也可能对资源配置效率和广东省整体的经济社会发展造成影响。

人才流动的不均衡直接关联着各地区的经济发展水平和就业市场的繁荣程度。珠三角地区的人才流出量虽然也较高，但相较于其他地区，其流出占比31.97%低于流入量占比，显示出较强的人才保留能力。而粤东、粤西、粤北地区不仅面临人才流入不足的问题，还遭遇着较高的人才流出率，分别为24.40%、20.93%和22.69%，这无疑加剧了这些地区的人才外流问题，进一步削弱了其发展潜力。人才短缺地区可能因缺乏创新能力和产业升级动力而陷入发展瓶颈，而人才过剩地区可能面临资源过度集中和竞争加剧的问题。

（四）人才服务体系需进一步完善

广东省在人才服务体系的建设上虽取得了一定成就，但仍存在不少问题亟待解决。首先，在人才住房保障方面，高昂的房价与有限的住房补贴之间存在差距，导致许多人才难以在工作地安居，这不仅影响了他们的生活质量，也降低了工作满意度。其次，教育资源的分配不均问题依然突出，特别是在非珠三角地区，优质教育资源的缺乏限制了人才的流动和家庭的团聚，进而影响了人才的稳定性和发展潜力。在医疗保健服务方面，尽管广东省在医疗卫生领域有所投入，但医疗资源分布不均等问题仍然存在，专业医疗团队、设备等资源向珠三角地区倾斜，这也对人才及其家庭的健康保障构成了挑战。在公共服务设施建设方面，公共服务设施建设的完善程度也与人才的期望存在差距，特别是在文化、体育和休闲设施方面，尚未形成丰富多元的生活环境。此外，信息化人才服务平台的建设却尚处于起步阶段，服务效率和便捷性有待提高，在线人才服务功能也有待进一步开发。人才服务体系中，跨区域服务协同的不足导致了资源配置的碎片化，进而引发了资源的浪费和效率的降低。同时，体系内持续跟踪和反馈机制的不足，不仅让服务改进变得盲目和迟缓，而且阻碍了对人才需求的深入理解和快速响应，影响了服务的个性化和精准度，难以满足人才的期望和提升其满意度。

（五）人才培养模式需进一步完善

广东省在人才培养方面虽实施了一系列重要举措，但仍面临诸多挑战。首先，人才培养与市场需求之间存在脱节，导致部分高校毕业生在就业市场上难以找到与所学专业对口的工作，这不仅影响了个人的职业生涯发展，也造成了人才资源的浪费。这种脱节还可能导致某些行业和领域人才过剩，而其他领域却面临严重的人才短缺问题。其次，区域间教育资源分配不均衡，珠三角地区与广东省其他地区在教育质量和资源配置上存在明显差异。经济发达地区能够提供更优质的教育资源，吸引更多优秀教师和学生，而非珠三角地区则因资源匮乏而难以提升教育水平，这种不平衡限制了人才的均衡发展，加剧了地区发展的不平等。再次，科研创新能力有待提升，尽管广东省在科研项目和平台建设上取得了一定进展，但与国际先进水平相比，科研创新能力仍需加强。科研项目的实用性和转化率不高，科研经费使用效率有待优化，这影响了科研成果对经济社会发展的直接贡献。此外，教师队伍整体素质需进一步提高，特别是在非“双一流”高校和职业技术学院，优秀教师相对不足，教师的专业发展和教学研究能力需要加强。教师是人才培养的关键，教师队伍的素质直接影响教育质量和人才培养的效果。同时，创新创业教育普及和深化不够，学生缺乏必要的创新精神和实践能力，这在一定程度上制约了广东省经济社会的创新发展。在快速变化的经济环境中，创新创业能力是人才不可或缺的素质。最后，国际化人才培养程度不足，学生的外语能力、国际交流经验和跨文化沟通能力有待加强。在全球化背景下，国际化人才是连接广东省与世界的重要桥梁，提升国际化人才培养水平对于提升广东省的全球竞争力至关重要。

(六) 人才政策宣传和实施力度需加强

广东省的人才政策在宣传和实施方面也存在一些亟待解决的问题。目前，人才政策宣传手段主要依赖政府网站和传统媒体，这些渠道的覆盖面和影响力有限，导致许多优秀人才对本地的人才政策了解不足。宣传方式的单一性，缺乏针对性和互动性，使得政策信息难以有效触达不同行业和不同层次的人才。此外，政策的透明度和可达性不足，使得人才难以及时获取和利用相关政策，影响了政策的吸引力和效果。当前，一些政策虽然已经出台，但在执行过程中可能存在监管不严、执行不力的问题，导致政策效果不明显，未能真正惠及人才。需要建立更加严格的政策执行监督体系，确保每一项政策都能落到实处。同时，在政策的制定和实施过程中，应更加注重听取人才的意见和建议，增强政策的透明度和公信力。

(七) 国际化人才服务能力不足

广东省在国际化人才服务方面也面临一系列挑战。首先，语言障碍和文化差异问题突出使得外籍人才在获取当地生活信息、享受公共服务时常常遭遇不便，这限制了他们在社会和职业上的融入。其次，广东省对于国际化人才的职业发展支持不足。外籍人才在职业晋升和专业发展上缺乏必要的指导和支持，导致他们难以实现职业上的长远规划。此外，针对外籍人才的医疗、教育和住房服务尚存在缺口，特别是在医疗保险对接、国际学校资源以及人才住房政策等方面，外籍人才面临选择有限和服务不匹配的问题。政策宣传和信息提供的不足也成为阻碍外籍人才了解当地人才政策的阻碍，这使得他们难以全面了解政策内容和申请程序难，无法及时获取和利用相关政策。社会环境的开放性和包容性亦需加强，外籍人才在社会交往和文化适应上存在障碍，这影响了他们对广东省的归属感和满意度。

（八）创新创业支持体系的不完善

广东省的创新创业支持体系虽然取得了一定的成绩，但仍存在一些不足之处，限制了人才的创新潜力和创业活力的充分发挥。当前，在资金方面，许多创业者面临融资难、融资贵的问题，尤其是初创企业和小微企业，由于缺乏足够的抵押物和信用记录，很难从传统金融机构获得必要的资金支持。在技术指导方面，虽然广东省有一些创业孵化器和创新平台，但与国际先进水平相比，技术指导和咨询服务的专业性和针对性仍有待提高。在市场对接方面，创业者在市场调研、产品定位、营销策略等方面缺乏有效的指导和帮助，导致许多创新项目难以快速适应市场需求，影响了创业成功率。

此外，广东省的创新创业政策在宣传和执行上也存在一些问题。一些优惠政策虽然已经出台，但企业和创业者对政策的了解不足，导致政策的覆盖面和实施效果不佳。同时，政策执行过程中的审批流程繁琐、效率低下，也影响了创业者的积极性。

（九）人才交流平台欠缺

在广东省，人才交流和社交平台的缺乏已成为阻碍知识共享和创新合作的瓶颈。这种不足在知识经济时代尤为突出，人才间缺少有效的交流机制，限制了信息的自由流通和经验的深度交流。尽管广东省举办多次人才交流会，但仍然存在时间和空间的限制。脱离线下场地限制的线上交流平台的欠缺使得人才难以灵活交流，探索新领域的合作机会，导致创新思维和跨学科解决方案的产生受限。此外，缺乏线上交流平台削弱了人才之间的相互启发和创意碰撞，减缓了创新成果的孕育和推广。这不仅影响了广东省在科技创新和产业升级中的竞争力，也降低了人才对社区的归属感和参与度。人才因此感到孤立，缺少了集体智慧的支持和鼓励，这在一定程度上抑制了他们的创造力和主动性。

（十）人才心理健康问题关注不足

广东省的人才在面对高强度工作和激烈竞争的职场环境中，心理健康和职业压力管理服务的不足日益凸显。由于缺乏专业的心理辅导和压力缓解机制，许多人才承受着巨大的心理压力，这种压力若不加以妥善管理，不仅会降低工作效率和创造力，还可能引发焦虑、抑郁等心理健康问题。长期的职业压力还可能导致慢性疲劳、失眠等身体症状，严重时甚至影响家庭和社交生活，造成人才流失。此外，心理健康问题若得不到及时解决，还可能增加医疗成本，对社会和经济发展造成负面影响。因此，广东省亟须加强心理健康服务体系的建设，为人才提供更加全面和专业的心理健康支持。

三　人才发展的对策建议

广东省在人才发展方面需要从结构调整、人才培养、流动管理、服务体系、政策宣传、国际化人才服务、创新创业支持等多个方面入手，采取综合性措施，以解决存在的问题。这包括加强产业结构与人才结构的匹配研究，制定更加精准的人才培养计划；加大对高技能人才的培养和引进力度，特别是在关键领域和新兴产业；优化人才流动政策，促进人才在不同地区和产业之间的合理分布；加强人才服务体系和人才发展环境的建设，提高人才的生活质量和工作满意度；加大人才政策的宣传和实施力度，确保政策的有效性和实效性；提升国际人才服务能力，促进国际人才的发展；提供创新创业支持，引导人才沟通与合作等。通过这些措施，广东省可以进一步推动人才发展与经济社会发展的深度融合，实现区域经济的均衡和可持续发展。

第一，针对人才结构与产业发展不匹配的问题，广东省需要加强产业结构与人才结构的匹配研究，制定更加精准的人才培养计划，以确保教育和培训内容与市场需求同步。同时，产教融合的深化，如企业与高校、职业院校的合作，将有助于提高学生的实践能力和就业适应性。

第二，针对高技能人才总量不足的现状，广东省需要加大对高技能人才的培养和引进力度，特别是在关键领域和新兴产业。通过建立技能大师工作室、举办技能竞赛等方式，可以激发技能人才的学习热情和创新能力，同时为优秀人才提供展示平台。

第三，人才流动的不均衡也是广东省面临的一个重要问题。珠三角地区与广东其他区域的地域差异导致资源配置效率低下，进而影响广东省整体的经济社会发展。这要求广东省在政策制定和调整上做出响应，通过提供激励措施、改善生活和工作条件、增强产业吸引力等手段，促进人才向粤东、粤西、粤北地区流动，实现区域发展的均衡。

此外，教育和培训体系的不平衡也是造成人才流动不均衡的一个重要因素。加强非珠三角地区的职业教育和技能培训，提高当地人才的培养和留存，对于缩小区域发展差距至关重要。同时，地方政府需要展现高效的治理能力，通过优化投资环境、提高公共服务水平等措施，解决人才流动不均衡的问题，推动广东省实现更加协调和可持续的发展。

为了缓解这一问题，广东省需要制定更加灵活的人才流动政策，降低人才流动的门槛和成本，鼓励人才向基层和边远地区流动。同时，通过产业扶持、基础设施建设等措施，提高粤东、粤西、粤北地区的吸引力，促进区域协调发展。

此外，为了提高人才的生活质量和工作满意度，广东省需要加强人才服务体系和人才发展环境的建设。通过完善和普及各地市人才服务的一站式平台，提供包括户籍办理、子女教育、医疗保健等全方位服务，为人才提供更加便利的工作和生活条件。同时，进一步推行人才绿卡制度，为高层次人才提供更多的便利服务；注重人才的心理健康，提供心理咨询和辅导服务，帮助人才更好地适应工作和生活。

广东省在教育、科研、社会保障等方面的投入力度还需加大。教育资源的不均衡分配、科研经费的使用效率、社会保障体系的完善程度等问题都需要进一步解决，以创造一个更加有利于人才成长和发展的环境。此外，广东省还需要加强人才培养与市场需求的对接，提高教育和培训的针对性和实效性。通过这些措施，广东省可以进一步推动人才发展与经济社会发展的深度融合，实现区域经济的均衡和可持续发展。

广东省在人才政策宣传和实施力度方面也需加强。人才政策的宣传力度不足，导致一些优秀人才对本地的人才政策了解不够，从而影响了政策的吸引力和效果。为了提高政策的有效性和实效性，广东省需要通过多种渠道加强人才政策的宣传，提高政策的知晓率和参与度。同时，建立健全政策执行的监督机制，确保政策落到实处，有效惠及人才。在政策的制定和实施过程中，应更加注重听取人才的意见和建议，增强政策的透明度和公信力。

广东省还需全面提升对国际化人才的服务能力，以吸引和留住全球优秀人才。例如开展建立多语言服务体系，提供文化适应性支持，设立职业发展咨询中心，发展国际教育资源，改善健康医疗服务，优化住房政策，简化签证流程，加强法律援助，构建社交和网络平台，打造国际化营商环境，并加强公共服务人员的跨文化培训等多项举措，从而形成一个更加开放、包容、有利于国际人才发展的生态环境，以确保外籍人才能够获得真正的服务和支持。

首先，广东省在完善创新创业支持体系方面，可以通过政府引导降低初创企业融资门槛，鼓励风险投资参与早期项目。其次，提供一站式创业服务平台，集成市场分析、法律咨询、技术指导等服务，帮助创业者快速成长。通过加强创业教育和培训，激发人才的创新精神和实践能力，特别是在高校和职业技术院校中推广创业课程。再次，政府还应当尽可能优化政策环境，简化企业注册和行政审批流程，减少创业初期的行政负担。最后，搭建人才之间的无障碍线上沟通交流平台，为创业者与投资者、行业专家的交流提供载体和机会，促进人才之间的知识碰撞，努力促成创意向实际产品和解决方案的转化。通过这些措施，可以激发广东省的创新活力，培育更多高质量的创业项目。

综上所述，广东省在人才发展方面需要采取综合性措施，从人才培养、引进、流动管理、服务体系、政策宣传、国际化人才服务、创新创业支持等多个方面入手，构建全方位的人才发展体系。通过上述政策建议的实施，广东省可以有效解决人才发展中存在的问题，进一步吸引和留住人才，激发人才的创新活力，为广东省的经济社会发展提供强有力的人才支撑。

第四节　本章小结

本章全面剖析了广东省人才发展的现状与趋势，凸显了人才在推动广东省高质量发展中的关键作用。广东省的人才发展被划分为珠三角、粤东、粤西与粤北四个区域，每个区域都有其独特的优势和面临的挑战。珠三角地区作为经济发展的核心引擎，尽管人才密度较高，但存在人才结构与产业发展不匹配的问题；相较之下，粤东、粤西与粤北地区在吸引和留住人才方面存在较大挑战。

尽管广东省的人才总量略有下降，但城乡就业结构的调整、产业就业结构的优化和行业就业结构的变化，均展现了广东省在人才资源配置上的灵活性和适应性。广东省在人才发展方面实施了一系列措施，包括政策调整、人才引进、人才培养、评价激励和服务体系的完善，旨在构建一个更具吸引力和竞争力的人才发展环境。然而，在这一过程中，也遇到了人才结构与产业发展不匹配、高技能人才短缺、人才流动不均衡等一系列问题，这些问题在一定程度上限制了广东省经济和科技的持续发展。

针对这些问题，本章提出了一系列对策建议，包括加强产业结构与人才结构的匹配、优化人才流动政策、完善人才服务体系、加大人才政策的宣传和实施力度、提升国际人才服务能力，以及完善创新创业支持体系等。这些综合性措施的实施，将有助于广东省进一步促进人才发展与经济社会发展的深度融合，推动区域经济实现均衡和可持续增长。通过这些努力，广东省有望克服现有挑战，为实现全面建设社会主义现代化国家的目标贡献力量。

总体而言，本章为理解广东省人才发展的现状、经验、问题及未来发展方向提供了区域性视角，为相关政策制定和实施提供了有力的参考和指导。

第二章　广东省区域人才开发现状与分析

人才开发，在深入实施新时代人才强国战略与粤港澳大湾区高水平人才高地建设的实践中，具有非常重要与关键的作用。对于广东省高质量发展具有决定作用。参考《广东省人才发展报告 2021》相关内容与数据可获得性的现状，我们构建了一套有关人才开发能力与水平的评价指标体系，以指数化的形式反映区域人才开发的现状与趋势。通过监测广东省四大区域人才开发的总体情况和发展能力，帮助政府、企业、公民等主体掌握人才开发的最新动态，进而为提升当地人才开发工作实效提供决策指导。

第一节　人才开发指数概述

一　人才开发及其作用

人才开发，兼具管理与投资的双重属性，其目的是有计划地实现本区域内人力资本的整体增长。人才开发的常见途径包括教育培训、医疗保健、配置优化、迁移流动、优生优育等。政府通过制定实施本区域人才开发政策法规，建立健全相关体制机制，为人才发展创造条件和环境，涉及教育培训、医疗保健、配置优化、迁移流动、优生优育、科技研发等多个领域。人才开发要顺应区域的经济发展规律，这些规律包括距离衰减规律、点线面体规律、克拉克定律、后发赶超效应规律等①。

① 萧鸣政、戴锡生主编：《区域人才开发的理论与实践》，中国劳动社会保障出版社 2009 年版，第 2 页。

本研究中我们将人才开发定义为：政府为提高本地区人才的数量与质量、促进经济社会发展，对本区域内人口进行教育、培训、调配、使用、保障、迁移等活动，形成足够数量和质量的现实人才资源以及潜在人才资源储备的过程。

人才开发对于一个地区发展的作用主要体现在政治、经济和社会三个方面。在政治方面，人才强国是我国的基本战略之一。实行人才开发有助于控制人口增长速度，提高人口素质水平，实现由粗放型向集约型的转变；对下岗与待业人员实行再就业培训工程、开拓多元化就业格局，能够化解社会矛盾，减轻就业压力，确保社会安定。在经济方面，做好人才开发工作可以为社会经济的协调发展提供最基本的保证。对于一个国家来说，提高人力资源的整体素质是促进经济发展和社会进步的重要措施；学校教育可以使人口转变为可能的劳动力，在职培训可以使可能的劳动力转变为现实的劳动力，而提高性的培训与开发可以保持现实的劳动力并发展其潜在的劳动能力。在社会方面，人才开发具有促进组织发展与社会经济可持续发展的作用。人才开发是协调人口与资源关系的重要措施，是改善人口与生态环境关系的根本途径；人才开发有利于提高自然资源的利用率，以人力资源替代自然资源的不足与贫乏；人才开发可以造就一大批高素质的科技人员队伍，既能促进科学技术水平的提高与普及，促进社会生产力的发展，还能推动科技水平的发展，进而推动社会产业结构的变化；人才开发能为国家的经济转型与持续发展奠定一个良好的基础，既可以提高人力素质与能力，又可以提高国民的收入水平、消费水平与消费需求。

二 人才开发指数的概念及研究现状

区域人才开发，涵盖了人力资源的形成、引进、分配、使用等多个环节，是一项动态循环的系统性工程。区域人才开发兼具管理与投资的双重属性，通过有计划地提升本区域人员的知识、能力、技能、经验、智慧、健康等要素，促进人力资本数量和质量整体性、可持续增长①，

① 萧鸣政、饶伟国：《基于人力资本的人力资源开发战略思考》，《中国人力资源开发》2006年第8期。

为政府公共服务提供人才保障[①]，进而推动社会公共利益最大化的实现[②]。政府通过制定实施区域人才开发政策法规，建立健全相关体制机制，为人才发展创造环境和条件[③]，涉及教育培训、医疗保健、配置优化、迁移流动、优生优育、科技研发等多个领域[④]。开发的过程应遵循以下原则：尊重客观事实与经济发展规律，注重开发的系统性与适应性，在人才实际使用与素质形成的过程中开发，以开发促进发展等[⑤]。基于以上观点，本研究聚焦地市层面，将区域人才开发定义为政府为促进经济社会发展，对本地区人口进行教育、培训、调配、使用、保障、迁移等活动，形成足够数量和质量的现实人才资源以及潜在人才资源储备的过程。

人才资源的开发水平是决定一个国家或地区竞争力的关键因素，如何对区域人才开发的情况进行评价，始终是研究者们高度关注的问题。这一领域早期的研究多为规范分析，阐释了区域人才评价的一般性理念、思路与方法，如建议从开发基础、开发途径、开发效益三个方面构建人力资源开发测量体系[⑥]，人力资源开发程度的度量应包括成本度量、时间度量、数量度量[⑦]，可以从区域人力资本价值、区域人力资源价值、区域人力资源开发效益等角度对区域人力资源开发程度进行测量等[⑧]，但普遍缺乏对具体操作性指标体系的探讨。此后的研究开始聚焦

---

① 陈辉、刘丽伟：《公共部门人力资源开发与管理价值基础分析》，《行政论坛》2010 年第 5 期。

② 杨嵘均：《我国公共部门人力资源开发与管理的价值转型与制度设计——基于环境—价值—制度研究范式的探讨》，《中国行政管理》2014 年第 4 期。

③ 方铁、杨东风、崔建国：《解决人事工作与经济工作两张皮的重大举措——论整体性人才资源开发战略》，《中国行政管理》1997 年第 9 期。

④ 萧鸣政主编：《中国政府人力资源开发概论》，北京大学出版社 2004 年版，第 111—129 页。

⑤ 王通讯：《区域经济与人才开发》，《中国人才》2008 年第 17 期。

⑥ 董克用：《关于人力资源开发的理论思考》，《中国人力资源开发》1997 年第 7 期。

⑦ 徐斌、马金：《区域经济发展中的人力资源开发与管理研究》，《人口学刊》2000 年第 4 期。

⑧ 李燕萍：《区域人力资源开发程度的测定指标体系构建》，《统计研究》2001 年第 7 期。

农村实用人才[①][②]、科技创新人才等特定人才类别[③][④]，有针对性地构建了相应的区域人才开发评价指标体系，评价的内容也逐渐扩展至区域人才开发效率[⑤]、开发绩效、开发政策实施效果等多个方面[⑥]，但仍然缺乏统一的框架对不同类别、不同情境下区域人才开发的情况进行综合评判和分析。综上所述，目前学界对于区域人才开发评价的探讨中，规范分析多，实证分析少；间接分析多，直接分析少；具体分析多，整体分析少，需要进一步构建区域人才开发的综合性评价指标体系。

指数评价法，是一种反映社会经济现象数量、时间变动情况以及空间对比关系的综合评价方法。我们这里的指数，是指用以揭示不同区域人才开发水平与能力的数量值。这种数量值要求事先设计一系列有关区域人才开发情况的评价指标，然后依据相关资料进行评价，被评价对象在这些评价指标上所有得分的综合数值，即为该地区的区域人才开发指数。构建区域人才开发指数是确保区域人才评价有效性的前提和基础，但目前这一领域的研究还存在大量空白。近年来我国学者借鉴国际上比较成熟的人类发展指数（HDI）、全球人才竞争力指数（GTCI）等概念，设计了中国区域人才发展指数[⑦]、中国人才竞争力指数等本土化测量工具[⑧]，但仍然缺乏对区域人才开发指数的直接测量。

---

① 李华、郭丽娜、张卫国：《新型城镇化背景下的农村人力资源开发评价指标体系研究》，《生态经济》2016 年第 1 期。

② 杨丽丽：《乡村振兴战略与农村人力资源开发及其评价》，《山东社会科学》2019 年第 10 期。

③ 戚湧、魏继鑫、王静：《江苏科技人才开发绩效评价研究》，《科技管理研究》2015 年第 5 期。

④ 窦超、李晓轩：《中部科技人才开发效率评价及其影响因素研究》，《科研管理》2017 年第 S1 期。

⑤ 王成军、宋银玲、冯涛等：《基于 GRA-DEA 模型的创新型科技人才开发效率评价研究——以陕西省青年科技新星计划为例》，《科技管理研究》2016 年第 4 期。

⑥ 张同全、石环环：《科技园区创新人才开发政策实施效果评价——基于山东省 8 个科技园区的比较研究》，《中国行政管理》2017 年第 6 期。

⑦ 张书凤、沈进：《我国区域人才发展指数研究》，《科技管理研究》2007 年第 11 期。

⑧ 潘晨光主编：《中国人才发展报告 No. 2》，社会科学文献出版社 2005 年版，第 219—279 页。

三　本年度人才开发指数体系的修订过程

课题组在上一年度以定性与定量相结合的方法，探索构建出一套适用于评价中国人才开发水平的指数体系，以此作为广东省人才开发现状的分析框架。首先通过对现有研究成果以及制度文件的梳理，提取人才开发相关评价指标。经专家评分并剔除低分指标后，进行探索性因子分析，初步构建人才开发指数的内容要素与结构。然后，通过信效度检验以及验证性因子分析，验证该指数体系的合理性与有效性。指数体系共包括 4 个维度 17 项指标。

本年度课题组基于客观性与引领性相结合、科学性与系统性相结合、可比性与可操作性相结合、全面性与简约性相结合等原则，对指数体系进行修订。具体来说，客观性与引领性相结合，是指人才开发评价指标体系的提出，其核心目标是客观反映不同地区人才开发的现状，为政府制定相关产业发展政策提供全面清晰的情况。因此在修订指标时，要尽可能使用官方数据，剔除实效性不强、与人才开发发展关联不大的指标，客观反映当前区域人才开发的情况。科学性与系统性相结合，是指指标体系的权威性、引导性取决于指标选取和指标体系设计是否科学合理。在评价指标体系中，既要强调单个指标内涵的准确性，也要注重指标体系的系统性和合理性。这就决定了评价指标体系并非若干单一指标的简单结构，而应尽可能使用复合指标，从不同层次、不同角度对不同地区的人才开发情况作出综合性评价。可比性与可操作性相结合，是指评价指标体系必须考虑评价结果在不同地区之间的横向可比性和动态可比性，尽量避免人才开发以外因素的不一致对评价结果造成的影响。此外，指标体系还要充分考虑数据的可获得性和操作性，因此课题组在本年度的评价指标体系中对资料获取难度大或缺失较多的指标进行了调整和优化。全面性与简约性相结合，是指评价指标体系应尽可能涵盖区域人才开发的各个方面，指标选择不仅要反映区域发展的现状和规律，还要体现未来发展的方向和趋势。此外，本年度课题组对上一年度的部分指标进行了删减和合并，保留了其中最具代表性的评价指标，旨在不影响评价质量的前提下尽可能提高评价效率。

四 修订后的人才开发指数体系及创新点

修订后的指数体系共包括科技开发、教育开发、配置开发、健康开发四大维度。每个维度内部包括了若干细分指标，并且按照人才开发的流程与环节，将所有指标分为投入性指标、条件性指标和效果性指标三类。所有指标均为正向记分，得分越高表示该地区的人才开发水平越高。采用主成分分析法，通过计算因子分析的方差贡献率确定指标权重。在对数据进行归一化处理后，首先形成指标指数。再按照权重分别加权，计算维度指数。最后对维度指数进行几何平均处理，得到总体区域人才开发指数，表达式为：

$$I_{\text{区域人才开发}} = \sqrt[4]{I_{\text{科技开发}} \times I_{\text{配置开发}} \times I_{\text{教育开发}} \times I_{\text{健康开发}}}$$

科技开发维度包含了用于衡量某地市科学技术研究与应用方面开发投入、开发条件与开发效果的一系列评价指标。西奥多·舒尔茨认为，科技研究是一种借助特定设施和技能来发现新的信息的专门化活动[①]。这些新信息中包含了新的思想文化、技术方法、模式理念，对于提高生产效率、促进经济增长具有重要意义，能够进一步推动形成以人力资本形态存在的新技能，实现人的发展。此外，科技变革是适应生产技术发展的必然选择，能起到重塑价值观与社会结构的作用，进而实现全社会范围内人力资本的优化。就具体细分指标而言，科技财政支出属于投入性指标，指的是地市对于科学研究的投资，即本地市每个公民平均享有的科技财政经费额度。这一指标反映了政府对于科技的投入强度、支持力度以及重视程度，权重占本维度16.54%。研发机构数量属于投入性指标，是指县级及以上政府部门属研究与开发机构数量，反映的是地市在政府层面开展科技研究的硬件条件与规模，权重占本维度22.26%。科技企业数量属于条件性指标，指的是高新技术企业数量，反映的是地市在企业层面开展科技研究的规模与实力，权重占本维度21.05%。研

---

① ［美］西奥多·舒尔茨：《对人进行投资——人口质量经济学》，吴珠华译，商务印书馆2017年版，第42—46页。

发人才数量属于条件性指标，是指县级及以上政府部门属研究与开发机构科技活动人员数，反映的是地市科学技术行业从业人员的规模，权重占本维度 18. 12%。科技产品产值属于效果性指标，是指高新技术产品产值。反映的是地市在企业层面开展科技研究的产出与成效，体现了科技成果转化为市场价值的水平，权重占本维度 22. 03%。

配置开发维度包含了用于衡量某地市人才市场配置方面开发投入、开发条件与开发效果的一系列评价指标。配置是指通过调整人力资本分布的稀缺程度，对现有人力资源进行合理配比与组合。挖掘人才潜力，使其优势得到最大限度发挥，实现全社会范围内人才的高效使用。政府通过提供就业服务、调整劳资关系、劳动保障监察等方式，建设劳动力市场的公共服务体系，提高人才在劳动力市场的配置效率。其中劳动和就业作为配置的主要方式，能够促进人员在实践中获得专业化知识与管理经验，提高其对于工作环境的适应能力，在实际工作中储备具有一定经济价值的能力和信息，进而实现人力资源功能的有效发挥。就具体细分指标而言，人才市场是人才资源配置的主渠道，选取人才服务机构数量作为人才市场建设的衡量指标，属于投入性指标，反映的是本地市人才市场的发展与完善程度，权重占本维度 25. 63%。就业是国家关注的重大民生问题，就业比例属于条件性指标，反映了地市劳动力资源是否得到有效配置。选取高校毕业生就业率作为衡量区域就业情况的指标，权重占本维度 22. 39%。人口流动率属于条件性指标，是指地市本年度人才流动人次与年末人才总量的比例。这一指标反映的是人口迁移变更的强度，体现了地市对于人才的吸引力以及人才活力，权重占本维度 25. 78%。劳动生产率属于效果性指标，是指特定时间内创造的劳动成果数量，本研究选取规模以上工业全员劳动生产率作为衡量指标，即地市本年度工业增加值与当地劳动力数量的比例，反映的是城市区域人才的利用情况，权重占本维度 26. 20%。

教育开发维度包含了用于衡量某地市教育方面开发投入、开发条件与开发效果的一系列评价指标。教育是积累人力资本的直接途径，也是人力资源开发的重要方式，具有提升人力资本质量、促进人力资源发展等功能。通过开展正规教育、职业培训等教育活动，本区域人员的受教育程度、劳动生产能力以及综合素质水平不断提高。具体而言，教育能够发展传播新思想、新知识、新技术、新方法，培养提高受教育者的智力文化水平与创造性思维。改善能力形态结构，增进受教育者理解、应用、转化最新科技成果的能力，全面提升其核心素养与综合素质。陶冶思想品德，培养正确的认知技能与价值标准，将他们培养成为适应社会需要、促进社会发展的各类人才。就具体细分指标而言，教育财政支出属于投入性指标，是指本地市每个公民平均享有的教育财政经费额度，反映了政府对于教育的投入强度、支持力度以及重视程度，权重占本维度 24.85%。高等院校是区域教育开发的重要载体，高等院校数量属于投入性指标，是指包括普通高等院校及职业高等院校在内的高等院校数量总和，反映的是地市高等教育体系机构的规模，权重占本维度 22.78%。高校教师数量属于条件性指标，是指普通高等院校及职业高等院校在编师资人数，反映的是地市高等教育体系的师资实力，体现了地市培养人才的能力，权重占本维度 24.31%。教育程度属于效果性指标，是指达到劳动年龄的群体接受学历教育年限总和的平均值，反映的是地市劳动者的平均素质与人力资本水平，权重占本维度 28.06%。

健康开发维度包含了用于衡量某地市医疗卫生与社会保障方面开发投入、开发条件与开发效果的一系列评价指标。健康是人力资本的重要组成部分，涉及人的寿命、体能、精力、生理功能、身体状况等多个方面，是人才开发的必要基础与前提条件。健康是公共投资的结果，政府通过发展卫生健康事业，提供各类社会保险救助渠道，改善医疗技术、卫生条件、防治能力、营养水平、居住环境、子女抚育，保障本地市人员的健康情况，提高劳动力质量与活力水平，积累人才健康资本。健康开发可以降低患病率、死亡率，延长人才可劳动时间、工作年限、预期寿命，增加本区域劳动力供给，拓展人才的职业生涯。维护本区域现有人力资本，降低人力资本折旧速率，提高其他类型人力资本投资的收益，鼓励人才进行自我开发。就具体细分指标而言，医院床位数量属于投入性指标，在这里使用地市每万人拥有的公立、私立医院及康复中心的床位数量衡量，反映的是区域健康开发的物力服务保障能力，权重占本维度 25.39%。养老保险参保比例属于投入性指标，是指地市养老保险参保人口占总人口的比例，反映了区域社会保险制度的投入力度与完备程度，权重占本维度 24.71%。执业医师数量属于条件性指标，是指地市全科及专科医师（含助理医师）的数量，反映了区域健康开发的人力服务保障能力，权重占本维度 24.23%。预期寿命属于效果性指标，指的是保持当前死亡率不变的前提下新生婴儿能够存活的平均年数，反映了本区域人口健康状况以及医疗卫生服务水平，权重占本维度 25.67%。

综上，本年度修订后的区域人才开发指数体系如表 2-1 所示：

表 2-1　**区域人才开发指数评价指标体系**

维度	指标	类别	含义	权重
科技开发	科技财政支出	投入性指标	本地市每个公民平均享有的科技财政经费额度	16.54%
	研发机构数量	投入性指标	县级及以上政府部门属研究与开发机构数量	22.26%
	科技企业数量	条件性指标	高新技术企业数量	21.05%
	研发人才数量	条件性指标	县级及以上政府部门属研究与开发机构科技活动人员数	18.12%
	科技产品产值	效果性指标	高新技术产品产值	22.03%
配置开发	人才市场建设	投入性指标	人才服务机构数量	25.63%
	就业比例	条件性指标	高校毕业生就业率	22.39%
	人口流动率	条件性指标	地市本年度人才流动人次与年末人才总量的比例	25.78%
	劳动生产率	效果性指标	选取规模以上工业全员劳动生产率	26.20%

续表

维度	指标	类别	含义	权重
教育开发	教育财政支出	投入性指标	地市每个公民平均享有的教育财政经费额度	24.85%
	高等院校数量	投入性指标	普通高等院校与职业高等院校的数量总和	22.78%
	高校教师数量	条件性指标	普通高等院校及职业高等院校在编师资人数	24.31%
	教育程度	效果性指标	达到劳动年龄的群体接受学历教育年限总和的平均值	28.06%
健康开发	医院床位数量	投入性指标	地市每万人拥有的公立、私立医院及康复中心的床位数量	25.39%
	社保参保情况	投入性指标	地市养老保险参保人口占总人口的比例	24.71%
	执业医师数量	条件性指标	地市全科及专科医师（含助理医师）的数量	24.23%
	预期寿命	效果性指标	保持当前死亡率不变的前提下新生婴儿能够存活的平均年数	25.67%

与上一年度相比，本年度在评价指标体系方面作了一定创新。上一年度的评价指标体系主要包括科技开发、配置开发、教育开发、开发效果四个维度。考虑到开发效果维度下的指标在其他三个维度中亦有所体现，开发效果可以是科技开发的效果，也可以是配置开发的效果，还可以是教育开发的效果，故而将其与其他维度进行合并。本年度进一步对区域人才开发指数的指标体系进行细化，按照人才开发的流程与环节，将指标分为投入性指标、条件性指标和效果性指标三种类型。此外，考虑到健康开发是人才开发的重要内涵，能够对现有人力资源形成保障，因此本年度新增了“健康开发”维度，涵盖了医院床位数量、社保参保情况、执业医师数量、预期寿命等评价指标。

第二节　各地市人才开发指数评价与排名

一　人才开发指数评价方法与数据来源

本研究采用综合指数评价法，基于前面所建构的区域人才开发指标体系，依据相关数据资料，对广东省各地市的人才开发水平进行了综合指数评价。综合指数评价法是一种指标体系综合评价法，通过选取一定的定性指标以及定量指标，经过无量纲化处理，达到统一量化比较的目的，从而得出具体的综合评价指数。

考虑到数据的时效性和可获得性，本研究基于2021—2023年数据对广东省各地市人才开发水平进行评价，所有评价数据均为客观资料，来自第六次全国人口普查数据、广东省统计年鉴、广东省社会统计年鉴、广东省科技年鉴等统计年鉴。与上一年度相比，本年度新增了第六次全国人口普查数据作为指标数据来源，并对原有统计年鉴中指标数据进行了整合和更新，有效提高了数据的质量和利用效率。此外，考虑到各地市工作报告中的数据统计口径不统一且个别地市存在数据缺失等问题，故本年度删除了相关指标，改为全部使用人口普查和统计年鉴数据作为替代，以提高评价的科学性和准确性。

本研究结合广东省人才工作会议的精神、“一核一带一区”的区域发展格局、一般意义上的省内区域划分，对珠三角、粤东、粤西、粤北四大区域的人才开发状况和发展特征进行研究分析。其中珠三角区域主要包括广州、深圳、佛山、东莞、中山、珠海、江门、肇庆、惠州9个地市，粤东包括汕头、潮州、揭阳、汕尾4个地市，粤西包括湛江、茂名、阳江、云浮4个地市，粤北包括韶关、清远、梅州、河源4个地市。

二　2023年各地市人才开发指数排名与分析

在进行综合指数评价之前，本研究对指标数据进行了处理。所有指标均为正向记分，得分越高表示该地区的人才开发水平越高。对原始数据进行标准化变换之后，以各指标的因子载荷系数为权重，采用回归法估计因子得分系数矩阵，计算各因子得分；并以旋转后的各因子对应的方差贡献率为权数对各因子值进行加权，计算出2023年广东省各地级市区域人才开发指数得分，按照排名先后分别赋予A+、A、A−、B+、B、B−、C+、C、C−九个等级，评级结果见表2-2，具体得分及排名情况详见附录。

表2-2　2023年广东省各地市人才开发指数情况

	人才开发评级	科技开发评级	配置开发评级	教育开发评级	健康开发评级
广州	A+	A+	A+	A+	A+
深圳	A+	A+	B+	A+	B
珠海	A	A	A+	A	B
汕头	B	B+	C+	B−	B−
佛山	A	A	A−	A	B+
韶关	B+	A−	B	B	B
河源	B−	B	B	B−	B−
梅州	C+	B+	C	B−	C+
惠州	A−	A−	A−	A−	A
汕尾	C−	C+	C−	C−	C
东莞	A−	B+	B+	A−	C
中山	B+	B−	A	B	B−
江门	B+	B−	A	B+	C−
阳江	C	C−	B−	C	B+
湛江	B	B	C−	B+	A
茂名	B−	C	B−	B+	A+
肇庆	B	B	B−	B	A−
清远	B−	B−	B	C+	A−

续表

	人才开发评级	科技开发评级	配置开发评级	教育开发评级	健康开发评级
潮州	C-	C	C+	C	C-
揭阳	C	C+	C	C-	B+
云浮	C+	C-	B+	C+	C+

珠三角地区在区域人才开发方面实现了较高成就。其中广州市的区域人才开发指数在广东省排名第一，且各维度均位列全省前两名。近年来广州市推出了“岭南英杰工程”“菁英计划”等高端人才工程，出台了深化职称制度改革、个人所得税优惠、人才公寓管理、促进人力资源服务机构创新发展等办法，在全省形成了人才开发的示范效应和带动作用。深圳市作为经济特区，以“孔雀计划”等重大人才项目为牵引，围绕粤港澳大湾区战略纵深推进与周边地区协同开发治理，区域人才开发指数排名第二。佛山市颁布实施《佛山市科学技术局关于促进新型研发机构人才队伍建设的指导意见（试行）》等文件，推动新型研发机构人才队伍建设提质增效，形成梯度培育、良性循环的人才培育生态体系。此外，珠海、惠州、东莞等地市的区域人才开发指数也名列前茅，均位列广东省前十名，肇庆、江门、中山等地市排名与第一梯队存在一定差距。但珠三角地区的健康开发情况整体上较为不足，特别是执业医师数量和养老保险参保比例两项指标相对落后。

粤北地区在区域人才开发方面达到了显著效果。其中韶关市排名第六，是广东省区域人才开发指数前七名中唯一非珠三角地区的城市。韶关市在科技开发方面表现较为突出，推出了促进科技创新发展的一系列举措，如加快企业研发能力提升、加强科研用地保障、优化科技创新生态、促进科技金融深度融合等。加大对博士和博士后人才的扶持力度，面向本市高层次人才推出“丹霞英才卡”，提升人才服务水平。河源、清远、梅州等地的人才开发情况也较为良好，针对高性能材料产业人才、数学小镇人才等专门人才类别设计了定制化的开发方案，组织中小学校长和骨干教师到全国知名高校进修访学，开展医疗卫生人才“组团式”帮扶工作，切实提高人才开发工作成效。但粤北地区的教育开发情况相对落后，在高等院校数量、教师数量等方面与其他地区相比还存在一定差距。

粤西地区在区域人才开发方面取得了一定成绩。其中湛江市和茂名市在健康开发方面表现非常亮眼，分别位列该维度的第一、三名，在预期寿命、养老保险参保比例等指标上具有比较优势。推出高层次人才健康医疗服务办法，服务内容包括开辟绿色通道、免费健康检查、建立健康档案、商业补充大病保险、开展健康教育等，旨在提高人才的健康水平。阳江市和云浮市尽管整体排名不甚理想，但提出了一系列人才开发的创新性做法。如设立人才驿站以及人才驿站基层服务点，全面搭建人才服务、培养、开发平台。探索“县管镇用”人才使用开发机制，将乡镇人事关系、编制、薪酬收归至县里，由县级机构代替乡镇统一管理，在不增加乡镇负担的前提下实现人才向基层流动。但粤西地区的科技开发水平相对不足，在科技产品产值、研发人才数量、科技财政支出等方面需要进一步加强。

粤东地区在区域人才开发方面具有较大潜力。其中汕头市表现相对突出，颁布了《关于我市加快人才发展的实施意见》，将促进人才优先发展纳入制度化轨道。近年来，汕头市进一步扩大新引进博士住房补助发放范围，做好引进博（硕）士工资、养老保险、医疗保险现场集中办理工作，人才开发工作发展较为迅速。揭阳、潮州、汕尾等地市尽管当前人才开发优势不明显，但积极探索实施行业高端人才培养工程，推出“红海扬帆人才计划”等符合本地区实际发展需求的人才项目工程。制定本地区紧缺人才目录，在参与乡村振兴等重大事业的过程中实现对人才的培养与开发。加强人才医疗和住房保障，提供“店小二”式人才服务，做好人才工作的“后半篇文章”。目前制约粤东地区人才开发的主要因素是配置开发相对落后，人力资源供给相对不足，人才开发的基础较为薄弱。

三　2021—2023 年各地市人才开发指数变化分析

根据本年度更新的评价指标体系，从总体水平以及科技开发、配置开发、教育开发、健康开发等各维度的具体指数变化情况，分别对 2021—2023 年广东省各地市人才开发情况进一步进行比较，主要结论包括：

（一）2021—2023 年人才开发指数总体变化分析

表 2-3 和图 2-1 展示了广东省 2021—2023 年度各地市人才开发指数的总体变化情况，具体得分及排名情况详见附录，通过比较发现具有以下特点：

首先，广州、深圳、佛山、珠海等地市历年人才开发水平始终处于广东省领先位置，各年度排名基本稳定。其中广州市连续三年稳居第一名，深圳市连续三年稳居第二名，珠海市和佛山市分列第三名和第四名，在 2022 年交换了名次后继续保持稳定。这些城市均属于珠三角地区，具有良好的人才开发基础，形成了显著的比较优势。就具体维度而言，四市在科技开发、配置开发、教育开发维度普遍得分较高，但除广州市外其他城市在健康开发维度排名较为落后，且近三年呈现出下滑趋势。

其次，汕头、汕尾、河源、茂名等地市近三年人才开发指数尽管有所波动，但整体呈上升趋势，说明其进步较为迅速。其中汕头市于 2022 年进步了 4 个位次后保持稳定，由广东省中游逐渐跻身第一梯队，成为粤东地区人才开发的典型地市代表，其快速发展主要得益于配置开发方面的进步。此外，茂名市的整体提升也主要由配置开发维度拉动，汕尾市和河源市的排名进步则主要归功于健康开发维度。说明人才开发水平的提高需要各地市抓准“痛点”，结合本区域的工作和资源基础打造“亮点”，方能实现“弯道超车”。

最后，梅州、中山、湛江等地市近三年人才开发指数波动明显，变化幅度较大，与之相伴随的是配置开发维度的剧烈变化。纵观近三年广东省各地市人才开发各维度的变化情况，发现科技开发、教育开发、健康开发维度相对比较稳定，但配置开发维度变化较为明显。可能的原因是，配置开发维度中涉及人口迁移、人才流动、人员就业等指标随经济社会发展的变化较为迅速。2021—2023 年恰好涵盖了重大突发公共卫生事件的全过程，人才的职业、就业、择业观念发生了明显变化，给人才开发工作带来了新的机遇和挑战。

表 2-3　2021—2023 年广东省各地市人才开发指数变化情况

	2021 年	2022 年	2023 年		2021 年	2022 年	2023 年		2021 年	2022 年	2023 年
广州	A+	A+	A+	梅州	C+	C−	B−	湛江	B	A−	B+
深圳	A+	A+	A+	惠州	A−	B+	A−	茂名	B−	B	B
珠海	A	A	A	汕尾	C−	C	C	肇庆	B	B	B
汕头	B	B+	B+	东莞	A−	A−	B+	清远	B−	C+	C+
佛山	A	A	A	中山	B+	B−	B−	潮州	C−	C−	C−
韶关	B+	B+	A−	江门	B+	B−	B−	揭阳	C	B−	C+
河源	B−	B	B	阳江	C	C+	C	云浮	C+	C	C−

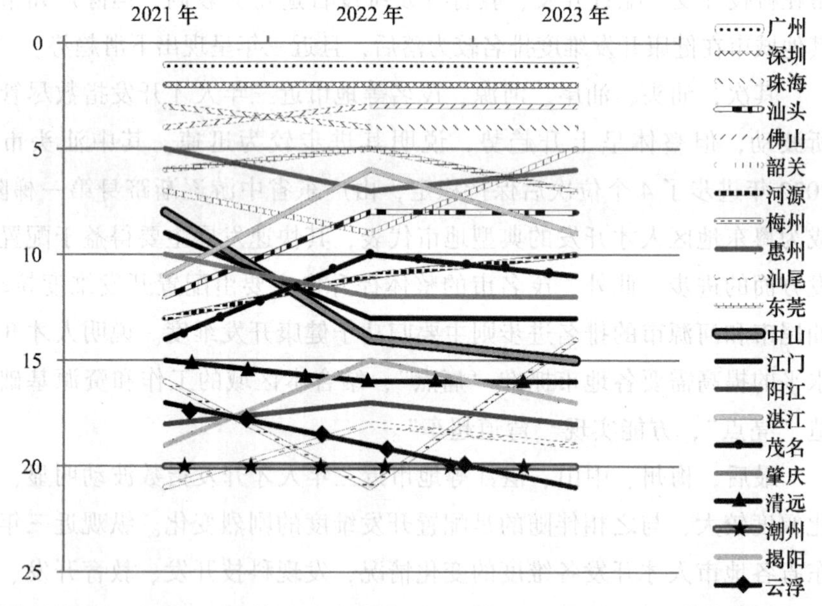

图 2-1　2021—2023 年广东省各地市人才开发指数变化情况

（二）2021—2023 年科技开发维度指数变化分析

关于科技开发维度，表 2-4 和图 2-2 展示了广东省 2021—2023 年

表 2-4　2021—2023 年广东省各地市科技开发指数变化情况

	2021 年	2022 年	2023 年		2021 年	2022 年	2023 年		2021 年	2022 年	2023 年
广州	A+	A+	A+	梅州	B+	B+	B+	湛江	B	B	B
深圳	A+	A+	A+	惠州	A−	B+	B+	茂名	C	B−	B−
珠海	A	B+	B+	汕尾	C+	C+	C+	肇庆	B	B	B
汕头	B+	A−	A−	东莞	B+	A	A	清远	B−	C+	C+
佛山	A	A	A	中山	B−	B−	B−	潮州	C	C	C
韶关	A−	A−	A−	江门	B−	B−	B−	揭阳	C+	C	C
河源	B	B	B	阳江	C−	C−	C−	云浮	C−	C−	C−

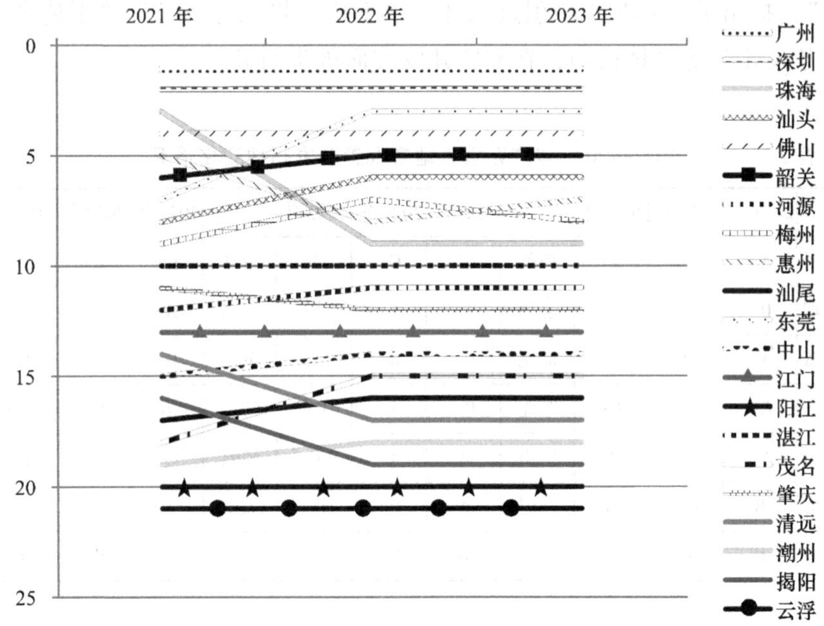

图 2-2　2021—2023 年广东省各地市科技开发指数变化情况

度各地市科技开发维度的指数变化情况，比较后发现具有以下特点：从整体来看，近三年来广东省各地市的科技开发指数变化不大，特别是2022—2023年，各地市科技开发指数及排名几乎未发生变化。可能的原因是科技开发涉及的技术、资金、设备等生产要素难以在短期内调整，目前广东省内已经初步形成了相对稳定的科技开发格局。具体而言，佛山、汕头、汕尾等地市的科技开发指数呈上升趋势，说明这些地市的科技开发情况整体向好，科技开发水平显著提升。

（三）2021—2023年配置开发维度指数变化分析

关于科技开发维度，表2-5和图2-3展示了广东省2021—2023年度各地市配置开发维度的指数变化情况，比较后发现具有以下特点：从整体来看，近三年来广东省各地市的配置开发指数及排名波动较为剧烈，其中呈现明显上升趋势的有深圳、汕尾和茂名。这些地市在就业帮扶、人力资源市场建设等方面表现亮眼，推出了一系列更加积极、更加开放、更加有效的人才政策。例如设立“人才日”，出台“人才新政30条”，提出了“不唯地域引进人才”“不拘一格用好人才”“不遗余力服务人才”等具体措施，在配置开发方面进步明显。

表2-5　　2021—2023年广东省各地市配置开发指数变化情况

	2021年	2022年	2023年		2021年	2022年	2023年		2021年	2022年	2023年
广州	A+	A+	A+	梅州	C	C−	C−	湛江	C−	C+	C−
深圳	B+	A	A+	惠州	A−	C	C+	茂名	B−	B	B+
珠海	A+	A	A	汕尾	C−	B+	C	肇庆	B−	B−	B−
汕头	C+	B	A−	东莞	B+	A−	C+	清远	B	C+	A−
佛山	A−	A+	A	中山	A	A−	C	潮州	C+	B−	B+
韶关	B	C−	B	江门	A	B+	B−	揭阳	C	B	B−
河源	B	C	B	阳江	B−	B+	B+	云浮	B+	B−	B

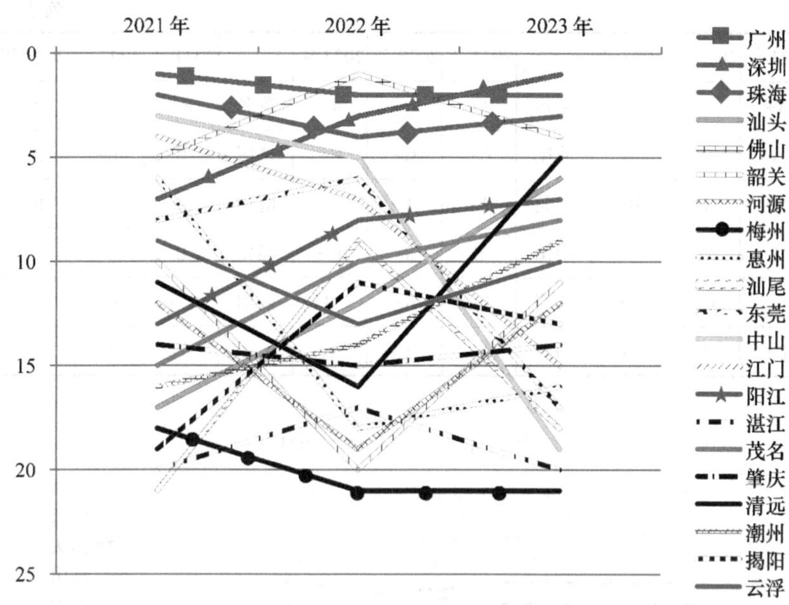

图 2-3　2021—2023 年广东省各地市配置开发指数变化情况

（四）2021—2023 年教育开发维度指数变化分析

关于教育开发维度，表 2-6 和图 2-4 展示了广东省 2021—2023 年度各地市教育开发维度的指数变化情况，比较后发现具有以下特点：从整体来看，近三年来广东省各地市的教育开发指数变化不大，特别是 2022—2023 年，各地市教育开发指数及排名几乎未发生变化，说明广东省的教育格局已经基本形成且相对稳定。具体而言，江门、揭阳、梅州等地市的教育开发指数及排名呈上升趋势，这些地市通过发布《关于推进教育高质量发展的意见》等制度文件，构建“1+N”高质量教育发展政策体系，大力推进教育普及普惠，教育开发水平显著提升。

表 2-6　　2021—2023 年广东省各地市教育开发指数变化情况

	2021 年	2022 年	2023 年		2021 年	2022 年	2023 年		2021 年	2022 年	2023 年
广州	A+	A+	A+	梅州	B−	B	B	湛江	B+	B+	B+

续表

	2021 年	2022 年	2023 年		2021 年	2022 年	2023 年		2021 年	2022 年	2023 年
深圳	A+	A+	A+	惠州	A-	A-	A-	茂名	B+	B+	B+
珠海	A	A	A	汕尾	C-	C-	C-	肇庆	B	B-	B-
汕头	B-	B	B+	东莞	A-	A-	A-	清远	C+	B-	B-
佛山	A	A	A	中山	B	B-	B-	潮州	C	C-	C-
韶关	B	C+	C+	江门	B+	B+	B	揭阳	C-	C+	C+
河源	B-	B	B	阳江	C	C	C	云浮	C+	C	C

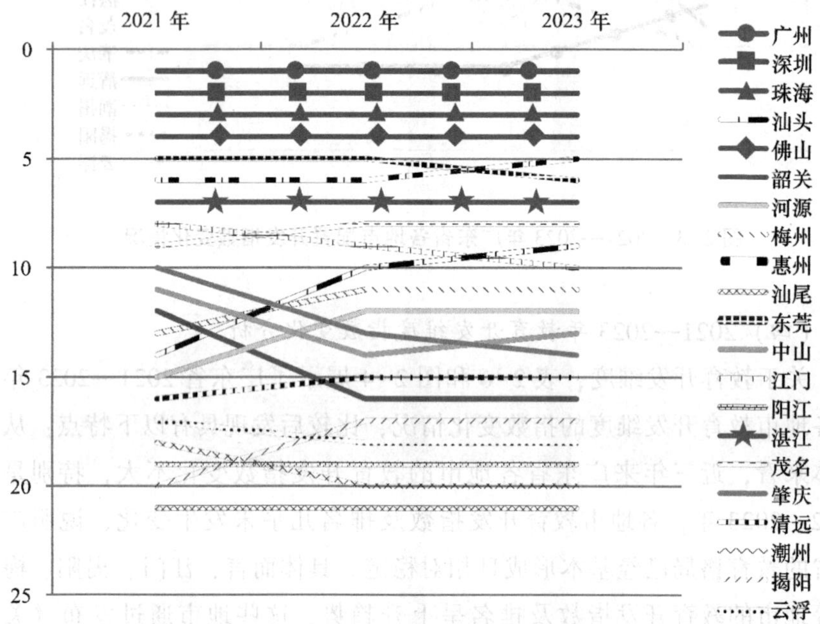

图 2-4　2021—2023 年广东省各地市教育开发指数变化情况

(五) 2021—2023 年健康开发维度指数变化分析

关于健康开发维度，表 2-7 和图 2-5 展示了广东省 2021—2023 年度各地市健康开发维度的指数变化情况，比较后发现具有以下特点：从整体来看，近三年来广东省各地市的配置开发指数及排名波动较为剧烈，其中呈现明显上升趋势的有广州、茂名和韶关。这些地市在医疗卫生、社会保障等方面表现亮眼，通过加强费用结算管理、提高基金使用效率、扩大参保人群范围、异地办理就医备案等具体措施，在保障群众健康福祉、提升健康开发水平方面取得了显著成效。

表 2-7　　2021—2023 年广东省各地市健康开发指数变化情况

	2021 年	2022 年	2023 年		2021 年	2022 年	2023 年		2021 年	2022 年	2023 年
广州	A+	A+	A+	梅州	C+	B-	B-	湛江	A	A+	A+
深圳	B	C+	C+	惠州	A	B	B	茂名	A+	A	A
珠海	B	B-	B-	汕尾	C	B	B	肇庆	A-	B+	B+
汕头	B-	B-	B-	东莞	C	C-	C-	清远	A-	B+	B+
佛山	B+	C+	C+	中山	B-	C	C	潮州	C-	C-	C-
韶关	B	A-	A	江门	C-	C	C	揭阳	B+	B+	A-
河源	B-	A	A-	阳江	B+	A-	B+	云浮	C+	B	B

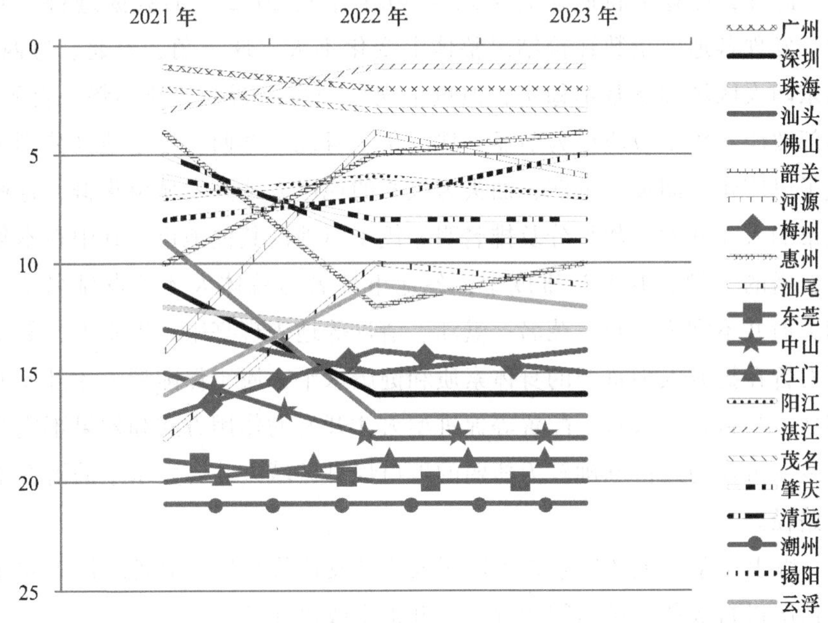

图 2-5　2021—2023 年广东省各地市健康开发指数变化情况

第三节 各地市人才开发指数评价结果与相关建议

一 各地市人才开发指数评价结果

广东省2023年区域人才开发指数得分及排名结果显示，从总体来看，广东省各地市人才开发情况在空间分布方面具有一定的规律性，具体表现为地区内部的相似性以及地区之间的差异性。一方面，珠三角地区人才开发指数普遍高于粤北、粤西以及粤东地区。另一方面，就具体维度而言，不同地区在人才开发方面具有相对优势与不足，其中珠三角地区在科技开发、配置开发、教育开发领域均处于领先地位，但健康开发相对落后。粤北地区在科技开发方面相对较好，但在教育开发方面表现略有不足。粤西地区在健康开发方面较为突出，但在科技开发方面较为薄弱。粤东地区的人才开发情况整体上不甚理想，特别是配置开发与其他地区存在一定差距，但在健康开发方面表现亮眼。

此外，课题组将此研究结果与2021年及2022年的数据进行了对比，发现各地区指数评价结果整体上变化不大，珠三角、粤北、粤西、粤东四大区域梯队基本稳定，但也呈现出一定的新变化新趋势。首先，头部效应和集聚效应更为明显。珠三角、粤北、粤西、粤东地区分别形成了以广州、韶关、湛江、汕头为核心的地区人才开发城市集群，这些地市的人才开发指数得分及排名明显优于本地区其他地市。其中在本年度新增的“健康开发”维度中，各地市排名与总体人才开发排名结果相关但并不完全一致，茂名、湛江、清远等地表现亮眼。事实上，健康开发旨在提升人力资源的身体素质和健康水平，属于保障型人才开发的范畴，与科技、教育、配置等促进型人才开发的作用方式和效果不完全一致，可作为经济基础较为薄弱的地市提升区域人才开发水平的潜在增长路径。

综上，基于上述广东省各地区人才开发评价结果，对各地区人才开发情况进行优势总结与问题分析，并提出改进建议。

二 对广东省人才开发的相关建议

对于粤西地区等科技开发相对不足的地区，建议从科技产品产值、科技财政支出、研发机构数量、科技企业数量、研发人才数量等方面入手，加快推进科技开发，做好人才引进工作。继续深化人才体制机制改革，实施重大人才工程，遴选引进一批科技人才、领军人才、创新团队，发现培养一批科学家、工程师，引导人才向科研生产一线流动。改进人才激励评价方式，克服“四唯”不良倾向，创新“揭榜挂帅”“经费包干”“信用承诺”机制，为科技人才提供干事创业的平台。优化科研经费使用管理办法，在预算调剂、经费使用、资源调动等方面给予科研人员更大的自主决策权。在设计人才引进政策工具时，坚持因地制宜原则，根据本区域发展需要、资源禀赋、产业特点，实现错位引才、精准引才。丰富人才引进渠道，探索“内部推荐”“项目引才”“柔性引才”等新型人才引进方式。强化配套设施建设，解决好人才在住房、医疗、教育、养老、文娱等方面的“关键小事”。

对于粤东地区等配置开发相对不足的地区，建议从人才市场建设、就业情况劳动生产率、人口流动率等方面入手，持续优化配置开发，做好人才使用工作。拓展就业配置渠道，通过加大政府补助、吸引投资、新建项目、提供小额贷款以鼓励创新创业等方式，扩大就业平台，提供就业岗位，提高人才就业的积极性和参与度。引导人才有序流动，综合考虑社会发展需要与劳动者个体价值观念，兼顾计划配置与市场配置方式，做好宏观统筹规划，合理配比重组优化现有人才资源，鼓励支持引导人才在地区间流动，向重点地区倾斜支持。加强人才市场建设，建立合理的人力资本投资回报机制，健全人才市场规则，进一步完善社会保障、劳动仲裁、就业扶助、失业救助体系，维护人才的合法权益。提高人才配置效率，适应数字经济、灵活就业、平台用工背景下的新型雇佣需求，做好专业领域细分，用好信息通信技术，提高本区域人才配置能力，促进区域间人才配置协同发展。

对于粤北地区等教育开发相对不足的地区，建议从教育财政支出、高等院校数量、高校教师数量、教育程度等方面入手，统筹协调教育开发，做好人才培养工作。完善教育筹资方式，明确政府在公共教育经费支出中的主体作用，落实各级政府教育财政支出责任，拓展教育经费筹集渠道，确保教育投入稳定持续增长。优化教育经费投资结构，提高教育资源使用效益，加强教育基础设施建设，促进优质教育资源共享，重点向“老、少、边、穷”等教育欠发达地区倾斜。推进教育载体建设，优化院校结构布局与学科专业设置，做好学校教育与社会教育、学历教育与职业教育、基础教育与高等教育整合协调，推动教育内涵式发展。加强教师队伍建设，提高教师授课水平，保障教师工资待遇，树立良好师德师风，培养一批“四有”好老师。提高教育开发质量，以人的全面发展为核心，明确教育培养适应国家发展与社会需要的高素质、创新型、复合型人才导向，全面推进人才知识、技能、能力、品德培养。

对于珠三角地区等健康开发相对不足的地区，建议从预期寿命、医院床位数量、执业医师数量、养老保险参保比例等方面入手，健全完善健康开发，做好人才保留工作。明确政府在健康开发方面的主体责任地位，整合各类医疗卫生资源，织密城乡三级医疗卫生网，拓展多元协同办医格局。规范药品药械生产流通途径，控制药品及医疗服务价格，打造各类健康惠民工程，解决好人民群众“看病难、看病贵”的问题，确保人人享有医疗改革成果。完善公共卫生系统疾病治疗、预防保健、康复训练、医药管理、疫情防控、健康教育、卫生监管功能，形成布局合理、结构完整、功能齐全的医疗健康服务体系，提高本区域人才的身体素质与健康水平。健全以职工基本医疗保险、城镇居民基本医疗保险、新型农村合作医疗为主体，城乡社会医疗救助为兜底的公共医疗保障体系，进一步提高医疗保障的覆盖范围。建立区域应急医疗救治体系，防范重大疾病、疑难杂症、传染病、慢性病、地区病风险，增强医疗卫生系统突发公共卫生事件应对处理以及环境适应能力。

总之，我国已经开始全面迈向第二个百年奋斗目标，要在 2050 年全面建成社会主义现代化强国。目前，我们要加快建设世界重要人才中心和创新高地，为实现社会主义现代化提供人才基础与支撑。因此，党和国家比历史上任何时期，都需要更多的人才。区域人才开发，是保障人才供给与发展的基础与关键，也是我国深入实施人才强国战略的基础与关键。课题组关于区域人才开发指数的研究，在一定程度上为广东省区域人才开发提供了科学的数量监测体系与水平评价体系。广东省作为我国改革开放的前沿阵地，承担着粤港澳大湾区国际科技创新中心建设，以及实现“四个走在全国前列”等国家部署的重要任务。习近平同志在 2018 年参加十三届全国人大一次会议广东代表团的审议时强调，“发展是第一要务，人才是第一资源，创新是第一动力”。近年来，广东省深入实施人才驱动发展战略，加快推进人才开发培养工作，致力于打造国际人才高地。广东省在区域人才开发方面取得了卓越成就，各地市也涌现出了一批人才开发的创新举措和先进经验。未来，广东省应继续保持区域人才开发的良好发展，促进新时代人才强国战略在区域发展中的全面有效实施。

第三章　广东省人才发展环境指数与排名

人才发展环境是区域人才综合竞争力评价的核心内容。从条件特性来看，人才发展环境包括人才赖以生存的精神条件和物质条件，是硬环境和软环境的集合；从内容层次来看，人才发展环境应该是复杂的综合系统，存在不同层面的衡量和评价；从功能的角度来看，人才发展环境体现一个区域对于人才的吸引程度，作用于人才流动、人才培养、人才发展等各个环节。本章的人才发展环境概念，是指一定行政区域中影响人才发展相关因素的合集，主要包括政治政策因素、经济环境因素、文化环境因素、生活环境因素、工作环境因素、创新发展因素等。与往年相比，本年度研究报告对于人才发展环境概念的把握更为具体，关照到的维度更为全面。

第一节　人才发展环境指标体系研究现状与指标构建

一个区域所存在的人才发展环境，将对其内外部人才施加引力和推力。人才发展环境优良，则已有人才黏性更强，具有聚集外部人才强大的磁性与引力场；人才发展环境较为一般，则内部已有的人才可能向外流动性高，外部人才也难以引进；人才发展环境较差，则已有人才难留，外部人才不想进入。现有对人才发展环境评价的研究文献，主要是关于人才发展环境评价指标内容的研究、建构方法研究等。

一　研究现状

（一）人才流动与吸引因素的相关研究

人才流动是人才环境的动态表现。国外对吸引人才流动的因素研究较早，早在19世纪末，雷文斯坦提出，金钱物质条件、受重视和鼓励、适宜的气候、优越的生活条件都是吸引人才的因素①。Levin将影响人才发展选择的因素系统分为个人因素、工作环境、社会环境等三个方面，工作环境包括工作条件、组织文化等，社会环境包括经济环境和社会发展情况等，并将此命名为人才流动三角模型②。而Jackson & Carr研究发现，除经济因素、政治因素、职业因素之外，影响人才流动的因素还包括文化因素③。

我国从20世纪90年代开始对人才集聚和人才吸引力进行研究，通过系统搜索，发现相关文献主要集中在人口迁移理论、区域经济学、就业理论和产业集群研究等几个重要领域④。

从区域发展的角度来看，这是众多学者重点研究的方向。赵利霞将人才吸引力概括为城市规模及经济发展、文化卫生事业、城市环境与生活条件3个方面，并且建立了12个二级指标⑤；崔少泽等对各地区人才吸引力的内部和外部环境进行了系统分析，构建了包含有人才流动吸引力、人才发展吸引力2个一级指标，经济发展水平、自然环境、生活环境等12个二级指标，以及GDP总量、人均GDP、GDP增长率等46个三级指标组成的人才吸引力指标体系及相关的评价模型⑥。

---

① RAVENSTEIN E. G.，“The Laws of Migration”，*Journal of the Royal Statistical Society*，No. 2，1889，pp. 241-305.

② Karren，Ronald，J. Talent Flow，“A Strategic Approach to Keeping Good Employees，Helping Them Grow，and Letting Them Go”，*Personnel Psychology*，Vol. 55，No. 2，2002，pp. 548-550.

③ Jackson D.，Carr S. C.，Edwards M.，et al.，“Exploring the Dynamics of New Zealand's Talent Flow”，*New Zealand Journal of Psychology*，Vol. 34，No. 2，2005，pp. 110-116.

④ 万星辰、施杨、秦燕：《城市人才吸引力评价指标体系的设计思路》，《产业与科技论坛》2013年第10期。

⑤ 赵利霞：《江西省人才吸引力分析和对策研究》，《企业导报》2009年第10期。

⑥ 崔少泽、邱华昕、王苏桐：《城市人才吸引力评价模型研究——以深圳市为例》，《科研管理》2021年第7期。

从产业集群的研究视角来看，这也是近年来被关注的热点角度之一。胡蓓等将人才吸引力分为工作特性、经济环境、生活环境、集群特性、企业声誉和实力、人才引进政策、人才政策、薪酬水平、文化环境9个方面[①]；王寅龙[②]对中国上海新能源行业的调研，在地区、行业、企业三个层面上调查了新能源行业对科技人才的吸引力。

从企业环境的研究视角来看，王养成指出人才吸引力的主要因素包括企业实力、企业特征、企业声誉、人员管理、企业文化等5个方面18个二级指标。王海芸在《我国企业科技人才吸引力研究》一书综合运用宏观经济学、技术经济学、产业经济学、企业管理学等相关学科理论，围绕企业吸引与集聚高层次科技人才的影响要素，企业科技人才培育与优势发挥等问题展开研究；着重对国有企业科技人才吸引力问题进行了深入分析[③]。

（二）人才发展环境指标体系维度研究

国外对于人才环境的研究主要集中在微观层面的人员管理与激励和宏观层面的人员流动动因分析。

而国内学者在指标研究方面已经取得显著成果，主要集中在人才发展环境评价维度内容和建构方法两个方面。从人才发展环境评价维度内容方面，学者们有着不同的见解。刘丽等[④]在对首都地区人才发展环境进行评估时，主要研究了人才创业环境、生态环境、经济环境、学术环境、法治环境、社会服务体系、人才流动机制、人才教育环境、和谐的社会环境、人才安全环境等因素。司江伟等[⑤]立足“五位一体”思想，建构了包含经济环境、政治环境、文化环境、社会环境、生态环境5个

① 王崇曦、胡蓓：《产业集群环境人才吸引力评价与分析》，《中国行政管理》2007年第4期。

② 王寅龙：《中国上海市新能源人才吸引力影响因素的实证研究》，2017第二届经济、金融与管理科学国际会议，2017年。

③ 刘金英：《加强科技人才引育　赋能企业高质量发展——评〈我国企业科技人才吸引力研究〉》，《科技进步与对策》2020年第23期。

④ 刘丽、杨河清：《首都地区人才发展环境研究》，《中国人力资源开发》2006年第12期。

⑤ 司江伟、陈晶晶：《“五位一体”人才发展环境评价指标体系研究》，《科技管理研究》2015年第2期。

一级指标 27 个二级指标；赵普光等[①]以经济发达程度、社会环境、生活环境、人才市场和政策、自然环境、教育科技环境和地理环境等 7 个二级指标为抓手完成了山东省新旧动能转换战略的人才发展环境评估指标体系构建；李旭辉以五大发展理念作为人才工作的基本遵循为切入点，从创新环境、绿色环境、开放环境、协调环境和共享环境准则层构建包含 10 个一级指标和 29 个二级指标的人才发展环境评价指标体系……

（三）指标体系建构方法研究

从人才发展环境评价指标权重确定的方法来看，有学者为了分析科技人才发展环境的影响因素，在对科技人才发展环境影响因素及其相互关系分析的基础上提出假设，构建科技人才发展环境影响因素的结构方程模型，利用结构方程模型和因子分析法验证假设[②]；有学者将高层次科技创新人才发展环境分为科技、社会、经济、生活和人才市场环境 5 个子环境，选取 27 项指标，运用熵值法对山西省和其余中部五省的人才发展环境进行了评价和对比分析[③]；还有因子分析法[④]、主成分分析法[⑤]等等。

基于相关文献的查阅，我们发现，目前有关人才发展环境评价的研究，主要在于人才发展环境的定性研究，包括人才发展环境的重要性与价值研究、与人才引进或者吸引力的关系研究、人才发展环境指标体系的内容结构模型研究、构建方法的研究等，涉及应用方面的研究不多，尤其基于地市人才发展环境实际数据实证基础上系统、深入与严谨的评

① 赵普光、吕尧太：《基于山东省新旧动能转换战略的人才发展环境评估指标体系构建》，《中共青岛市委党校青岛行政学院学报》2018 年第 4 期。

② 李欣、范明姐、杨早立等：《基于结构方程模型的科技人才发展环境影响因素》，《中国科技论坛》2018 年第 8 期。

③ 王亮、马金山：《基于熵值法的科技创新人才发展环境评价研究》，《科技创新与生产力》2015 年第 3 期。

④ 包惠、符钢战、祝影：《西部地区人才环境综合评价——基于因子分析的结果》，《北方经济》2007 年第 13 期。

⑤ 崔宏轶、潘梦启、张超：《基于主成分分析法的深圳科技创新人才发展环境评析》，《科技进步与对策》2020 年第 7 期。

价指标体系研究十分少见。本章的研究，不同于以往的研究，包括人才发展环境评价指标设计的原则、评价指标体系建构过程中的基础数据来源、样本选择、探索性与验证性因子检验方法等内容。

二 指标构建

为了有效评价区域人才发展的环境，有必要通过相关研究来建立科学的人才发展环境指标体系。

（一）指标体系的初步设计

1. 设计原则

人才发展环境评价指标的设计主要遵循相关性、重要性、完备性、可获得性、可比性等原则①。

①相关性原则。所有评价指标内容的选择，必须与人才发展环境评价的内容密切相关，否则不考虑列入；

②重要性原则。与人才发展环境评价的内容有关联的指标，可能比较多。我们必须从众多关联者中选择出那些最为重要的指标；

③完备性原则。满足①与②条件的指标，可能不一定能够覆盖所有人才发展环境评价内容的各个方面。因此，列入人才环境评价指标体系必须能够弥补其他指标没有涉及的内容，并且最后整个评价指标体系应该基本覆盖人才发展环境的各个维度；

④可获得性原则。设计指标内容可能能够满足前面的①—③的要求，但是如果找不到相关指标数据支持，那么就无法进行评价。因此，被列入的人才发展环境评价指标，其数据应具有可获得性；

⑤可比较性原则。人才发展环境评价本身不是目的，目的在于通过评价引领、激励与促进人才工作的改进与效能提升。各地市人才发展条件不一，差异有别，如果选择的人才环境评价指标缺乏可比性，那么评价活动就无法实现改进与提升人才工作的目的。因此，人才发展环境评价指标必须具备可比较性。

① 石金楼：《基于因子分析的江苏省人才环境评价研究》，《南京社会科学》2007年第5期。

2. 设计内容

根据上述设计原则，我们结合文献研究、头脑风暴、个人访谈与小组讨论等方法，全面搜集了与本研究有关的国内外文献，在前人已有研究的基础上，结合广东省数据可获得性的实际情况，构建了以下五个维度的人才发展环境指标体系如表 3-1 所示：

表 3-1　**人才发展环境指标体系**

维度	指标
经济社会与文化环境	财政总收入
	基本养老保险参保人数
	城镇居民家庭恩格尔系数
	城镇登记失业率
	城镇化率
	居民消费指数
	人均 GDP
	GDP 年增长率
	居民人均储蓄存款
	第三产业增加值指数
	固定资产投资
	外商直接投资额
	文化及其相关产业机构数
	公共图书馆个数
政策环境	人才引进政策
	人才创业政策
	人才住房年供应量
	人均人才住房补贴金额
	一次性初始创业补贴
	创业场租补贴总额
	科学技术奖励政策

续表

维度	指标
人才市场环境	人力资源服务机构数
	博士后流动站和工作站数量
	留学人员创立企业数
	创业园数
	公众关注度
生活环境	城市人均住房面积
	工业固定废物综合利用率
	空气质量
	交通状况
	环境保护投资占 GDP 比重
教育与科技发展环境	专利授权量
	科技活动人员数
	规模以上工业企业 R&D 经费
	平均每万人口在校大学生数
	教育支出占财政支出比重
	人口受教育程度

第二节　各地市人才发展环境综合指数与评价情况

基于广东省样本构建了人才发展环境指标体系之后，下面将其应用到对广东省各地市人才发展环境指数的评价中，并且分析其最新的变化情况。

一　评价过程说明

（一）人才发展环境数据来源

根据前期构建的人才发展环境指标体系，进一步收集获取各指标的数据，各指标数据主要是来自各年度公开数据、统计局官网数据（截至 2023 年），各指标数据的收集遵循可获取原则。

（二）人才发展环境指数分析的标准化

在收集了广东省各地市人才发展环境各指标数据后，需要进一步对数据进行标准化处理。

在进行指数分析过程中，在不改变原指标值分布规律的原则上对于全部数据进行了线性变换，进行统一的标准化处理，以解决不同指标数值无法统一的综合性问题，处理方式如下：

$X_i = (x_i - \mu)/\sigma$

其中，X_i 表示处理后的指标值，x_i 表示指标的原值，μ 表示该指标值的期望，σ 表示该指标的标准差。

（三）评价结果分布与等级转换

广东省下辖 21 个地级市（其中 2 个副省级市），划分为珠三角、粤东、粤西和粤北四个区域：

珠三角：广州、深圳、佛山、东莞、中山、珠海、江门、肇庆、惠州；

粤东：汕头、潮州、揭阳、汕尾；

粤西：湛江、茂名、阳江、云浮；

粤北：韶关、清远、梅州、河源。

由于统计口径的原因以及数据质量的关系，同时各地市的相关得分是当年与其他地市比较下的相对分数，所以本章研究中按照优异、中上、中中与中下的“零差等”四级分布模型，将 21 个地市按照得分进行等级划分，处于 1—5 名的划定为优异等级，标注“A+”等级；处于 6—21 名的划定为中间等级，包括处于 6—11 名的划定为中上等级，标注“A”等级，处于 12—16 名的划定为中中等级，标注“B”等级，处于 17—21 名的划定为中下等级，标注“C”等级。根据等级可以看出该地区人才发展环境的综合指数评价情况。

二 各地市人才发展环境指数及评价情况

表 3-2 各地市人才发展环境指数及评价结果一览

地区	经济社会与文化环境		人才市场环境		生活环境		教育与科技环境		人才发展环境	
	排序	等级	排序	等级	排序	等级	排序	等级	排序	等级
深圳	1	A+	2	A+	4	A+	1	A+	1	A+
广州	2	A+	1	A+	5	A+	2	A+	2	A+
佛山	3	A+	3	A+	1	A+	4	A	3	A+
东莞	4	A+	4	A+	3	A+	3	A+	4	A+
珠海	5	A+	8	A	2	A+	5	B	5	A+
惠州	6	A	10	A	14	B	7	A+	6	A
中山	9	A	9	A	8	A	6	B	7	A
江门	8	A	6	A	13	B	8	A	8	A
湛江	12	B	18	C	11	A	11	C	9	A
韶关	7	A	7	A	6	A	18	A	10	A
肇庆	10	A	13	B	7	A	12	A+	11	A
汕头	19	C	12	B	19	C	10	B	12	B
清远	14	B	17	C	15	B	14	A	13	B
梅州	16	B	14	B	17	C	15	C	14	B
阳江	13	B	16	B	10	A	19	B	15	B
云浮	15	B	5	A+	9	A	17	A	16	B
潮州	17	C	20	C	18	C	20	C	17	C
河源	20	C	15	B	16	B	13	A	18	C
茂名	18	C	21	C	12	B	9	B	19	C
揭阳	11	A	11	A	20	C	16	C	20	C
汕尾	21	C	19	C	21	C	21	C	21	C

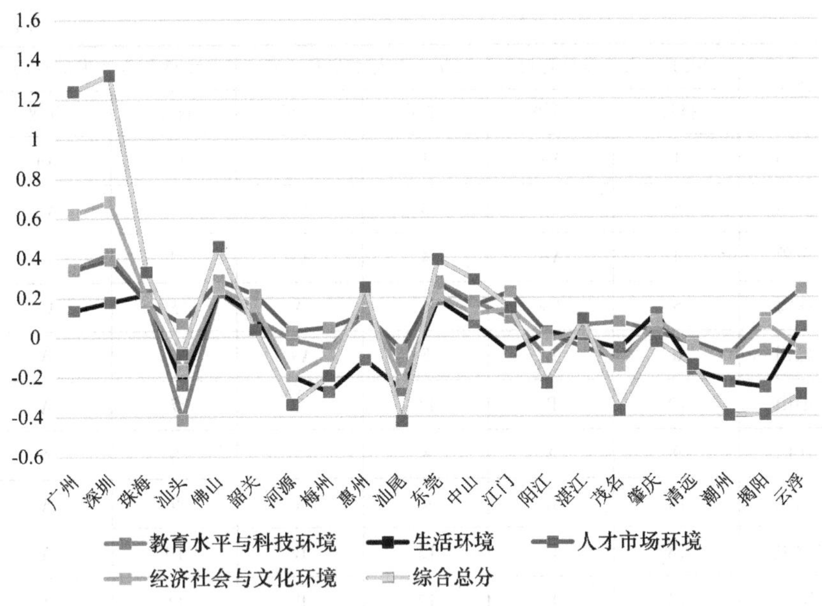

图 3-1　2023 年广东省各地市人才发展环境指数

2023 年深圳、广州、佛山、东莞、珠海处于 A+等级，人才发展综合环境相对优异；惠州、中山、江门、湛江、韶关、肇庆处于 A 等级，人才发展综合环境相对优良；汕头、清远、梅州、阳江、云浮处于 B 等级，人才发展综合环境处于中等；潮州、河源、茂名、揭阳、汕尾处于 C 等级，人才发展综合环境存在个别缺陷，需要努力改进。

三　各地市“2021—2023”人才发展环境指数与评价情况变化趋势分析

表 3-3　各地市“2021—2023”人才发展环境指数与评价结果一览

地区	2021 年人才发展环境		2022 年人才发展环境		2023 年人才发展环境	
	排序	等级	排序	等级	排序	等级
深圳	2	A+	2	A+	1	A+

续表

地区	2021 年人才发展环境		2022 年人才发展环境		2023 年人才发展环境	
	排序	等级	排序	等级	排序	等级
广州	1	A+	1	A+	2	A+
佛山	3	A+	3	A+	3	A+
东莞	4	A+	4	A+	4	A+
珠海	5	A+	6	A	5	A+
惠州	6	A	5	A+	6	A
中山	12	B	11	A	7	A
江门	9	A	8	A	8	A
湛江	14	B	9	A	9	A
韶关	18	C	15	B	10	A
肇庆	13	B	12	B	11	A
汕头	7	A	7	A	12	B
清远	16	B	19	C	13	B
梅州	10	A	14	B	14	B
阳江	20	C	18	C	15	B
云浮	17	C	17	C	16	B
潮州	21	C	20	C	17	C
河源	11	A	13	B	18	C
茂名	8	A	10	A	19	C
揭阳	15	B	16	B	20	C
汕尾	19	C	21	C	21	C

根据数据结果，可以看出 2021—2023 年期间，珠三角地区总体人才发展环境在整个广东省属于先进梯队，与 2019—2020 年基本保持一致。其中，深圳、广州、佛山、东莞、珠海依旧保持着前五的水平：深圳为副省级市和计划单列市，也是中国特色社会主义先行示范区；广州

是国家中心城市、中国首批沿海开放城市；佛山是全国民营经济最为发达地区之一，是国务院确定的中国重要的制造业基地；东莞，著名的华侨之乡、国家森林城市、国际花园城市、全国文明城市；珠海与深圳同为经济特区。珠江三角洲是广东省平原面积最大的地区，有全球影响力的先进制造业基地和现代服务业基地，是中国参与经济全球化的主体区域、全国科技创新与技术研发基地、全国经济发展的重要引擎、南方对外开放的门户、辐射带动华南华中和西南发展的龙头，是中国人口集聚最多、创新能力最强、综合实力最强的三大城市群之一，有“南海明珠”之称。珠三角地区应该进一步发挥区位优势，以良好的基础吸引、培育人才，促进人才质量稳步提升。在珠三角地区，中山市人才发展环境指数上升显著（从2019—2020年的10名开外冲进前10），其作为粤港澳大湾区的重要节点城市于2022年4月正式发布《《中山市新时代人才高质量发展二十三条》》，在提供人才幸福安居保障、鼓励和支持人才入户中山、完善人才子女教育保障、畅通高层次人才随迁配偶就业渠道、提升人才医疗保健服务、大力激励宣传突出贡献人才、持续培育中山青年人才等方面做出重要部署①，其政策效应逐步显现，人才发展环境不断优化。

对比2019—2020年基期数据排名，粤东地区汕头依然是领头羊，潮州、揭阳和汕尾处于发展赶超梯队：2023年4月，汕头市委出台《关于加快新时代人才强市建设的实施意见》，明确新时代人才强市建设的“施工图”。汕头市委人才办牵头有关职能部门制定配套实施细则，推动人才政策落地落实。每年，汕头市财政拿出3亿元作为市人才发展专项资金，全面兑现人才政策红利。与此同时，汕头市委、市政府启动实施新一轮引进博（硕）士3年行动计划，从2023年至2025年，支持汕头市企业、医院、学校、科研机构等重点领域引进博士360名、

---

① 《政策发布｜〈中山市新时代人才高质量发展二十三条〉》，2022年4月23日，中山市人力资源和社会保障局政务网，http：//hrss. zs. gov. cn/xxgk/bmwj/qtwj/content/post_2096521. html。

硕士1800名[①]，为建设省域副中心城市提供人才保障是其下一步努力方向；汕尾面对机遇和挑战，必须抓住深汕特别合作区建设有力推进，融入珠三角全面提速的良好机遇，坚定不移走人才强市之路；潮州想要破解人才发展难题，就要激发城市建设活力，以政策创新为抓手，柔性引进、刚性落实，优化整合各类资源；而揭阳则需在人才政策与产业政策融合方面持续努力，以项目示范为引领打造发展“新引擎”，以精品服务为保障涵养人才“生态圈”。

相比2019—2020年，粤西地区湛江的人才发展环境优势进一步凸显，阳江、云浮发展势头良好，茂名有较大发展空间：湛江《湛江市高层次人才认定及人才卡服务实施办法（2023年修订版）》为持续发力打造人才发展广阔前景助力；阳江、云浮过去几年在交通基建、特色产业、生态保护方面的表现可圈可点，其中阳江还是广东常住人口增长率的“黑马”；茂名需要进一步优化人才成长进步的环境，健全和完善人才政策，加大招才引智和人才培养力度，发挥人才在推动茂名加快发展中的作用。

粤北地区各地市自2019年来人才发展环境变化较大，想要优化城市人才发展环境，就必须针对目前的短板，精准治理，稳步提升，让人才真正感受到环境的温度，一方面要细化人才优惠政策，为人才发展提供坚实制度保障，另一方面也要关注人才发展的实际需求，深化改革。

第三节　人才发展环境各维度指数与评价情况

人才发展环境各维度指数与评价情况是针对广东省21个地区人才发展环境各细分维度的历时性分析（取2021—2023年的最新数据），有助于把握该地区在长时段内特定维度上的相对排名，并进行更聚焦的发展环境分析和提出优化对策。

① 《汕头每年拿出3亿元兑现人才政策红利》，https://new.qq.com/rain/a/20231101A0APFC00.html。

一　经济社会与文化环境指数与评价情况

经济社会与文化环境包括构成人才生存和发展的社会经济状况、文化水平等。

表 3-4　　各地市 2021—2023 年期间经济社会与文化环境指数及评价结果一览地区

地区	2021 年		2022 年		2023 年	
	排序	等级	排序	等级	排序	等级
深圳	1	A+	1	A+	1	A+
广州	2	A+	2	A+	2	A+
佛山	4	A+	3	A+	3	A+
东莞	5	A+	4	A+	4	A+
珠海	3	A+	5	A+	5	A+
惠州	6	A	7	A	6	A
韶关	16	B	14	B	7	A
江门	8	A	6	A	8	A
中山	9	A	9	A	9	A
肇庆	13	B	11	A	10	A
揭阳	17	C	13	B	11	A
湛江	12	B	10	A	12	B
阳江	19	C	17	C	13	B
清远	20	C	21	C	14	B
云浮	18	C	18	C	15	B
梅州	11	A	19	C	16	B
潮州	21	C	20	C	17	C
茂名	10	A	12	B	18	C
汕头	7	A	8	A	19	C
河源	14	B	15	B	20	C
汕尾	15	B	16	B	21	C

就经济社会与文化环境而言，深圳环境指数得分在 2021—2023 年期间延续 2019—2020 年的强势表现，基本压制广州占据第一名。具体来说，其外商直接投资、人均 GDP、城镇化率等处于领先地位。广州、佛山、东莞、珠海等地区的经济社会与文化环境也比较好。

惠州、中山、肇庆、韶关、阳江等地区的经济社会与文化环境有一定程度改善：惠州 2023 年实现地区生产总值（GDP）5639.68 亿元，处于广东省上游水平，在竞争激烈的珠三角地区也排名中段，对于惠州来讲，未来要实现进一步的提升，要先确定重点区域和重点产业，优先发展，结合惠州实际情况，重点区域是城市发展区（惠城、仲恺、惠阳、大亚湾）和海洋发展区（惠州海域），主要产业是石化能源新材料产业和电子信息产业；中山 2023 年实现地区生产总值（GDP）3850.65 亿元，传统工业发展相对健康，但产业规模不大、产值不高，因此需要鼓励企业整合，抬高企业层次，引领中山企业走向规模化。肇庆 2023 年实现地区生产总值（GDP）2792.51 亿，在广东 21 个地级市中居于 A 等级，在粤西和珠三角以外地区排名第二位，仅次于汕头，交通便捷、土地资源丰富，产业集群加速崛起，先进制造业是其主导产业。韶关是广东的重工业城市，工业基础雄厚，农业和第三产业也有相当的规模，近几年来，经济发展加快，增长速度高于全国平均水平。

与 2019—2020 年相比，湛江、河源、汕头等地区的经济社会与文化环境存在一定进步空间：湛江市的弱势指标在于第三产业增加值、基本养老保险、文化机构等；河源市在居民储蓄、第三产业增加值、固定资产投资、外商直接投资、人均 GDP、财政总收入等方面表现乏力；汕头在居民储蓄、固定资产投资、外商直接投资、图书馆数等方面与先进地区有较大差距。

经济社会与文化环境在人才发展环境中占据重要地位，从宏观和长期来讲，经济环境对高端人才吸引权重最大，尤其对未来经济收入的预期，能让科创类人才在短期内忽视文教和社会保障等环境的缺陷。因而，各地市都要凸显经济增长极，增强经济发展新动能，既要保持现有经济增长速度，也要增强创新经济发展活力。具体而言，就是要重视发挥消费对经济发展的基础性作用、投资对优化供给结构的关键性作用，促进形成强大的内需市场，为经济平稳运行提供有力支撑；追求以重大产业项目建设带动工业投资；积极促进就业创业，大力发展各项社会事业，加快构建多层次社会保障体系；深入开展群众性精神文明创建活动，传承红色基因；推进省级重大标志性文化设施建设等。以此多措并举构建经济高质量发展体制机制和现代化经济体系，强化广东全国的经济增长极地位和培育新产业新动能，发挥对各类人才的“虹吸效应”。

二　人才市场环境指数与评价情况

人才市场环境反映人才资源配置的市场化程度。人才市场的发展为人才成长提供了良好的机遇和环境，促进尊重劳动、尊重知识、尊重人才、尊重创造的社会风尚形成。

表 3-5　　广东省各地市 2021—2023 年期间人才市场环境指数及评价结果一览

地区	2021 年		2022 年		2023 年	
	排序	等级	排序	等级	排序	等级
深圳	1	A+	1	A+	1	A+
广州	2	A+	2	A+	2	A+
佛山	3	A+	3	A+	3	A+
东莞	4	A+	4	A+	4	A+
云浮	20	C	20	C	5	A+
江门	8	A	8	A	6	A
韶关	15	B	16	B	7	A
珠海	5	A+	5	A+	8	A
中山	6	A	6	A	9	A
惠州	7	A	7	A	10	A
揭阳	17	C	17	C	11	A

续表

地区	2021 年		2022 年		2023 年	
	排序	等级	排序	等级	排序	等级
汕头	9	A	9	A	12	B
肇庆	10	A	11	A	13	B
梅州	16	B	15	B	14	B
河源	11	A	14	B	15	B
阳江	18	C	18	C	16	B
清远	12	B	13	B	17	C
湛江	13	B	10	A	18	C
汕尾	21	C	21	C	19	C
潮州	19	C	19	C	20	C
茂名	14	B	12	B	21	C

就人才市场环境而言，相比 2019—2020 年，珠三角整体依然保持领先地位。其中，深圳居于第一位，博士后流动站、创业园数量等指标表现强势，其优势地位离不开其积极推动人才服务的市场化、社会化、规模化发展，培育国际性、专业化、服务型的各类机构为人才提供专业服务，加大人力资源服务市场开放力度等方面的努力。近年来深圳着力帮助企业稳预期、稳信心，通过立法设立并做优“深圳企业家日”，大力弘扬优秀企业家精神，出台一系列惠企政策措施，千方百计帮助企业减轻负担，坚持政策性与市场化兼顾。广州人才市场竞争力强劲，实施高校毕业生、退役军人等就业帮扶政策，深入实施“广东技工”“粤菜师傅”“南粤家政”等专业人才培训工程。新增就业 33.01 万人。

江门也保持前列地位，2023 年更是不断突破。首先是强化与港澳人才交流合作，与港澳协会合作建设 2 家港澳青年（江门）创新创业服务站，5 家港澳青年创新创业基地累计孵化港澳项目 143 个，2023 年共吸引 6000 多人次港澳青少年到江门研学；其次是举办 2023 年中国科协院士专家江门行、2023 年大湾区科学论坛——碳中和分论坛（江门）

等活动，开展江门市“科技杯”创新创业大赛、留学归国人员创新创业项目资助等活动，“十四五”以来累计引进 5 个具有国际一流水平的科学家团队、44 名重点领域的领军人才、445 名急需紧缺的博士人才；再次是大力引育产业后备人才，实施侨都青年人才全球汇聚行动，制定印发侨都青年人才工作 58 条措施，与清华大学合作共建研究生社会实践基地，开展青年人才特色活动，吸引超 3500 名五邑籍青年学子参与；最后是出台实施《江门市重点人才队伍高质量自主培养三年行动计划（2023—2025 年）》《关于激励全社会引才聚智助力高质量发展的“八大行动”》《江门市进一步激励企业高管、骨干人才若干措施》等文件，各县（市、区）新出台 6 项人才政策，22 个镇（街）出台专项人才政策，逐步建立起市、县、镇三级联动的人才政策体系。

比较之下，粤西、粤东地区的人才市场环境指数表现一般。需要注意的是湛江、汕尾、潮州、茂名等地需要补短板、求进步，应该着力深入推进人才服务市场化，通过简政放权、成立多个培育机构、引进外部人才，加快市场发展，充分发挥社会力量的重要作用，提高社会组织人才服务参与积极性。同时，要建立全面开放的人才市场体系，成立多个专业社会组织、提供多种形式的人才中介服务，打造国家级人力资源服务产业园、扩大人才培养力度，使人才适应国际社会发展，保证人才资源得到合理利用。

当前，广东省进入更高水平发展阶段，应深度开放并对接全球创新资源，尤其是要将粤港澳大湾区打造成为全球科创人才聚焦地，因此，人才市场环境的重要性不断提升。打造优质的人才市场环境，关键在于聚焦重要创新资源，建设人才创新平台。各地市应因地制宜，建设适应本地经济结构的创新创业基地、创业大街等重大空间载体，为各类人才在空间布局上创造有利条件；量力而行组建国家实验室、重点实验室等重大科研平台，聚集高水平科学技术人才；支持大型企业、潜力企业在本地设立研发、孵化、营销、数据等功能平台，发起成立行业协会、产业联盟；依托本地高校强化设立院士驿站及博士后站点，培养基础研发人才及高级专业人才。

三 生活环境指数与评价情况

生活环境是与人才生活密切相关的各种自然条件和社会条件的总体，由自然环境和社会环境中的物质环境构成，反映了生活便利程度。便利、舒适的生活是人们的普遍向往，生活环境好有利于吸引人才。

表 3-6 广东省各地市 2021—2023 年期间生活环境指数及评价结果一览

地区	2021 年		2022 年		2023 年	
	排序	等级	排序	等级	排序	等级
佛山	4	A+	4	A+	1	A+
珠海	10	A	10	A	2	A+
东莞	7	A	7	A	3	A+
深圳	3	A+	3	A+	4	A+
广州	1	A+	1	A+	5	A+
肇庆	11	A	11	A	6	A
韶关	13	B	13	B	7	A
中山	17	C	17	C	8	A
云浮	12	B	12	B	9	A
阳江	15	B	15	B	10	A
湛江	16	B	16	B	11	A
茂名	8	A	8	A	12	B
江门	18	C	18	C	13	B
惠州	5	A+	5	A+	14	B
清远	19	C	19	C	15	B
河源	6	A	6	A	16	B
潮州	20	C	20	C	17	C
汕头	9	A	9	A	18	C

续表

地区	2021 年		2022 年		2023 年	
	排序	等级	排序	等级	排序	等级
揭阳	21	C	21	C	19	C
汕尾	14	B	14	B	20	C
梅州	2	A+	2	A+	21	C

从数据结果来看，相比 2019—2020 年，珠三角一如既往表现强势，值得一提的是佛山、珠海：佛山位于珠三角腹地，东邻广州、西接肇庆、南连中山珠海、北通清远，毗邻港澳，地理位置和自然条件十分优越，且将生态建设放在极其重要位置，生产生活融合和谐；珠海常年在广东省“宜居城市”中独占鳌头，道路四通八达、城市包容性强、空气清新、环境优美，是“中国具幸福感城市”之一。

除了珠三角地区之外，近年来韶关、清远、阳江、云浮、汕头等地区的生活环境变化提升也是亮点，表现在优越的自然和城市环境：韶关完善交通运输服务体系，推进旅客联程运输发展，坚决打好污染防治攻坚战，城区空气质量优良率 98.1%，较上年上升 6 个百分点，达标天数 358 天。臭氧年均浓度同比下降 18.7%，改善幅度位居全省第一。23 个地表水省考以上断面水质优良率为 100%，县级以上集中式饮用水源地水质达标率为 100%，全市河流（省考以上断面）综合污染指数排名全省第二，与 2022 年同期相比，污染指数改善了 4.76%，改善幅度全省第一。推行畜禽养殖转型升级和废弃物资源化利用，全市秸秆综合利用率达 91.98%。仁化县成功获评全国第七批“绿水青山就是金山银山”实践创新基地。此外，作为国家重点生态功能区之一、南岭山地森林及生物多样性生态屏障，韶关的有林地面积、森林覆盖率、活立木总蓄积量等反映森林资源状况的指标也均居广东省地级市首位。清远在加快推进黑臭水体治理示范工程、落实城市生活垃圾分类实施方案的基础上，统筹推动“智慧城管”信息管理系统开发项目顺利实施，积极开展精准植绿护绿增绿、林业产业提升、生态赋能文旅产业三大行动，奋力打造绿美广东生态建设“清远样板”。阳江2023年市区空气质量优良达标率达96.7%，AQI达标率与去年同比上升1.6个百分点，改善幅度位居全省前列。“沿海经济带交通支点建设”扎实开展，滨海旅游公路、金港大道、阳东大道和中州大道纵贯城区，产城融合、人城融合、景城融合迈出新步伐。云浮近年来致力打造“公园城市”，接连建成了春岗山公园、云浮市体育公园、樱花公园、岩口山公园、苗岗山公园等一大批“城市森林公园”，追求“出门有景，城中有园”，城市品质不断提升。2023年，云浮还完成了1319户特殊困难老年人家庭适老化改造，以及完成379户困难重度残疾人家庭无障碍改造，大大地提升特殊群体居家生活品质，让他们有获得感、幸福感、安全感。在此基础上云浮不断增进民生福祉，持续推动就业、教育、医疗等基本公共服务均等化，做优民生服务，助力城市连片协同发展。

汕头自2019年以来对城市面貌进行持续整体改造提升，城市展现出干净整洁、满眼见绿、四季花开、平安有序的新景象。市容环境不断改善，深入推进海滨路环境品质提升示范项目，规范设置道路交通标志、路面标线，优化路口红绿灯配置，城市宜居度不断提升。

相对地，汕尾、梅州等地区的生活环境有待进一步改善，为人才提供一个放心、舒心、宜居的生活环境，为他们创造能安心发展事业的良好条件是应有之义。

改善生活环境，提升人才获得感是打造高水平人才发展环境的应有之义。广东省部分地市生活环境指数在某些年份呈现波动上升，表明生活环境短期内受到政策影响较大，应通过完善政策改善生活环境。首先，增加人才保障住房供给。多地生活保障环境因为住房短缺而持续降低，应通过增加土地供应及建设人才公寓，提高人才住房保障服务水平。其次，区域文教环境是影响人才去留的重要指标。目前多个地市的文教环境还无法拟合科创人才环境发展趋势，应通过建设优质中小学、放宽入学资格提升基础教育水平。最后，完善人才医疗保障服务。允许境外资本设立医疗机构，提供国际医疗服务，扩展人才医疗保障内容，开通三甲医院绿色服务通道。

四 教育与科技发展环境指数和评价情况

教育与科技发展环境指区域人才发展的教育水平、教育程度、教育投入产出状况以及区域原创性科学研究、技术创新的整体水平。

表 3-7 **广东省各地市 2021—2023 年期间教育与科技发展环境指数及评价结果一览**

地区	2021 年		2022 年		2023 年	
	排序	等级	排序	等级	排序	等级
深圳	1	A+	1	A+	1	A+
广州	2	A+	2	A+	2	A+
东莞	4	A+	5	A+	3	A+
佛山	5	A+	4	A+	4	A+
珠海	15	B	11	A	5	A+
中山	18	C	9	A	6	A
惠州	12	B	3	A+	7	A
韶关	20	C	18	C	8	A
江门	9	A	10	A	9	A
茂名	3	A+	6	A	10	A
湛江	7	A	12	B	11	A
肇庆	11	A	8	A	12	B
河源	14	B	13	B	13	B
清远	13	B	15	B	14	B
梅州	16	B	16	B	15	B
揭阳	10	A	7	A	16	B
云浮	17	C	19	C	17	C
阳江	21	C	21	C	18	C
潮州	8	A	14	B	19	C
汕尾	19	C	20	C	20	C
汕头	6	A	17	C	21	C

在教育与科技发展环境方面，与2019—2020年相比，深圳、广州、东莞、佛山、惠州、江门、茂名等地有着相对优势，珠海、中山、韶关发展后劲十足。尤其是深广两城，依然在科教方面领跑全省：2023年深圳市抢抓一流大学和一流学科建设机遇，引进优质教育资源办学与自办高校并举，扩大规模与提升质量并重，加快集聚国内外优质资源，实现了高等教育发展驶入快车道：南方科技大学跻身“双一流”建设行列、新高校筹建步伐加快、西丽湖国际科教城X9高校院所联盟成立。在大力发展高等教育的基础上，2023年深圳继续大力支持科技创新，全社会研发投入达1880.49亿元、增长11.8%，占地区生产总值比重提升至5.81%，研发强度在国内仅次于北京。此外，深圳PCT国际专利申请量连续20年居全国城市首位，华为曾多年位居全球第一。国家高新技术企业不断壮大，2023年超2.4万家，是2014年的5.2倍。2023年广州高新技术企业总量突破1.3万家，43.25%规上工业企业设研发机构。国家科技型中小企业备案入库累计超3万家，在全国城市排名第一。面对经济下行和复杂多变的国内外形势，仍然交出高技术制造业增加值增长8.1%，现代服务业增加值增长5.2%的答卷。广深港科技集群在全球创新指数排名连续四年居第2位，广州在“自然指数—科研城市”排名中跃升至全球第8位。而阳江、潮州、汕尾、汕头等地存在一定的开发潜力，需要坚持教育发展的战略地位，均衡配置教育资源。

一方面，广东全省100多个地市和县区政府在各级各类教育协调发展、教育财政投入与保障、教师队伍管理和建设等方面都取得了一定的工作成效。当然，也存在着一定的问题，如基础教育资源供给不足、教师管理改革有待深化、部分地区未完全落实教育投入政策、教学改革力度仍需加大等。教育水平较高地区，应进一步充分发挥区位优势，加大对基础、传统、特色产业人才的教育培训力度，通过产业来培育人才，促进人才质量稳步提升。另外，全省都应健全继续教育机制，构建多元化、终身化教育培训体系，积极引导和鼓励广大社会组织、团体参与职业教育培训机构的设立，形成公办、民办相结合的教育培训格局。

另一方面，推动区域创新驱动发展与协调发展也应该作为各地区发展的重点战略，充分利用全省各地积极融入大湾区建设的大好局面，进一步发挥广州、深圳两个龙头城市的主引擎作用，联结珠江两岸城市群，加快打造广—深—港、广—珠—澳两大科技创新走廊，推动珠三角各市科技创新深度融合，加快打造全国领先、带动能力强的创新发展极。具体来看，就是要为科创人才提供税费减免、经费使用等方面的更优惠政策，建立充分体现科创人才价值的分配机制；外籍科创人才及其团队创办企业享受国民待遇试点，外企可以享受宽领域投资；建立紧缺科创人才清单制度，与国际高端人才认证机构合作，在培训培养、资格认证、后续服务等领域加强合作。

总之，加强对人才发展环境的关注，建立科学、合理的人才发展环境指数评价体系，不仅有助于发现地区人才环境中存在的问题，而且对于管理、吸引、留住人才和深挖人才潜力具有重要意义。本章借助因子分析方法对广东省 21 个地市的人才发展环境指数进行了计算与划分等级，展现广东省各地区人才发展环境的差异和趋势。需要注意的是，由于受历史、区位等因素的影响，广东省各地市的社会、经济、政治、文化、教育、科学技术等方面的发展水平不同，不同地市、不同年份数据的简单对比只能体现一定程度的客观现实，需要辩证看待其指征性。自 2019 年度指标体系初步形成指数后，以 2019 年即指标体系使用的初始年设为基期，从 2020 年往后各年设为报告期后形成各年的变化序列，利用该指数反映的动态变化，就可以比较有效地观察各地市人才发展环境的发展趋势。

观之整体，人才发展环境整体改善需要各要素的协同改善。广东省要在保持现有人才竞争优势的基础上抢占人才发展先机，就必须优化人才发展环境，巩固现有强势，改善现存弱项。协同改善各要素要求“以人为本”的观念不能仅仅停留在理论层面，更要在制度体制上充分体现，要发挥人才政策在人才引进、培养、创新、留住等方面的主导作用，还要在具体实践中做细做实人才服务，让人才真正有获得感、归属感；要求重视权重最大的经济社会与文化环境，在发展中凸显经济增长极、增加经济发展新动能、坚实社会保障、大力促进文化发展；要求城市宜居度的不断提升，让干得好的人才也能住得舒适；要求根据人才和企业的需要，加大对创新创业的扶持，助力推进人才市场化；要求搭建完善的科研平台，重视教育。

促进联动，人才发展环境的持续改善需要各地区的协同发力。广东省经济区域发展不平衡是突出问题，从前文的指数情况就可见一斑。珠三角最发达、实力最强，对人才吸引力也是最强的，而余下的12个粤东、粤西、粤北地区的发展需要进一步激发活力，关键就是要从环境入手。如今粤港澳大湾区建设加速推进，未来广东的经济发展必将更上一层楼，但与此同时，粤港澳大湾区基本上只囊括珠三角地区，所以届时可能会加剧广东区域经济发展不平衡。如何在做优做强珠三角核心区的基础上充分发挥珠三角的辐射带动作用、支持东西两翼沿海经济带建设、建设北部生态发展区以形成全省发展合力，为广东省人才发展环境跨越式改进助力是需要持续研究的命题。

综上所述，本章研究内容主要包括三部分。

第一部分是研究现状与指标构建。这部分主要包括相关研究梳理与评述和指标构建过程介绍两部分内容。在相关研究梳理与评述中，对国内外关于人才发展环境指数、区域人才吸引力等研究进行梳理和分析，勾勒出学术界对于人才发展环境研究的已有蓝图并指出本章指标体系构建思路。在指标构建过程介绍中，是基于已有学术成果、专家建议以及先期问卷数据，对指标体系进行探索性以及验证性分析，并参考相关研究更新形成人才发展环境评价指标体系表。

第二部分是广东省“各地市人才发展环境综合指数分析与评价情况”，主要包括评价过程说明、2023年各地市人才发展环境指数及评价条件、2021—2023年期间各地市人才发展环境指数评价三方面内容。

第三部分是人才发展环境各维度指数与评价情况，从经济社会与文化环境指数与评价情况、人才市场环境指数与评价情况、生活环境指数与评价情况、教育与科技发展环境指数与评价情况四个子环境系统进行分析和阐述。

最后是对本章研究结论进行概括，并提出相应的优化建议，与导言呼应。

第四章　广东省人才政策发展与分析

在当今全球竞争格局中，人才作为推动经济社会发展的核心资源，其重要性愈发凸显。广东省，作为中国改革开放的前沿阵地与经济强省，长期以来在吸引和培育高端人才方面扮演着领头羊角色。随着国内外社会经济形势的深刻变化，以及创新驱动发展战略的深入实施，广东省人才政策的发展研究显得尤为重要与迫切。

本研究旨在系统梳理广东省近年来人才政策制定状况及其演变脉络，引入定量分析方法，并结合对广东省市两级政府出台的 294 份政策文本的内容进行定性分析，研究其在人才政策制定方面的具体举措。通过对广东省级人才政策以及珠三角、粤东、粤西、粤北的区域人才政策进行政策文本分析，从人才政策制定、联合发文及参与部门、政策文种、政策关键词等角度探讨广东省级政府及地方政府的人才政策特点与规律，分析存在的问题与不足。

研究将聚焦于几个核心议题：一是广东省及其地方政府出台人才政策的演变趋势；二是广东省各级人才政策的联合发文情况与发文部门分析；三是分析广东省各级人才政策的政策文种类型，探讨广东省人才政策特点；四是分析广东省各级人才政策的关键词，探讨广东省、珠三角与粤东、粤西、粤北地区内的地市级政府推动人才工作的着力点。

通过深入分析与实证研究，本章旨在为广东省进一步优化人才政策、推动人才强省建设和引领粤港澳大湾区高水平人才高地建设提供科学依据和策略建议，在新的历史起点上，广东省人才政策的发展研究不仅是对广东未来发展战略的深度思考，更是对我国整体人才强国战略的积极响应与实践探索。

第一节 分析框架构建与研究设计

一 研究内容

本文聚焦于广东省省级及城市层面的人才政策措施，特别地，在城市层面的研究中，本研究采纳了“珠三角与粤东西北区域”的划分方法，以此为框架展开区域比较分析。“珠三角与粤东西北区域”的划分，根植于广东省对其内部不同区域发展阶段与地域特色的深刻洞察，是该省推动区域协调发展的重要战略导向。这一战略旨在依托各功能区的独特定位，加速构建一个由繁荣的珠三角地区、活力的沿海经济带以及绿色的北部生态发展区交织而成的全新区域发展格局，从而为人才政策的差异性分析提供了一个宏观而具体的视角。

总体上，本研究将分层级（省级与城市一级）、时间、区域三个视角对人才政策的发展演变、决策过程、政策文种类型与政策工具选择进行比较研究。本研究搜集的广东省两级政府出台的人才政策出台条例，时间范围为1999—2023年，其中，1999年为本数据收集的最早一份人才政策的出台时间。具体分析内容包括：（1）人才政策出台情况的时空特征分析；（2）分层级的人才政策联合行文情况分析，包括联合行文类政策的数量分布、参与联合行文的政府部门分布两个指标。政府部门间联合行文，是指两个或两个以上不同政府部门就某一共同关注的问题，联合发布文件或公告，以此协调行动、整合资源、统一政策导向的一种行政管理方式。联合行为在政府的人才政策制定中发挥重要作用。（3）分层级人才政策的政策文种类型分析。本研究关注的政策文种类型包括条例法规类、指导意见类、发展规划类、实施细则类、管理办法类。每种政策文种具有特定的含义、作用与价值。（4）分层级人才政策关键词分析。人才政策的关键词分析具有重要的意义与价值，具有政策导向解读、政策趋势预测、政策效果评估等作用。

二　研究方法

政策文本分析方法是研究公共政策制定、内容、效果及其影响的重要工具，它通过严谨的步骤和多元的视角解析政策文件的内在逻辑、价值导向及潜在意涵。本研究采用以下几种核心方法来深化对政策文本的理解：

（1）量化内容分析：首先，我们将运用计算机软件（Excel）进行政策文本数据的预处理与编码，设定一套详细的编码规则以量化政策文本中的关键词频次、主题分布等，以此揭示政策重点、趋势及变化。

（2）比较分析法：跨时期、跨地域地比较不同政策文本，识别政策演进的路径、异同点及影响因素，评估政策连续性与变革的合理性与效果。

（3）政策网络分析：探讨政策制定过程中各机构、团体间的互动关系，通过文本中提及的联合发文情况，分析政策形成过程中的权力分布与决策机制。

综上所述，本研究通过综合运用政策文本定量分析工具，多层次、多维度地挖掘政策文本的深层信息，以期为政策制定者、学者及公众提供更为深刻、全面的政策理解与评价基础。

三　数据来源

本文以我国广东省本级、省内城市政府出台的人才相关政策为研究对象，政策文本来源为广东省市两级政府网站及权威数据库中的公开资料。为保证数据的权威性，本研究对政策文本依据不同发文机构进行了甄别，包括省和市两级党委、政府及其组成部门出台的相关政策文件，梳理有效样本 294 份，政策时间跨度为 1999—2023 年。

本文的数据搜集策略包括以下两个阶段：一是搜集广东省本级的人才政策。由于人才政策涉及面非常广，除去党委政府之外，政府各组成部门也会出台相应政策，来推动本系统的人才队伍建设工作，因此，人才政策本质上具有“条块结合”的属性。为尽可能全面收集各类相关人才政策，本研究首先进入广东省人民政府门户网站，在站内搜索栏中，使用关键词“人才”获得相关信息结果，然后将信息进一步聚焦到“政策法规”“省政府公报”“政策解读”栏目，剔除新闻报道等内容，筛选甄别出合规的人才政策。所有的政策甄别工作均由两名具有公共管理学科背景的专业研究人员独立进行，对于有异议的人才政策经由两名独立科研人员通过讨论达成一致后，才能纳入人才政策数据集。为进一步搜集省级政府各组成部门出台的人才政策，研究者从广东省人民政府门户网站政务公开版块，获取了省级政府的组成部门信息。经调查，截至2023年底，广东省人民政府共有21个厅和3个委员会作为其组成部门，总计24个主要组成机构。本研究从政务公开版块，直接进入上述组成部门的官方门户网站，同样使用站内搜索工具，输入关键词“人才”开展上述筛选与甄别工作。最后，本研究共计获取省本级人才政策57份。二是搜集“珠三角以及粤东西北区域”各城市的人才政策。广东共有21个地级市，其中，珠三角以及粤东、粤西、粤北是广东省最重要的区域划分方式，具体来说，珠三角包括广州、深圳、佛山、东莞、中山、珠海、江门、肇庆、惠州，粤东地区包括汕头、潮州、揭阳、汕尾，粤西地区包括湛江、茂名、阳江、云浮，粤北地区包括韶关、清远、梅州、河源。本部分将参考省级政府的政策文本搜集方法，先进入当地政府门户网站，之后进入各地政府组成部门的官方网站，在站内搜索工具中使用关键词“人才”进行搜索。对于搜索结果，由两名公共管理专业研究人员独立进行政策的筛选与识别，然后进行匹配校对，对于有疑义的搜索结果，双方需经过充分讨论并达成一致才能纳入分析数据集。在区域数据部分，本研究共计获取各城市政府出台的人才政策237份，其中，珠三角204份，粤东地区13份，粤西地区10份，粤北地区10份。具体政策清单见附录1。

第二节　广东省人才政策分析结果

一　人才政策数量分布

（一）广东省本级

由图4-1可以看出，广东省省级人才政策发文数量近年来呈快速增长趋势，在1999年至2018年时间段，每年度省级政府层面政策发文数量常年维持1至3项，2019年开始，省级政府人才政策发文数量大幅增加，其中，2019年发文8项，2021年发文12项，2022年发文11项。2018年全国两会期间，习近平总书记在参加广东代表团讨论时，提出了“发展是第一要务，人才是第一资源，创新是第一动力”的重要论述。这句话深刻揭示了发展、人才与创新三者之间的内在联系，强调了在新时代背景下，国家强盛的关键路径。习近平总书记对人才工作的高度重视，无疑对广东省级政府积极出台人才政策发挥了重要的促进作用。

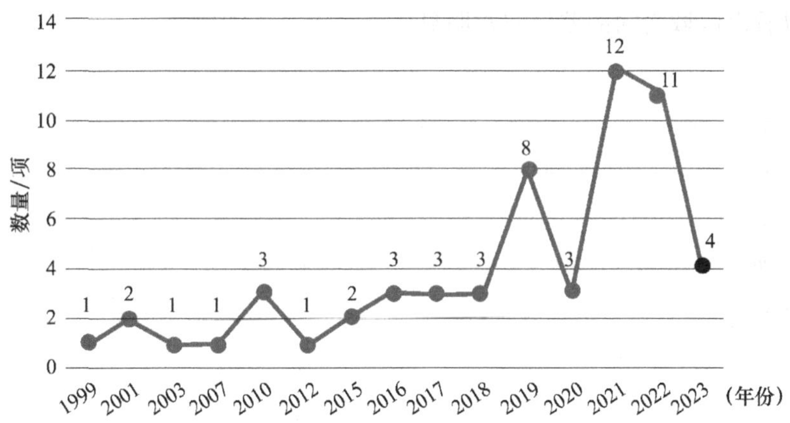

图4-1　1999—2023年广东省本级人才政策数量变化情况

（二）珠三角与粤东西北地区

图4-2是“珠三角与粤东西北地区”区域格局视域下的人才政策发文数量情况。首先，深蓝色线条代表“珠三角”地区，是引领全省发展的核心区和主引擎。该区域包括广州、深圳、珠海、佛山、惠州、东莞、中山、江门、肇庆9市。自1998年以来，该区域一直在人才政策出台数量上处于引领地位，数量远高于其他地区。1998—2023年，其大致经历了三个阶段，分别是：（1）1998—2010年：人才政策发文

数量一直在 10 项以下；(2) 2011—2017 年：该阶段该区域的人才政策发文数量开始小幅度上升，年度发文数量稳定在 10—15 项之间；(3) 2018—2022 年：珠三角核心区出台的人才政策数量快速大幅上涨，年度出台人才政策数量基本达到 20—30 项的区间。这说明珠三角核心区积极参与人才竞争，在人才政策创新上积极主动，在广东省内发挥引领作用。其次，粤东、粤西、粤北地区的人才政策出台数量相对较少，且政策制定呈偶发性状态。一是粤北地区于 2015 年至 2017 年出现小幅度人才政策数量增加现象，说明在这个阶段该地区着手制定了相关人才政策；二是粤北与粤西地区则在 2019—2022 年间着手推出了相应的人才政策。虽然粤东、粤西、粤北地区也参与到人才政策的制定当中，但可以看出区域之间的差异非常明显。

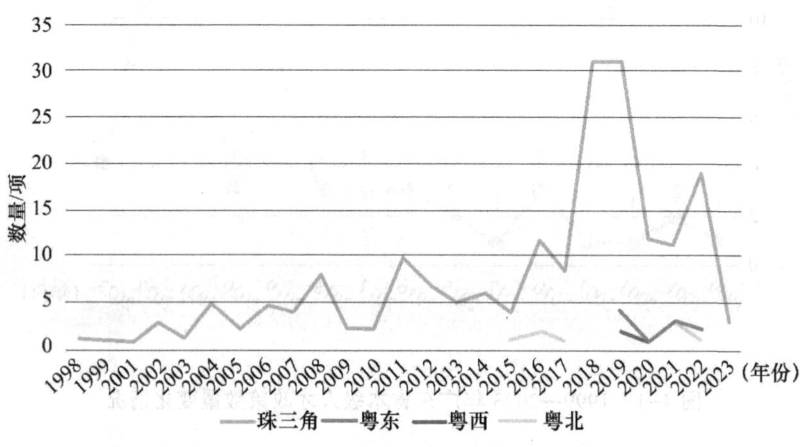

图 4-2 珠三角与粤东西北地区的人才政策数量情况

二 联合行文人才政策的数量分布

(一) 联合行文对于人才政策制定具有重要价值

政府部门间联合行文，是指两个或两个以上不同政府部门就某一共同关注的问题，联合发布文件或公告，以此协调行动、整合资源、统一政策导向的一种行政管理方式。联合行文在政府的人才政策制定中发挥重要作用，其功能、意义与价值体现在多个维度：首先，增强政策协同性。通过联合行文，各部门能共同制定政策，确保政策措施之间的一致性和互补性，避免政策冲突和重复，提高政策执行的系统性和整体效果。这对于解决跨领域、跨部门的复杂问题尤为重要，比如人才引进与培养，往往涉及教育、科技、财政、人力资源等多个部门的职责范畴。其次，提升行政效率。联合行文简化了多头管理下的繁琐程序，减少了部门间沟通的成本和时间，使得决策过程更加高效顺畅。对于人才政策而言，快速响应市场变化和创新需求，及时调整优化政策措施，是吸引和留住人才的关键。再次，强化政策权威性和执行力。多部门联署的文件通常具有更高的权威性和执行力度，能够更有效地调动各方资源，形成合力，确保政策得到有效落实。对于人才政策，这样的机制有助于构建稳定、可预期的政策环境，增强人才对政策的信任和支持。从次，促进信息共享与资源整合。联合行文过程中，各部门需充分交流信息，共享数据资源，有利于发现并弥补政策空白，优化资源配置。在人才政策制定上，通过跨部门合作，可以更精准识别人才需求，合理配置教育、培训、就业等资源，打造全方位、多层次的人才支持体系。最后，体现政府治理现代化水平。联合行文是政府机构改革和职能转变的体现，旨在打破部门壁垒，推动服务型政府建设。在人才政策领域强调联合行文，意味着政府更加注重以用户（即人才）为中心，通过优化流程、提升服务质量来增强对人才的吸引力，是实现人才强国战略的重要支撑。

总之，政府部门间的联合行文在人才政策制定与实施中扮演着不可或缺的角色，它通过增强协同性、提升效率、强化执行力、促进资源共享及展现现代化治理能力，为构建更加开放、包容、高效的人才发展环境提供了坚实的制度保障。

接下来，本文将从实证层面分析广东省本级、珠三角与粤东西北地区两个层面的人才政策联合行文情况。

(二) 广东省本级人才政策联合行文情况

本部分的联合行文人才政策是指由两个及以上政府部门联合发文的政策。

由图4-3可以看出，随着时间的推移，广东省本级人才政策联合行文数量总体呈上升趋势，尤其是自2020年以来，增幅十分显著。1999—2020年，联合行文的广东省本级人才政策数量基本在3份以下；2021年度，两个及以上政府部门联合行文的人才政策数量大幅增加到8份，2022年度为6份，这说明近年来人才政策开始突破单一部门属性，部门利益得到淡化，人才政策的协同性、权威性和执行力在省本级层面都得到大幅增强。

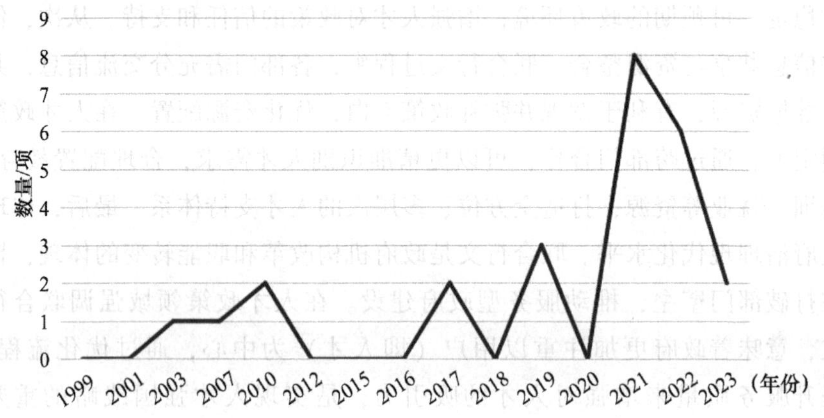

图4-3 广东省本级人才政策联合行文情况

(三)“珠三角与粤东西北地区”地方政府人才政策联合行文情况

由图4-4可以看出，珠三角与粤东西北地区联合行文的人才政策数量存在显著的阶段性区域差异。在2017年以前，珠三角地区联合行文的人才政策数量维持在1—4份。2018年至今，珠三角地区联合行文的人才政策数量大幅增加，比如，2018年有高达13份政策文件是由两个及以上政府部门联合行文发布，2019年也有接近10份政策文件为联合行文。这说明广东省内珠三角地区在人才治理能力、水平、人才政策权威性、协同性和人才服务的行政效率上还存在显著的区域优势。上述数据均显著高于粤东西北地区，这也说明与珠三角核心区相比，粤东西北地区在构建以人才政策为核心的人才治理体系上还存在显著的能力差异。

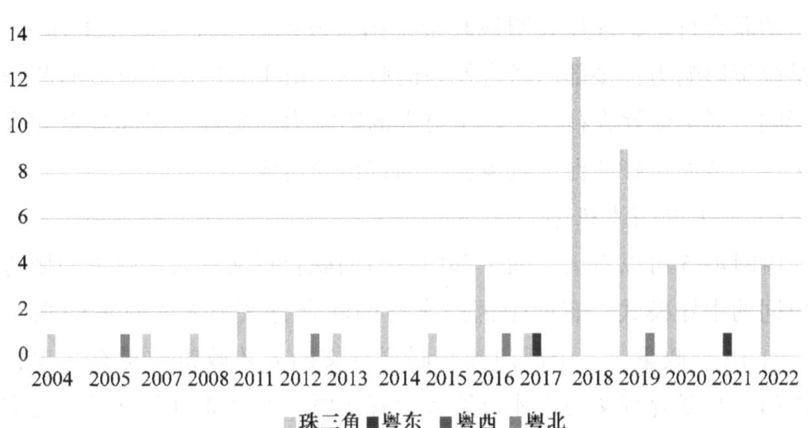

图 4-4　珠三角与粤东西北地区联合行文人才政策的数量分布

注：粤东、粤西、粤北的联合行文人才政策数量少，在部分年份只有一项，因此在图表中无法体现出来。

三　联合行文类人才政策的出台部门分布

（一）政策联合行文中参与部门数量具有重要意义

总体上，参与部门数量越多，意味着该项政策涉及面更广，重要性和显著性更强。其具体意义如下：一是协同效应：参与部门越多，往往代表该政策涉及面越广，需要跨部门协同解决的问题更为复杂。多部门的联合能够整合不同领域的资源和力量，形成合力，共同推进政策的有效实施，提高解决问题的效率和效果。二是政策权威性：参与部门数量较多的联合行文，通常表明该政策得到了更广泛的认可和支持，提升了政策的权威性和执行力度。多部门的共同背书，有助于增强政策的公信力，减少执行过程中的阻力。三是责任共担：联合行文意味着所有参与部门都要承担相应的责任和义务，参与部门数量的多少直接影响到责任分配的广泛度。更多的参与部门可以在一定程度上分散执行风险，但也要求各部门之间有良好的协调机制，以防止责任不清、相互推诿的情况发生。四是信号传递：政策参与部门的数量还可能向外界传递特定的信号，比如政府对某项事务的重视程度、政策的紧迫性或综合性等。大量部门的联合行动，往往表明该政策是国家或地区层面的重点工作之一。五是政策影响力：多部门联合发布的政策，由于其广泛的覆盖面和深远的影响，通常能够在社会上产生更大的影响力，更容易引起公众和媒体的关注，从而更好地促进政策目标的宣传和达成。

（二）广东省本级

由图 4-5 可以看出，两个部门参与的联合行文是人才政策领域跨部门协同的主导模式。有两个部门参与的联合行文类人才政策的数量最多，有 16 项政策，三个部门参与联合行文的人才政策数量有 3 项，四个部门参与联合行文的人才政策数量有 2 项，五个部门参与联合行文的人才政策数量同样有 3 项。而有一项人才政策有高达 13 个部门参与联合行文。

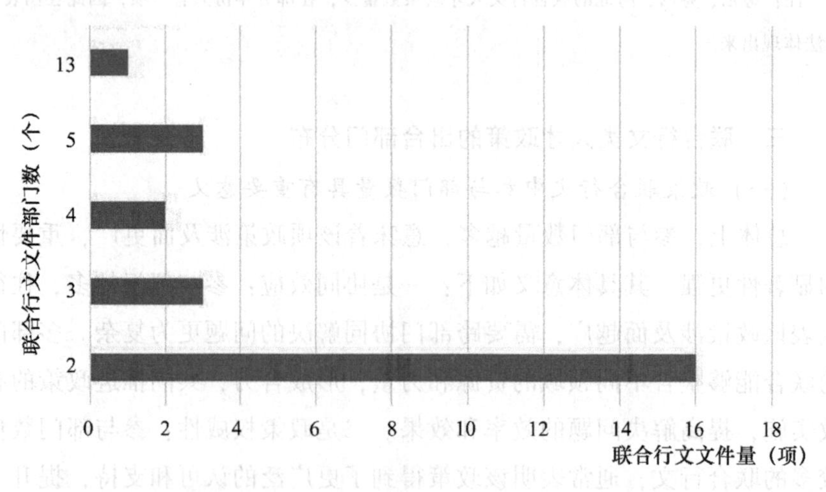

图 4-5　联合行文类人才政策的参与部门数量分布

（三）珠三角与粤东西北地区

图 4-6 可以看出，珠三角地区联合行文的参与部门数量最多，其中，两个部门联合行文的政策数量超过 25 份，3 个部门联合行文的政策数量有 10 份，此外，还有 4—6 个部门参与联合行文的政策多份。在粤东西北地区，联合行文的部门数量比较有限，其中，两个部门联合行为的政策，粤东地区仅有 1 份，粤北地区稍多，但仍低于 5 份；然而，粤东地区有一项政策文件，联合行文部门数达到 9 个，说明该项政策在粤东地区有较大影响力。数据表明，在珠三角地区有更多的政府部门参与到人才政策的决策与制定过程中，较多的参与部门意味着珠三角地区的人才政策有着更强的协同效应、更高的政策权威性、更完善的责任分担机制、更大的政策影响力，并且传递出当地政府更为重视人才工作的明确信号。

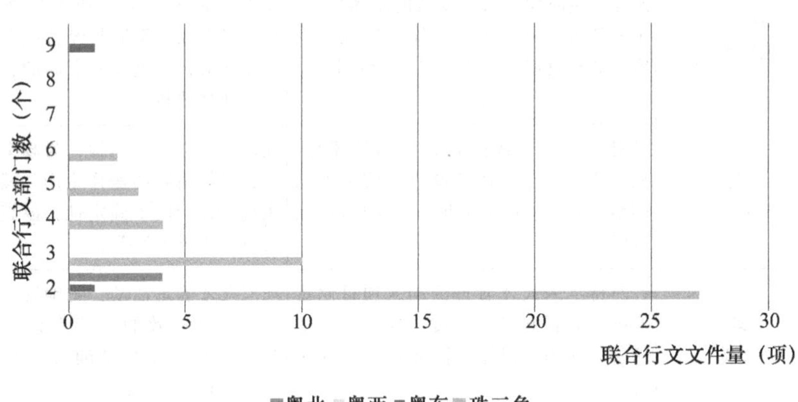

图 4-6　珠三角与粤东西北地区联合行文类人才政策的参与部门数量分布

四　人才政策文种类型分布（条例法规类等）

（一）人才政策文种类型

人才政策通过不同的文种类型来规范、指导和推动人才工作的具体实施。广东省人才政策的文种类型可以大致划分为以下五种类型：条例法规类、指导意见类、发展规划类、实施细则类、管理办法类。每种政策文种的含义、作用与价值具体见表 4-1：

表 4-1　人才政策的政策文种类型及其含义、作用与价值

政策文种类型	含义	作用与价值
条例法规类	这类政策文件通常具有法律效力，由国家立法机关或政府机构颁布，对人才的引进、培养、使用、激励、评估等环节做出明确规定，是人才工作的基本法律框架	为人才管理工作提供法律依据，确保政策的权威性和稳定性，保护人才的合法权益，维护人才市场的秩序
指导意见类	这类文件是对某一领域或特定问题提出原则性、方向性的指导思想和实施建议，不具有强制性，但对下级部门或单位具有较强的指导意义	为地方政府或相关部门制定具体实施办法提供思路和原则，帮助理解中央政策意图，促进政策精神的准确传达和灵活贯彻
发展规划类	涵盖一定时期内人才发展的总体目标、主要任务、重点工程和保障措施等内容，通常设定长远目标和阶段性目标	为人才工作提供宏观蓝图，明确发展方向和重点，协调资源配置，确保人才发展与经济社会发展相适应，促进人才资源的合理布局和高效利用
实施细则类	是对条例法规或指导意见的具体化、操作化的规定，详细说明了政策如何落地实施，包括实施步骤、操作流程、责任主体等	确保政策的可操作性，为政策执行者提供清晰的操作指南，减少执行过程中的不确定性，提高政策执行的效率和质量
管理办法类	针对特定的人才管理活动或项目制定的操作规程和管理制度，规定了具体的管理规则、程序、标准和考核评价方法	规范人才管理活动，明确管理职责，建立有效的监管和评估机制，保障人才政策的规范化运行，提高管理的科学性和有效性

（二）广东省本级

由图 4-7 可以看出，自 1999 年第一份人才政策出台以来，广东省本级出台的人才政策主要是管理办法类人才政策，有 26 份，例如 2019 年广东省人力资源和社会保障厅出台的《广东省职业技能提升培训补贴申领管理办法》，其定位是针对特定的人才管理活动或项目（职业技能提升培训）制定的操作规程和管理制度，规定了具体的管理规则、程序、标准和考核评价方法，作用在于规范职业技能提升培训补贴的申领办法，明确管理职责，

建立有效的监管和评估机制，保障培训补贴申领的规范化运行，提高管理的科学性和有效性。其次是指导意见类，有 11 份，例如广东省发展和改革委员会于 2017 年出台的《关于我省深化人才发展体制机制改革的实施意见》，其定位是对人才发展体制机制改革问题提出原则性、方向性的指导思想和实施建议，不具有强制性，但对下级部门或单位具有较强的指导意义，作用在于为地方政府或相关部门制定具体实施办法提供思路和原则，帮助理解中央政策意图，促进政策精神的准确传达和灵活贯彻。然后是实施细则类，有 10 份，例如广东省外国专家局于 2017 年出台的《广东省外籍高层次人才认定办法》，其定位是对条例法规或指导意见的具体化、操作化的规定，详细说明了外籍高层次人才如何认定，包括实施步骤、操作流程、责任主体等，其作用在于确保人才认定政策的可操作性，为政策执行者提供清晰的操作指南，减少执行过程中的不确定性，提高政策执行的效率和质量。接着是发展规划类，有 8 份，例如广东省委、省政府于 2010 年印发的《广东省中长期人才发展规划纲要（2010—2020 年）》，其定位是界定了 2010—2020 年期间，广东省人才发展的总体目标、主要任务、重点工程和保障措施等内容，作用在于为人才工作提供宏观蓝图，明确发展方向和重点，协调资源配置，确保人才发展与经济社会发展相适应，促进广东省

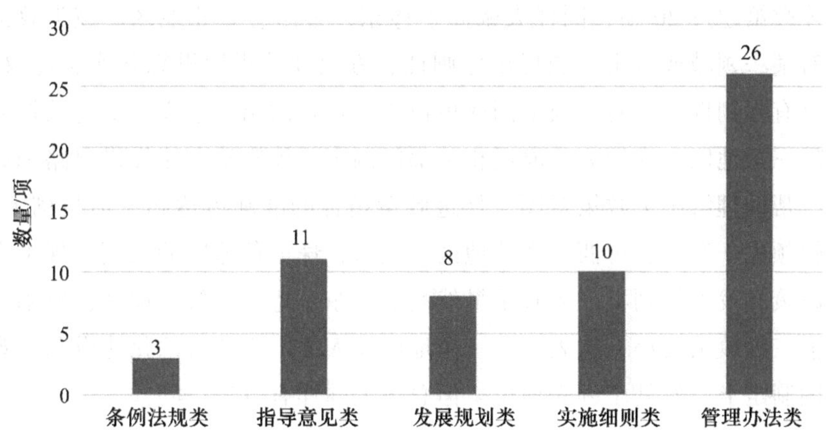

图 4-7　1999—2023 年广东省本级人才政策文种类型分布情况

人才资源的合理布局和高效利用。最后是条例法规类，有3份，例如广东省第十三届人民代表大会常务委员会于2018年公布的《广东省人才发展条例》，其定位是具有法律效力的政策文件，由广东省人才代表大会常务委员会颁布，对人才的引进、培养、使用、激励、评估等环节做出明确规定，是人才工作的基本法律框架，作用在于为人才管理工作提供法律依据，确保政策的权威性和稳定性，保护人才的合法权益，维护人才市场的合理秩序。

(三) 珠三角与粤东西北地区

由图4-8可以看出，珠三角与粤东西北地区的人才政策文种类型分布同样存在显著的区域间差异。首先，珠三角地区的管理办法类人才政策数量接近140项，而粤东、粤西、粤北的管理办法类人才政策仅有10项左右。这种差异表明，三个区域在规范人才管理活动，建立有效的监管和评估机制，保障人才政策的规范化运行和提高人才管理的科学性和有效性上存在显著的区域差异，粤东、粤西、粤北地区城市还有较大改进空间。其次，珠三角地区的实施细则类人才政策和指导意见类人才政策数量同样大幅高于粤东、粤西、粤北地区，这表明珠三角地区在确保人才政策的可操作性和执行效率以及解读人才政策精神等方面领先于粤东、粤西、粤北地区的政策。再次，珠三角地区的“指导意见类”人才政策超过20项，同样大幅高于粤东、粤西、粤北地区。该类政策是对某一领域或特定问题提出原则性、方向性的指导思想和实施建议，不具有强制性，但对下级部门或单位具有较强的指导意义。上述数据表明珠三角地区在为地方政府或相关部门制定具体实施办法提供思路和原则，帮助理解中央政策意图，促进政策精神的准确传达和灵活贯彻上，大幅领先于粤东、粤西、粤北地区。最后，珠三角地区的条例法规类人才政策和发展规划类人才政策虽然高于粤东、粤西、粤北地区，但幅度较前三种政策要小。这表明珠三角地区在人才工作的法治化建设和宏观蓝图制定上虽然处于领先地位，但总体上同样有改进空间。

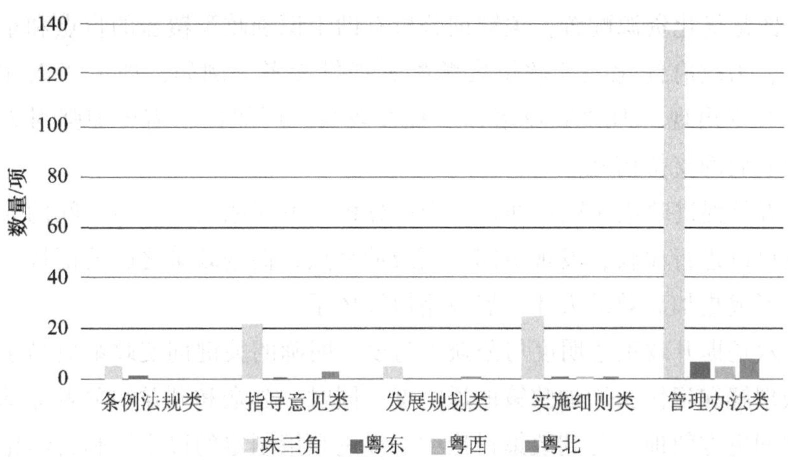

图 4-8　“珠三角与粤东西北地区”人才政策的政策文种类型分布

五　人才政策关键词分析

（一）人才政策的关键词分析具有重要的意义与价值

人才政策的关键词分析具有重要的意义与价值，主要体现在以下几个方面：

一是政策导向解读：通过对人才政策文本中的关键词进行分析，可以快速把握政策的主要方向、重点支持领域和目标群体。例如，关键词如“高层次人才”“创新创业”“住房补贴”等，直接反映了政策倾向于吸引哪些类型的人才，以及提供的主要激励措施，帮助人才和企业理解政策的核心意图。

二是政策趋势预测：长期跟踪和分析关键词的变化，可以揭示出人才政策随时间演进的趋势。例如，若“国际化”“海外高层次人才”等关键词频次增加，可能意味着政策正逐步加大对国际人才引进的重视。这对于政策制定者、研究者及市场参与者来说，是预判未来政策走向的重要依据。

三是政策效果评估：关键词分析有助于评估特定政策的宣传效果和实际影响。通过分析媒体、社交平台等公开渠道中提及政策关键词的频率和语境，可以间接反映政策的社会关注度和公众反响，为政策效果的量化分析提供数据支持。

四是优化资源配置：关键词分析有助于识别政策覆盖的盲点和重叠区域，为政府优化人才政策资源配置提供参考。例如，如果“人才公寓”频繁出现，但“职业培训”提及较少，可能提示需要加强对人才职业发展的支持措施。

五是促进政策协同：通过关键词分析，不同地区或部门之间的人才政策可以进行比较，发现协同空间或冲突点，促进政策之间的衔接与配合，形成更加高效的人才发展战略协同体系。

六是提升政策透明度与公众参与度：明确的关键词使政策更易于被公众理解和记忆，增加政策的透明度。同时，公众和利益相关者能基于关键词更方便地参与到政策讨论中，促进政策制定的民主化和科学化。

综上所述，关键词分析是理解政策意图、评估政策效果、优化政策设计和促进政策协同的重要工具，对于提升人才政策的科学性、针对性和有效性具有不可忽视的价值。

（二）广东省本级

表4-2　**广东省本级人才政策关键词分析**

序号	关键词	词频	序号	关键词	词频	序号	关键词	词频
1	人才	59	10	发展	11	19	监督	6
2	创新	26	11	管理	10	20	业绩	5
3	职称	22	12	高层次	10	21	知识产权	5
4	改革	20	13	保障	9	22	职业	5
5	服务	15	14	人才培养	7	23	科技	5
6	专业	14	15	转化	6	24	人才引进	5
7	创业	13	16	职称评审	6	25	科技成果	5
8	技术	13	17	粤港澳大湾区	6	26	资金	5
9	评价标准	11	18	高技能人才	6			

由表4-2可以看出，在广东省本级人才政策的关键词中，首先，“人才”出现的频次最多，达到59次，与人才紧密相关的其他概念，如高层次人才（10次）、高技能人才（6次）、人才培养（7次）、人才引进（5次），这表明近年来广东省本级人才政策更加强调对高层次、高水平人才的政策支持，并且将人才自主培养与人才引进进行结合；其次，“创新”出现的频次位列第二，有26次，其他相关概念，如创业（13次）、科技成果（5次）、转化（6次）、业绩（5次），这表明广东省级人才政策更加强调“人才”的贡献与作用，包括积极开展创新创业、加强成果转化等；再次，“职称”出现频次位列第三，有22次，其他相关概念，如服务（15次）、发展（11次）、管理（10次）、保障（9次）、资金（5次），这表明广东省本级助力人才发展的工作机制在持续完善，这些工作机制包括职称机制、生活保障机制、人才的管理机制和资金支持机制等；从次，“评价标准”出现11次，职称评审出现6次。人才评价是人才发展体制机制的重要组成部分，是人才资源开发管理和使用的前提。建立科学的人才分类评价机制，对于树立正确用人导向、激励引导人才职业发展、调动人才创新创业积极性、加快建设人才强国具有重要作用。上述数据表明，广东省本级人才政策高度重视发挥人才评价的指挥棒作用。最后，粤港澳大湾区出现6次。2021年，习近平总书记在中央人才工作会议上首次提出建设粤港澳大湾区高水平人才高地的发展战略。上述数据表明，广东省本级近年来积极推进面向港澳的粤港澳大湾区高水平人才高地建设的政策体系。

（三）珠三角与粤东西北地区

表4-3 “珠三角”区域人才政策关键词

序号	关键词	词频	序号	关键词	词频	序号	关键词	词频
1	人才	443	10	人才队伍	37	19	支撑	23
2	发展	85	11	服务	34	20	高质量	19

续表

序号	关键词	词频	序号	关键词	词频	序号	关键词	词频
3	创新	62	12	待遇	30	21	扶持	19
4	高层次	61	13	管理	30	22	转型	18
5	人才引进	57	14	人才培养	29	23	资金	17
6	保障	53	15	集聚	27			
7	补贴	43	16	产业	27			
8	创业	41	17	资助	25			
9	建设	40	18	环境	23			

表4-3显示的是珠三角区域人才政策关键词及其词频。珠三角地区是引领全省发展的核心区和主引擎。该区域包括广州、深圳、珠海、佛山、惠州、东莞、中山、江门、肇庆9市，该区域在广东省人才政策体系建设上发挥引领作用。首先，排在第一位的同样是“人才”一次，出现频次高达443次，其他相关概念有高层次（61次）、人才引进（57次）、人才队伍（37次）、人才培养29次，这表明该区域特别重视高层次人才的引进工作以及人才队伍建设工作，人才培养虽然也得到重视，但其优先级要低于人才引进。其次，排在第二位的依然是“发展”，出现85次，其他相关概念如创新（62次）、创业（41次）、产业（27次），说明该区域还特别重视人才发展问题，尤其是人才在产业领域的创新创业，这反映的是人才引进后的使用问题，有相对较为集中的规定与表述。然后，支持人才发展的工作机制在该区域的人才政策体系中更为完善，比如，保障（53次）、补贴（43次）、服务（34次）、待遇（30次）、资助（25次）、环境（23次）、扶持（19次）、资金（17次），这些概念均回应的是如何更好地支持和推动人才发展。

表 4-4 **粤东地区人才政策关键词**

序号	关键词	词频	序号	关键词	词频	序号	关键词	词频
1	人才	22	7	资助	2	13	高质量	2
2	发展	6	8	补贴	2	14	环境	2
3	服务	4	9	博士后	2	15	引进	2
4	创新	4	10	管理	2	16	创业	2
5	高层次	4	11	集聚	2	17	资金	2
6	保障	3	12	支撑	2	18	人才培养	2

表 4-4 显示的是粤东地区人才政策关键词及其词频。粤东地区包括汕头、潮州、揭阳、汕尾四个城市。首先，“人才”一词同样位列第一，但仅出现 22 次，远远低于珠三角地区。其他相关概念，如高层次（4 次）、人才培养（2 次）、博士后（2 次），这表明该区域在人才队伍建设上同样注重博士后等高层次人才的引进工作，但政策力度要明显弱于珠三角地区；其次，排在第二位的同样是“发展”一词，出现 6 次，其他相关概念如创新（6 次）、创业（3 次）、集聚（2 次）。与珠三角地区相比，粤东地区关于人才发展的方向与内容还不够完善，尤其与产业的结合不够紧密；最后，在支持人才发展的工作机制上，粤东地区强调保障（3 次）、资助（2 次）、资金（2 次）、补贴（2 次）、环境（2 次），这表明粤东地区主要从待遇保障、资金补贴、改善环境等机制入手，来吸引和支持人才发展。

表 4-5 **粤西地区人才政策关键词**

序号	关键词	词频
1	人才	14
2	高层次	4
3	服务	4

续表

序号	关键词	词频
4	发展	4
5	保障	2
6	待遇	2
7	经济社会	2

表4-5显示的是粤西地区人才政策关键词及其词频。粤西地区包括湛江、茂名、阳江、云浮四个城市。首先，排在第一位的还是“人才”，出现14次，其他概念如高层次（4次）、服务（4次）、发展（4次）、保障（2次）、待遇（2次）、经济社会（2次）。这说明粤西地区也特别重视高层次人才的引进工作，并且人才政策主要聚焦于服务、发展和待遇保障等机制上，在工作机制的广泛性、多元性与创新性上还有明显不足。与珠三角地区相比，粤西地区对人才培养的强调比较弱，这无疑与该地区有限的高等教育资源以及人才培养平台相关；其次，对于人才在创新创业、经济增长等方面的贡献没有做特别强调。总体上，与珠三角地区相比，粤西地区的人才政策支持体系还非常薄弱，吸引和支持人才发展的政策体系还不够健全。

表4-6　**粤北地区人才政策关键词**

序号	关键词	词频	序号	关键词	词频
1	人才	29	10	经济	3
2	发展	11	11	集聚	3
3	产业	5	12	科技	2
4	创新	5	13	市场	2
5	高层次	4	14	待遇	2
6	支撑	4	15	振兴	2

续表

序号	关键词	词频	序号	关键词	词频
7	创业	4			
8	竞争力	3			
9	人才队伍	3			

表4-6显示的是粤北地区人才政策关键词及其词频。粤北地区包括韶关、清远、梅州、河源四个城市。首先，排在第一位的同样是“人才”，出现29次。其他相关概念，如高层次（4次）、人才队伍（3次）、竞争力（3次），这表明该区域在人才队伍建设上同样将高层次人才作为重要的政策着力点，但政策力度要明显弱于珠三角地区；其次，排在第二位的同样是“发展”一词，出现11次，其他相关概念如创新（5次）、创业（4次）、集聚（3次）、振兴（2次）。粤北地区同样关注人才集聚与经济贡献（创新创业等）问题，并且初次强调从乡村振兴的角度来看待人才工作；最后，在支持人才发展的工作机制上，粤北地区强调支撑（4次）、产业（5次）、市场（2次）、待遇（2次），这表明粤北地区虽然也强调人才的待遇保障问题，但更倾向于利用宏观的市场、产业等机制来吸引与乡村振兴相关的各类人才，尤其是服务于乡村振兴的科技类人才。

第三节　广东省人才政策存在的问题与不足

广东省人才政策体系建设在近年来取得了显著成就，特别是在政策数量、联合行文机制、关键词导向以及政策文种类型等方面体现了对人才发展的重视与创新。然而，通过深入分析报告内容，我们可以发现体系中存在一些问题与不足，需要在未来的发展中加以改进与完善。以下是对存在问题的总结：

一　区域发展不平衡

尽管广东省人才政策总量增长迅速，特别是在省级层面和珠三角地区，政策数量显著增加，但粤东西北地区的人才政策出台数量明显滞后，且联合行文数量也较少，反映出政策资源与关注度的地域不均衡。比如，这种不平衡可能导致人才资源过度集中于核心区域，加剧区域发展差距，不利于广东省整体的人才生态建设。

二　政策协同性不足

尽管联合行文数量有所增长，表明政府间合作意识增强，但相对于庞大的政策总量，联合行文占比仍然较小，尤其是粤东西北地区。这可能意味着不同层级、不同部门之间在人才政策上的协同机制不够成熟，容易造成政策重复、资源浪费，以及政策执行过程中的脱节现象，降低了政策的整体效能。

三　政策文种类型的局限性

广东省人才政策以管理办法类为主，虽有利于规范具体操作，但发展规划类、条例法规类政策相对较少，这可能意味着在为人才发展提供宏观战略指导、构建完善的法律框架方面存在不足。此外，发展规划类政策的缺乏可能影响了对人才需求的前瞻性规划和长期布局，不利于人才政策的系统性和连续性。

四　关键词分析反映的问题

关键词分析显示，广东省人才政策对“高层次人才”“创新”“职称”等关键词的关注度较高，但对“职业培训”“高技能人才”“人才培养”等关键词的关注度相对较低，说明政策对人才引进与高层次人才的重视程度大于对本土人才的培养和中低层次人才的提升。这种侧重可能导致人才结构单一化，不利于构建多元化、多层次的人才梯队。

五　人才支持机制的不完善

虽然广东省在生活保障、资金支持、子女教育等方面已有相关政策，但对比珠三角地区，粤东西北地区在这些方面明显薄弱，尤其是在子女入学、资金补贴、生活环境改善等直接关系人才生活品质的政策上。这可能会限制这些地区对人才的吸引力，影响人才的留存率。

六　政策执行与评估的缺失

关键词分析对政策效果评估具有重要价值，但前文的关键词分析表明，已有的人才政策并未具体展示广东省人才政策的执行效果评估体系。这表明，在广东省的人才政策层面，尚缺乏系统的评估机制，难以及时反馈政策效果，不利于政策的及时调整与优化，也可能导致人才领域的资源错配。这一问题不仅在广东省本级和粤东西北地区存在、在珠三角核心区同样存在。

七　信息透明度与公众参与度待提升

关键词分析还能提升政策透明度与公众参与度，但在广东省的政策实践中，人才政策信息的传播与公众参与的渠道和方式仍需加强，这一问题不仅在珠三角核心区存在，在粤东西北地区更是十分突出，因此，要确保政策的广泛认知与社会共识的形成，应进一步推动人才政策的信息透明度和公众参与度。

第四节　人才政策工具的优化建议

一　加强区域政策协调，特别是加大对“一带”和“一区”的政策倾斜，缩小区域发展差距

广东省作为中国经济发展的先行省份，其人才政策体系的优化需注重区域协调发展。针对珠三角与粤东西北地区，首要任务是通过政策调整，加大粤东西北地区的支持力度。一方面，可以通过设置专项基金、税收优

惠、土地使用政策倾斜等方式，鼓励企业在这些区域设立分支机构或新项目，吸引人才回流或留驻。另一方面，提升基础设施建设，如教育、医疗、交通等公共服务水平，创造宜居宜业的环境，提高这些区域对人才的吸引力。同时，建立区域人才流动机制，促进人才资源在珠三角与粤东西北地区间的合理流动与配置，形成互补共赢的人才发展格局。

二　优化政策文种结构，增加发展规划类和条例法规类政策，以提供宏观战略指导和法律保障

在现有人才政策体系中，应进一步丰富政策文种，不仅要关注即时性的管理办法，更要注重长远发展规划与法律制度的建设。制定《广东省中长期人才发展规划》等文件，明确未来十年甚至更长时间内的人才发展战略目标、路径和重点任务，为全省人才工作提供清晰的路线图。同时，加快出台或修订与人才发展相关的条例法规，如《广东省人才发展促进条例》，确保人才引进、培养、使用、激励、保护等各环节有法可依，构建法治化的人才发展环境。

三　完善人才发展全链条政策，平衡引进与培养，关注中低层次人才和技能

广东省人才政策需兼顾高端人才引进与本土人才培养的平衡，形成完整的人才发展链条。除了继续吸引“高层次人才”外，还应加大对中低层次人才和技能人才的支持，通过提供职业技能培训补贴、建立终身学习体系、优化职业资格认证等措施，提升这部分人群的专业技能和创新能力。同时，加强与高等职业院校、技工学校的合作，开展订单式人才培养，为企业输送实用型技能人才，满足产业结构转型升级的需求。

四　健全政策执行与评估机制，确保政策落地效果，及时调整优化

政策的生命力在于执行，建立完善的政策执行与评估机制至关重要。应设立独立的第三方评估机构，定期对人才政策执行情况进行监测

和评估，确保政策目标得以实现。评估内容应涵盖政策的覆盖范围、执行效率、社会影响等多方面，评估结果应及时公开，接受社会监督。根据评估反馈，政府需灵活调整政策，对执行不力的环节进行整改，对效果不佳的政策及时进行修正或废止，确保人才政策体系始终贴合实际，高效运行。

五　提升政策透明度与公众参与度，通过多渠道宣传，增强政策的公众知晓度和参与感

提高政策透明度，让人才政策更加贴近民众，是提升政策接受度和执行效率的关键。政府应充分利用官方网站、社交媒体、移动应用等多种渠道，对人才政策进行广泛宣传和解读，确保信息的准确性和及时性。同时，建立政策咨询和反馈机制，鼓励公众、企业和人才本身参与到政策的制定和修订过程中来，通过问卷调查、公开听证会等形式，收集各方意见，确保政策制定的民主化、科学化，增强公众的参与感和满意度。

六　加强跨部门、跨层级的协同机制，促进政策的无缝对接与高效执行，形成人才发展合力

政策的协同执行是提高政策效能的关键。广东省需进一步强化跨部门协作，打破信息孤岛，通过建立人才工作联席会议制度，定期召集相关部门共同研究解决人才政策实施中的问题，确保政策的连续性和一致性。同时，推动上下级政府间的信息共享和资源互补，实现政策的上下联动，确保省级政策在地市、县区得到有效落实。利用数字化手段，如大数据分析、云计算平台等，提高政策协同的智能化水平，实现政策执行的精准化和高效化，构建起政府、企业、社会共同参与的人才发展协同机制，形成推动人才工作全面发展的强大合力。

第五节　本章小结

广东省作为中国改革开放的前沿和经济发展的火车头，其人才政策

的演变与优化对全省乃至全国的人才战略具有重要意义。本研究通过量化分析方法，系统考察了 1999 年至 2023 年间广东省省、市两级政府出台的人才政策文本，旨在揭示政策趋势、优化方向，为推动人才强省建设提供科学依据。

研究分为几个关键部分：首先，通过时空特征分析，展现了广东省人才政策的动态变化，尤其是在珠三角地区政策的密集出台，而粤东西北区域则相对滞后。其次，联合发文情况分析揭示了政府间合作的现状，尽管联合发文量有所增长，但粤东西北地区的协作程度仍显不足，反映出政策资源分配不均。再次，政策文种类型分析显示，管理办法类政策占比较大，而发展规划和条例法规类政策偏少，提示政策体系在宏观规划和法治建设方面有待加强。关键词分析则突出了政策对“高层次人才”和“创新”的重视，但显示出对人才培养体系的不均衡关注。最后，研究还发现了政策执行与评估体系的缺失、区域发展不平衡、政策协同性有待增强、信息透明度和公众参与度低等问题。这些问题共同构成了广东省人才政策体系当前面临的挑战，应在未来的政策制定中予以重点关注和解决。

基于上述分析，研究提出了一系列改进建议，包括强化区域间政策协调，提升粤东西北地区的政策供给；优化政策文种结构，强化宏观规划与法规建设；平衡引进人才与本土人才培养，注重中低层次及技能型人才的扶持；建立和完善政策执行评估机制，增强政策的透明度和公众参与，以及加强政策网络中的协同合作，提升政策的系统性和整体效能。

综上，广东省人才政策的深入研究和优化，对于促进人才资源的合理配置，推动区域均衡发展，构建多元化人才体系，以及支持粤港澳大湾区高水平人才高地建设具有至关重要的作用。通过针对性的改进措施，广东省可以在全球人才竞争中保持领先地位，为国家的人才强国战略贡献更大力量。

政策名称
广东省本级
《广东省人力资源和社会保障厅关于印发〈关于进一步加强高技能人才与专业技术人才职业发展贯通的实施方案〉的通知》
广东省科学技术厅　广东省财政厅关于印发《广东省省级科技计划绩效评价管理办法（试行）》的通知
关于印发《关于加快新时代博士和博士后人才创新发展的若干意见》的通知
《广东省科技计划项目监督规定》
关于延续实施粤港澳大湾区个人所得税优惠政策的通知
广东省人民政府关于印发广东省人才优粤卡实施办法的通知
人才市场管理规定
中外合资人才中介机构管理暂行规定
关于印发知识产权人才“十三五”规划的通知
关于做好海外高层次留学人才界定工作的通知
广东省委、省政府贯彻《关于进一步加强人才工作的决定》的意见
关于印发广东省高技能人才公共实训基地认定办法的通知
转发广东省人大常委会关于强化人才宏观管理、加大人才资源开发力度议案办理结果的决议的通知
广东省科学技术厅关于继续开展外籍和港澳台高层次人才认定工作的通知
转发省人力资源和社会保障厅　发展改革委　公安厅关于做好高技能人才入户城镇工作意见的通知
印发关于鼓励出国留学高级人才来粤创业若干规定的通知
关于构建创新人才培养体系推动广东信息技术产业加快发展的意见
广东省人才发展条例
广东省人力资源和社会保障厅关于印发《广东省深化技工院校教师职称制度改革实施方案》的通知
广东省人力资源和社会保障厅　广东省教育厅　广东省科学技术厅关于印发《广东省深化实验技术人才职称制度改革的实施方案》的通知
广东省人力资源和社会保障厅　广东省司法厅关于印发《广东省深化公共法律服务专业人员职称制度改革实施方案》的通知

续表

政策名称
广东省人力资源和社会保障厅　广东省财政厅　国家税务总局广东省税务局　广东省人民政府港澳事务办公室关于印发《支持港澳青年在粤港澳大湾区就业创业的实施细则》的通知
广东省人力资源和社会保障厅关于印发《关于进一步加强高技能人才与专业技术人才职业发展贯通的实施方案》的通知
广东省人力资源和社会保障厅　广东省卫生健康委员会　广东省中医药局关于印发《广东省卫生健康专业技术人才职称评价改革实施方案》的通知
广东省人力资源和社会保障厅　广东省财政厅　广东省国资委　广东省总工会　广东省工商联关于全面推行中国特色企业新型学徒制　加强技能人才培养的通知
广东省财政厅　国家税务总局广东省税务局转发财政部　税务总局关于横琴粤澳深度合作区个人所得税优惠政策的通知
广东省人力资源和社会保障厅　广东省文化和旅游厅　广东省广播电视局　广东省文学艺术界联合会　广东省作家协会关于印发《广东省深化艺术专业人员职称制度改革实施方案》的通知
广东省人民政府办公厅关于印发广东省推动技工教育高质量发展若干政策措施的通知
广东省人力资源和社会保障厅　广东省文化和旅游厅关于印发《广东省深化图书资料专业人员职称制度改革实施方案》的通知
广东省人力资源和社会保障厅关于印发《广东省品牌工程技术人才职称评价标准条件（试行）》的通知
广东省人力资源和社会保障厅　广东省体育局关于印发《广东省深化体育专业人员职称制度改革实施方案》的通知
广东省人力资源和社会保障厅　广东省科学技术厅关于印发《广东省技术经纪工程技术人才职称评价标准条件》的通知
广东省人力资源和社会保障厅　广东省工业和信息化厅关于印发《广东省工业设计工程技术人才职称评价标准条件》的通知
广东省人力资源和社会保障厅　广东省社会科学院关于印发《广东省深化哲学社会科学研究人员职称制度改革实施方案》的通知
广东省人力资源和社会保障厅　广东省应急管理厅关于印发《广东省安全工程技术人才职称评价标准条件》的通知
广东省人力资源和社会保障厅关于印发《广东省深化翻译专业人员职称制度改革实施方案》的通知

续表

政策名称
广东省人力资源和社会保障厅　广东省农业农村厅关于印发《广东省农业农村专业人才职称评价改革实施方案》的通知
中共广东省委办公厅　广东省人民政府办公厅印发《关于促进劳动力和人才社会性流动体制机制改革的实施意见》
关于印发《广州南沙新区创建国际化人才特区实施方案》的通知
关于印发《粤港澳大湾区（内地）事业单位公开招聘港澳居民管理办法（试行）》的通知
广东省人民政府办公厅转发省卫生健康委、人力资源社会保障厅、财政厅关于做好一线医务人员及其家属保障工作若干措施的通知
中共广东省委组织部　广东省人力资源和社会保障厅　广东省教育厅　广东省科学技术厅　广东省财政厅关于鼓励高校科研院所科研人员创新创业有关人事管理问题的意见
广东省人民政府印发《关于进一步促进科技创新若干政策措施》的通知
广东省人力资源和社会保障厅关于印发《关于在工程技术领域实现高技能人才与工程技术人才职业发展贯通的实施方案》的通知
广东省人民政府关于印发广东省系统推进全面创新改革试验行动计划的通知
广东省人民政府关于大力推进大众创业万众创新的实施意见
广东省人民政府办公厅关于进一步促进科技成果转移转化的实施意见
广东省人民政府关于加快科技创新的若干政策意见
中共广东省委　广东省人民政府关于印发《广东省中长期人才发展规划纲要（2010—2020年）》的通知
广东省人民政府办公厅关于印发《广东省经营性领域技术入股改革实施方案》的通知
中共广东省委　广东省人民政府关于全面深化科技体制改革　加快创新驱动发展的决定
关于贯彻落实粤港澳大湾区个人所得税优惠政策的通知
广东省人力资源和社会保障厅　广东省住房和城乡建设厅关于印发《广东省建筑工程技术人才职称评价改革实施方案》的通知
广东省人民政府办公厅关于印发广东省职业技能提升行动实施方案（2019—2021年）的通知
关于印发《广东省财政厅　广东省审计厅关于省级财政科研项目资金的管理监督办法》的通知
广东省民政厅关于印发《广东省民政厅关于专业社会工作领军人才遴选的办法》的通知

续表

政策名称
广东省人民政府关于强化实施创新驱动发展战略　进一步推进大众创业万众创新深入发展的实施意见
珠三角地区
广州市
《广州市科技创新与人才政策》
《广州市产业领军人才奖励制度》
《广州市人力资源和社会保障局　广州市公安局关于印发广州市引进人才入户管理办法实施细则的通知》
广州市住房保障办公室关于开展 2022 年度广州市高层次人才住房补贴年审工作的通知
广州市人才市场管理条例
广州市国际服务外包人才培训机构认定及管理办法
广州市高层次卫生人才引进培养项目实施办法
广东省外国专家局关于开展外籍和港澳台高层次人才认定工作的通知
广州市基础教育高层次人才引进办法（试行）
广州市职业教育高层次人才引进办法（试行）
广州市保障性住房及人才公寓建筑设计指引
广州开发区技能人才资助和奖励办法
《广州市博士后管理服务工作实施办法》
广州市鼓励留学人员来穗工作规定
《广州市引进人才入户管理办法实施细则》
中共广州市委　广州市人民政府关于加快集聚产业领军人才的意见
广州市高层次人才服务保障方案
广州市人力资源和社会保障局关于放宽“双一流”高校大学本科学历人才入户社保年限的通知
《广州市“乡村工匠”工程实施方案》
《广州高层次金融人才支持项目实施办法》
深圳市
深圳经济特区人才工作条例
深圳市引进高层次医学团队管理办法

续表

政策名称
深圳市人民政府令（第 273 号）深圳市人才安居办法
深圳市进一步促进就业若干措施
深圳市人才安居办法
深圳经济特区人才市场条例
深圳市支持金融人才发展的实施办法
深圳市社会工作人才教育培训方案（试行）
深圳市司法局关于吸纳优秀律师人才的规定
深圳市住房和建设局关于进一步完善深圳市高层次人才奖励补贴发放有关事项
深圳市新引进博士人才生活补贴工作实施办法
深圳市博士后资助资金管理办法
深圳市产业发展与创新人才奖暂行办法
深圳市人才认定办法
市属公立医院实用型临床医学人才引进计划
深圳市外籍“高精尖缺”人才认定标准（试行）
深圳市企业评定的技术技能人才积分入户试点工作方案
关于修改《〈关于引进国内人才来深工作若干规定〉的实施办法》的决定
深圳市高层次人才任期评估办法
深圳市高层次专业人才子女入学解决办法（试行）
深圳市高层次专业人才学术研修津贴制度实施办法（试行）
深圳市新引进人才租房和生活补贴工作实施办法
关于规范人才引进代理服务收费管理的通知
前海外籍高层次人才居留管理暂行办法
关于完善人才住房制度的若干措施
深圳市设立海外创新创业人才引进中心管理办法（试行）
深圳市高技能人才技能振兴计划重点项目实施方案
深圳前海深港现代服务业合作区人才发展引导专项资金实施细则（试行）
深圳市海外高层次人才“孔雀计划”资金管理暂行办法

续表

政策名称
深圳市高层次专业人才住房解决办法（试行）
深圳市高层次专业人才配偶就业促进办法（试行）
深圳市人才市场信用管理办法
深圳市海外高层次人才确认办法（试行）
深圳市人民政府印发关于引进国内人才来深工作若干规定的通知
深圳市海外高层次人才奖励补贴发放细则
关于加强社会工作专业岗位开发与人才激励保障的意见
深圳市人才引进实施办法
深圳前海深港现代服务业合作区境外高端人才和紧缺人才个人所得税财政补贴暂行办法
深圳市社会工作人才专业技术职位设置及薪酬待遇方案（试行）
深圳市人才引进目录编制发布办法
深圳市高技能人才津贴实施办法
深圳市人才住房和保障性住房配建管理办法
深圳市高技能人才创新培养计划重点项目实施方案
深圳市人民政府令（第229号）深圳市人才安居暂行办法
深圳市高等学校鹏城学者计划实施办法
佛山市
《佛山市人才发展体制机制改革实施意见》
佛山市创新领军人才选拔认定办法
关于进一步加大人才引进力度的若干意见
吸引留学人才来佛山工作、创业的暂行办法
佛山市人才开发专项基金管理暂行办法
佛山市高层次人才住房公积金支持政策管理办法
关于在镇、街道办事处、工业园区设立人才集体户的意见
关于对引进高层次人才执行机关事业单位住房商品化改革试行方案作补充规定的通知
关于社会工作专业岗位设置及社会工作专业人才激励保障的指导意见
佛山市体育局关于佛山市引进优秀体育后备人才资金扶持办法（试行）

续表

政策名称
佛山市重点产业人才引进培育暂行办法实施细则
优粤佛山卡 A 卡、B 卡人才免费健康体检服务实施办法
佛山市加快发展人力资源服务业的意见
佛山市基础教育高层次人才引进、认定（评定）及管理办法（试行）
佛山市新引进高等教育教学科研骨干人才安家费工作实施细则
《佛山市优化人才环境新政策》
《关于创新人才激励机制的若干意见》
《佛山市人才举荐工作实施细则》
《佛山市高等教育高层次人才引进扶持办法》
佛山市引进高层次人才优惠政策摘要
佛山市引进人才落户管理办法
佛山市人民政府关于进一步加强技能人才队伍建设的意见
佛山市引进人才子女教育服务工作实施细则（暂行）
佛山市高技能人才培养市级财政资金竞争性分配办法
佛山市高端金融人才引进培育办法（试行）
佛山市文化英才扶持工程实施细则
佛山市新引进领军人才安家补贴工作实施细则
佛山市高等教育高层次人才引进扶持办法
佛山市新引进高级职称专业技术人才安家补贴工作实施细则
佛山市新引进中初级人才租房补贴工作实施细则
东莞市
东莞市人力资源和社会保障局高技能人才国际培养计划实施办法
东莞市企业人才迁户暂行规定
东莞市高端人才和企业人才子女入学实施办法
关于加快建设人才资本产权激励制度意见的通知
东莞市引进高水平体育人才实施办法
关于培养科技创新团队和领军人才的实施意见

续表

政策名称
东莞市优秀技能人才评选奖励暂行办法
东莞市人才安居办法（试行）
东莞市引进创新创业领军人才暂行办法
东莞市人才发展专项资金管理暂行办法
东莞市事业单位聘用人才迁户暂行规定
东莞市高技能人才入户城镇工作方案
东莞市2011年“万名社会建设人才培训工程”实施方案
东莞市特色人才特殊政策实施办法
东莞市“十百千万百万”人才工程行动方案
东莞市条件准入类人才入户实施细则
东莞市培养高层次人才特殊支持计划
东莞市“一镇一品”产业人才培训实施方案
关于加强我市社区卫生人才队伍建设的意见
东莞市技能人才培养五年行动计划
东莞市鼓励专业人才学历进修补助资金管理办法
东莞市贯彻《广东省引进人才实行〈广东省居住证〉暂行办法》实施细则
东莞市新时代创新人才引进培养实施方案
东莞市加强研发人才引进培养实施办法
东莞市产业发展与科技创新人才经济贡献奖励实施办法
关于持续推进“三项工程”　深化“技能人才之都”建设的工作方案
东莞市引进人才暂行规定
东莞市加强研发人才引进培养暂行办法
东莞市人民政府办公室关于印发《东莞市博士后管理工作实施办法》的通知
东莞市省级以上人才计划配套服务实施办法
东莞市积分制人才入户实施细则
东莞市企业人才入户办法
东莞市人才入户管理办法

续表

政策名称
东莞市特色人才住房补贴申领实施细则
东莞市引进创新创业领军人才专项资金管理办法
东莞市“倍增计划”试点企业骨干人才子女入学资助实施细则
中山市
中山市贯彻落实国务院《扎实稳住经济的一揽子政策措施》实施方案
中山市柔性引才生活补贴实施细则
《中山市新时代人才高质量发展二十三条》
火炬开发区人才子女就学实施办法
中山市技能人才引进和管理办法
关于完善我市人才入户办理工作机制的通知
中山市引进海外高层次创新创业人才暂行办法
中山火炬开发区引进和服务 IT 产业人才实施暂行办法
中山市国有建设用地配建人才安置房管理暂行办法
中山市人民政府办公室关于进一步加强高技能人才队伍建设的意见
中山市科技人才发展专项资金管理办法
关于进一步加强我市引进人才计划生育管理与服务工作的意见
中山市住房公积金管理中心关于进一步加大住房公积金对人才安居保障支持力度的通知
中山市创新型科技人才突出贡献奖评选暂行办法
中山市推进科技创新人才集聚项目管理办法
《关于进一步加强高技能人才队伍建设的意见》
中山市企业紧缺适用高层次人才评定管理暂行办法
关于落实《关于加强人才政策支持和服务保障的具体措施》
中共中山市委组织部、中山市人力资源和社会保障局关于在中山翠亨新区建设人才管理改革试验区的实施意见
珠海市
《珠海市支持港澳青年来珠就业（创业）和技能培训（训练）若干政策措施》
《法律服务助力“珠海英才计划”实施方案》

续表

政策名称
《珠海市杰出人才奖、珠海市突出贡献人才奖评选奖励暂行办法》
珠海市人才子女入学（园）服务工作实施办法（试行）
珠海市创新创业团队和高层次人才创业项目管理办法
《珠海市企业新引进中高级专业技术人才、高技能人才、青年人才（租房和生活）补贴实施办法》
《珠海市青年创业人才项目扶持办法》
珠海市人民政府关于印发珠海市“英才卡”实施办法（试行）的通知
珠海市博士和博士后人才创新发展实施办法
《珠海市鼓励海外高层次人才创业和引进国外智力暂行办法》
《珠海市高层次人才补充养老保险和特定医疗保障暂行办法》
《珠海市高层次人才住房保障暂行办法》
《珠海市产业发展与创新人才奖励办法》
关于实施“珠海英才计划”加快集聚新时代创新创业人才的若干措施（试行）
珠海工匠培育计划实施办法
珠海市留学人员创业项目扶持办法
珠海市支持企业建立首席技师制度实施办法
珠海市职业技能竞赛管理办法
关于印发珠海市市级技能大师工作室和技师工作站认定办法的通知
珠海市院士工作站管理办法
珠海市住房公积金管理中心关于高层次人才申请住房公积金贷款的操作细则（珠房金字〔2018〕23号）
珠海市产业青年优秀人才培养计划实施办法
珠海市高层次人才支持计划实施办法
江门市
江门市制造业高质量发展人才支撑“八大计划”行动方案
关于在粤港澳大湾区内地城市试点实施往来港澳人才签注政策的公告
江门市进一步激励企业高管、骨干人才若干措施
江门市人才特聘制度试行办法

续表

政策名称
江门市人才发展“十一五”规划
关于江门市高层次人才认定评定和举荐办法
江门市人民政府关于进一步加强终身职业技能培训推进高技能人才队伍建设的若干意见
江门市人民政府关于支持江门人才岛建设发展的实施意见
江门市人力资源和社会保障局大力推进“湾区人才”工程实施方案
关于支持“海河英才”自主创业的政策措施
关于做好人才政策个人待遇发放工作方案
关于进一步集聚新时代人才建设人才强市的意见
江门市专业技术人才职称“牵引”工程实施方案
《关于进一步集聚新时代人才建设人才强市的意见》
《关于江门市实施粤港澳大湾区个人所得税优惠政策财政补贴暂行办法》
关于支持港澳居民到江门市就业创业的若干措施
肇庆市
肇庆市引进高层次人才的暂行规定
肇庆市民政局转发广东省民政厅关于开展2020年度广东省专业社会工作领军人才遴选的通知
肇庆市社会工作人才队伍建设联席会议办公室关于开展肇庆市2022年度社会工作者职业水平考试考前线上辅导培训班的通知
肇庆市民政局关于推进社区、社会组织和社会工作专业人才“三社联动”的实施意见
广东省民政厅　广东省人力资源和社会保障厅关于开展广东省首次高级社会工作师评审工作的通知
中共肇庆市委办公室　肇庆市人民政府办公室关于印发《肇庆市“百千万”人才引育工程实施意见（试行）》的通知
惠州市
惠州市住房公积金管理委员会关于惠州市人才住房公积金优惠政策实施办法（试行）
惠州市关于深化完善“人才双高计划”实施“人才双十行动”意见
惠州市农村实用人才职称评定暂行办法
惠州市人力资源和社会保障局关于惠州市企业人才专业技术等级和技能等级晋升补贴实施细则

续表

政策名称
惠州市科学技术局关于引进培育科技人才（团队）的实施办法
惠州市人力资源和社会保障局　中共惠州市委组织部关于新引进人才安家落户补贴发放实施细则
惠州市人民政府关于印发惠州市加强卫生人才建设实施方案的通知
《惠州市高级人才津补贴专项资金管理办法》
惠州市人民政府印发关于进一步促进科技创新的若干政策措施的通知
粤东地区
汕头市
汕头市青年英才引进培养计划实施方案
汕头市引进科技创新创业团队评审管理实施意见
汕头市高层次人才创新创业载体建设管理实施意见（试行）
汕头市技能人才培养突出贡献单位认定管理办法
汕头市高技能人才补贴发放办法
汕头市企事业单位人才交流培训资助计划实施办法
汕头市博士后工作站建站补贴及在站博士后生活补贴发放办法
潮州市
潮州市新引进企业高层次人才奖励措施
《潮州市高层次人才联谊会章程》
揭阳市
《揭阳市集聚人才创新发展若干措施实施细则》
揭阳市高层次人才子女入学优待实施办法
汕尾市
汕尾市高层次人才认定暂行办法
汕尾市人才发展促进条例
粤西地区
湛江市
湛江市高层次人才休假疗养实施细则（试行）

续表

政策名称
湛江市高层次人才认定及人才卡服务实施办法（试行）
关于印发《湛江市高层次人才学术活动资助办法》的通知
关于印发《湛江市教育局关于市高层次人才子女入学优待实施办法（试行）》的通知
茂名市
茂名市特聘人才管理暂行办法
阳江市
关于印发《阳江市科学技术局合金材料与五金刀剪重点产业人才振兴计划项目管理办法》的通知
云浮市
《中共云浮市委关于深化人才发展体制机制改革的实施意见》
《云浮市人才发展“十三五”规划》
云浮市培养引进高层次人才实施办法
云浮市柔性引进人才实施办法
粤北地区
韶关市
韶关市扶持产业科技人才实施意见（试行）
《韶关新时代“百团千才万匠”人才工作实施意见》
丹霞英才计划
韶关市引进高层次人才配偶就业及子女入学（园）安置办法
韶关市柔性引进人才实施办法
清远市
清远市高层次人才子女入学解决办法
《清远市引进培养高精尖缺人才的若干规定（人才资助部分）实施细则》
中共清远市委　清远市人民政府关于引进培养紧缺适用人才的若干规定
梅州市
人才市场管理规定
河源市
《河源市贯彻落实扎实稳住经济一揽子政策措施实施方案》

第五章　广东省人才高地建设中的战略人才队伍分析与建议

战略人才是具有开阔视野、专业知识和技能，且具有原创性科学研究和技术创新能力，长期从事科学研究和技术创新活动，为相关学科建设、科技发展和社会进步做出一定贡献的各类人才。加快建设国家战略人才力量，是习近平总书记在2021年中央人才工作会议上作出的重要指示，时任广东省委书记的李希同志在省委人才工作会议也旗帜鲜明地提出战略人才锻造工程。围绕战略人才的“引、育、用、留”，激发人才实力，挖掘人才潜力，是人才高地建设中的重中之重。目前，广东以粤港澳大湾区人才高地建设为牵引，实施新时代人才强省战略。加快战略人才队伍建设，是积极落实中央人才工作会议、广东省第十三次党代会的重要指示精神的重要体现。加快构建“基础研究+技术攻关+成果转化+科技金融+人才支撑”全过程创新生态链，推动广东科技和产业创新优势在新的高度立起来强起来，是建设粤港澳大湾区人才高地，建成国际科学创新中心、国家科学中心的必要保障。在新的征程上，亟须对战略人才队伍的现状和问题进行深入研究。本章将着重从战略人才角度，首先对广东省战略人才队伍的概念界定和外延分类进行阐述；然后对战略人才队伍进行整体研究；最后分别对基础研究 R&D 人员、留学人才、博士后和卓越工程师等四支典型队伍进行研究。

第一节　战略人才队伍概念的界定与说明

近年来，粤港澳大湾区跻身全球科技创新集群前10位，珠三角9个城市研发支出超3600亿元。世界知识产权组织（WIPO）发布的全球创新指数显示，深圳—香港—广州创新集群连续4年居全球第二。根据《中国区域创新能力评价报告2023》，广东区域创新能力得分58.86，连续七年蝉联全国第一，分项评价的五个一级指标中，企业创新、知识获取、创新绩效位居全国第一位，知识创造、创新环境位居全国第二位。这说明广东省在以科技人才为核心的战略人才队伍建设上取得了显著成效。同时，在《中国城市科技创新发展报告2021》中，广东21个城市的科技创新发展指数的排名情况有所提升，但仍然揭示出广东在战略人才队伍建设中存在的一些亟须解决的问题。为全面了解广东省战略人才队伍的整体现状，有必要对战略人才的内涵和外延进行界定和说明。

一　战略人才的概念界定

关于战略人才的概念界定，国外学者是基于战略人力资源管理的理论视角，主要研究组织中的战略人力资源，研究范围相对较小；国内学者是基于人才学的理论视角，提出“战略人才”，这一概念是中国情境下，具有本土色彩的词语，研究范围相对较大。

在战略人才的内涵界定上，国内学者普遍认为战略人才具备一定的知识、技能和能力，能够进行创造性劳动，为落实组织规划、实现组织使命做出较大贡献的人。习近平总书记在2021年9月中央人才工作会议上的重要讲话进一步明确了战略人才队伍的群体范围。因此，本章认为战略人才界定是具有开阔视野、专业知识和技能，且具有原创性科学研究和技术创新能力，长期从事科学研究和技术创新活动，为相关学科建设、科技发展和社会进步做出较大贡献的各类人才。

二 战略人才的外延分类

根据文献梳理和文件整理得到的战略人才外延分类（表5-1）中，我们发现战略人才是一个多层次、多分类的人才梯队体系。在党的二十大会议和中央人才工作会议的会议精神指导下，广东省战略人才队伍的构成可以从人才类型、人才区域和单位类型等维度来划分。其中，从人才类型来看，战略人才包括战略科学家、一流科技领军人才和创新团队、青年科技人才、卓越工程师、基础研究人才、哲学家、社会科学家、文学艺术家和战略人才工作管理者；从人才地域来看，战略人才可以划分为本土人才（省内、省外）、海归留学人才、外籍人才和港澳人才；从单位类型来看，战略人才涵盖了高校战略人才、科研机构战略人才和企业战略人才。本章重点研究的基础研究R&D人员、留学人才、博士后和卓越工程师四支典型队伍代表分别对应着广东省战略人才队伍的基础研究人才、留学人才、青年科技人才和卓越工程师。

表5-1　　战略人才的外延分类

序号	分类来源	具体种类
1	党的二十大报告	大师、战略科学家、一流科技领军人才和创新团队、青年科技人才、卓越工程师、大国工匠、高技能人才
2	2021年中央人才工作会议	战略科学家、一流科技领军人才和创新团队、领军人才、青年科技人才、卓越工程师
3	国家中长期科技人才发展规划（2010—2020年）	科学家、工程技术人才队伍、中青年科技创新领军人才、科技创新创业人才、科技管理与科技服务和科普等人才
4	人才层次	高层次创新型科技人才、创新型科技人才、专业技术人才
5	人才作用	标准化人才、扩散人才、开拓创新人才
6	学科领域	自然科学人才、哲学社会科学人才。其中，自然科学人才又分基础研究、应用研究、技术开发和成果转化人才
7	研究对象	基础研究与应用研究类人才、技术研发与应用类人才、创新创业类人才

续表

序号	分类来源	具体种类
8	科技开发过程	基础研究类人才、应用与技术开发类人才、创新创业类人才
9	统计	科学研究、工程技术、科技管理、科技创业人员和技能型人才
10	贡献程度	高端创新人才和产业技能人才。高端创新人才包括世界水平的科学家、科技领军人才、卓越工程师；产业技能人才包括工程师（高技能人才）、高级技师、技术工人等

资料来源：根据相关文献整理得到。

目前，我国在战略人才的统计口径上，尚未形成较为官方的统计数据口径，常用的统计指标主要以“研究与试验发展（R&D）人员”“专业技术人员”等为主，这些数据主要来自《中国统计年鉴》《中国科技统计年鉴》《广东统计年鉴》《广东科技统计数据》以及其他相关省市的统计年鉴、政府公报等。同时，在相关统计年鉴的基础上，将采用国家自然科学基金、博士后科学基金等项目的立项资助情况作为补充数据。

三　广东省战略人才队伍的界定和数据说明

根据战略人才的概念界定和外延分类，并结合战略人才个体成长规律和各学科专业领域的特点，在实际工作中广东省战略人才是由各行业的专业技术人才逐步成长为各领域的战略人才。因此，广东省战略人才队伍主要包括研究与试验发展人员、高层次人才、专业技术人才、青年科技人才、留学人才和技能人才等6类（见表5-2）。

表5-2　　　　**广东省战略人才队伍的分类**

序号	类型	具体种类
1	研究与试验发展（R&D）人员	基础研究人员、应用研究人员、试验发展人员
2	高层次人才	人才优粤卡持卡人（A卡13类、B卡10类）
3	专业技术人才	专业技术人才27类

续表

序号	类型	具体种类
4	青年科技人才	博士、博士后
5	留学人才	受国家、省和市专项资助、自费留学的留学人才
6	技能人才	高技能人才

资料来源：根据相关文献整理得到。

第二节 战略人才队伍建设的分析与建议

据《广东统计年鉴 2023》统计，2020—2022 年期间广东省高层次人才中，享受国家津贴人员累计新增 168 人；高级职称批准人数累计新增 119872 人；博士后累计新增 13161 人；在博士生中，招生人数累计新增 21104 人，在校人数累计新增 75053 人，毕业人数累计新增 11634 人。以高层次人才为代表的战略人才队伍逐年增加的趋势明显。本节以《中国科技统计年鉴 2023》和相关省市统计年鉴中的基础研究 R&D 人员相关数据为基础，重点阐述广东省战略人才队伍建设的现状概述和存在问题，并提出战略人才队伍建设的对策建议。

一 广东省战略人才队伍建设的现状概述

战略人才现状概述将从战略人才总量、企业战略人才、高校战略人才和区域战略人才等四方面进行阐述。

(一) 战略人才队伍数量和质量差异较为明显

在战略人才队伍资源总量上，据《中国科技统计年鉴 2023》统计，2022 年全国 R&D 人员 9401258 人，全时人员 6198656 人，其中，广东省 R&D 人员 1339797 人，全时人员 975883 人，位居全国首位。

1. 战略人才队伍总体结构有待优化

在战略人才队伍结构分布上，据《中国科技统计年鉴 2023》的 2022 年部分省市 R&D 人员全时当量统计（见表 5-3），2022 年广东省 R&D 人员全时当量 972492 人年，均高于北京（373235）、上海

（264054），但是广东在从事基础研究和应用研究的 R&D 人员全时当量要明显低于北京和上海。

表 5-3　《中国科技统计年鉴 2023》部分省市 R&D 人员全时当量

指标 \ 地区		北京	上海	广东
各地区 R&D 人员（人年）	全时当量	373235	264054	972492
	#研究人员	249171	145098	328001
	基础研究	84525	39564	41991
	应用研究	110283	37255	80531
	试验发展	178429	187237	849970

资料来源：《中国科技统计年鉴 2023》。

2. 战略人才队伍区域分布有待优化

在战略人才队伍区域分布上，据统计（见表 5-4），近三年珠三角九个地级市是广东省战略人才队伍的主要聚集地，占全省总量的 90% 以上。其中，深圳、广州、佛山、东莞等地较多，增速较快；珠海、惠州、江门、中山、肇庆等地相对较少，增速较慢。从区域来看，粤东、粤西和粤北地区等 12 个地级市的数量上偏少，增速较慢。考虑到各地市的社会经济发展水平的差异，因此，各地市战略人才数量受到本市社会经济发展水平的影响较为显著。

表 5-4　2021—2023 年《广东统计年鉴》各地市 R&D 人员情况①

地市	R&D 活动人员（人）			企业 R&D 活动人员（人）		
	2019 年	2020 年	2021 年	2019 年	2020 年	2021 年
全省	1091544	1175441	1248474	955620	1036259	1090330
广州	228987	239333	235741	143894	151969	138895

① 注：《广东统计年鉴》中 R&D 活动人员的相关数据要比年鉴的出版年份早 2 年。

续表

地市	R&D 活动人员（人）			企业 R&D 活动人员（人）		
	2019 年	2020 年	2021 年	2019 年	2020 年	2021 年
深圳	377937	428515	443644	358789	409614	420383
珠海	41067	41870	37641	38037	38243	33891
汕头	15487	14853	14112	13046	12189	11203
佛山	100072	107715	104465	96178	103022	98455
韶关	8583	7608	7154	6626	6383	5836
河源	2482	2380	5737	2335	2201	5541
梅州	3133	2711	3741	1949	1649	2632
惠州	59209	60581	74114	57104	58166	71722
汕尾	1634	1846	1863	1489	1731	1647
中山	133393	142158	187637	128667	137984	182268
江门	33320	34519	36733	32271	33056	34895
湛江	1882	2337	2863	1495	2080	2442
茂名	7366	7776	8342	2890	2655	2918
肇庆	8131	8328	8106	6916	6824	6193
清远	12302	12069	13408	10641	10404	11296
潮州	7986	8158	9120	7864	7871	8810
揭阳	4075	4125	3746	3550	3730	3370
云浮	7392	6897	6421	7075	6719	6239

资料来源：《广东统计年鉴 2023》《广东统计年鉴 2022》《广东统计年鉴 2021》。

（二）企业战略人才队伍规模和投入较为明显

在企业战略人才队伍建设上，据《中国科技统计年鉴 2023》统计（见表 5-5），广东省的规上企业中有 R&D 活动和研发机构的企业数分别为 25952 个和 34013 个，规上工业企业中有 R&D 活动和研发机构的企业数分别为 22742 个和 29864 个，这两类企业均高于北京和上海，且规上企业和规上工业企业中企业 R&D 人员数量也高于北京和上海。同时，广东在规上工业企业办研发机构的机构数量、人员数量、硕博比例、机构经费支出等方面都具有明显优势。这充分说明企业战略人才在广东战略人才队伍起着“挑大梁”的关键作用，是广东省战略人才队伍不断发展的核心支撑力量。

表 5-5　《中国科技统计年鉴 2023》部分省市全部企业数量与R&D 人员情况

指标		北京	上海	广东
全部规上企业数量情况	有 R&D 活动的企业数（个）	3416	4286	25952
	有研发机构的企业数（个）	922	1267	34013
全部企业R&D 人员	R&D 人员（人）	236123	246233	1171261
	折合全时当量（人年）	154332	174196	874951
	#研究人员（人）	73818	75889	254003
规上工业企业数量情况	有 R&D 活动的企业数（个）	1325	2977	22742
	有研发机构的企业数（个）	463	869	29864
规上工业企业R&D 人员	R&D 人员（人）	79152	143267	1026944
	R&D 人员折合全时当量（人年）	53459	100972	772585
	#研究人员（人）	23204	39711	208723
规上工业企业办研发机构情况	机构数（个）	574	911	32434
	机构人员（人）	50568	89450	1109947
	#博士和硕士（人）	16332	26951	88402
	机构经费支出（万元）	3306233	7115436	40682016

资料来源：《中国科技统计年鉴 2023》。

（三）高校战略人才队伍规模和投入产出失衡

在高校战略人才队伍建设上，根据《中国科技统计年鉴 2023》统计（见表 5-6），广东高等院校 161 所，包括央属高校 4 所，省属高校 157 所。尽管广东的高校总量多于北京和上海，但央属高校与北京和上海相比，广东的数量严重不足。而在高等学校 R&D 人员的数量上，广东同样要低于北京和上海，且博士研究生学历 R&D 人员、全时人员

R&D 人员，以及 R&D 人员全时当量、基础研究和应用研究等指标上与北京和上海均存在差距。同时，在 R&D 课题上，广东在课题数量、投入人员和投入经费等方面显得相对薄弱；在科技产出上，广东高等学校在论文、著作上与北京存在差距，与上海不相伯仲。在专利上，广东在申请专利数上具有优势，但在有效发明专利上要比北京少，特别是成果转化方面与北京和上海存在较大差距。目前，广东出现这种差异的主要原因中，广东高等学校中的研究型大学数量偏少，并且产学研的体系还不够紧密，特别是科研成果市场转化机制不够健全和高校成果转化人才队伍建设滞后。这说明广东在高等院校数量和从业人员相对占优势的情况下，高校战略人才队伍建设仍存在明显不足，亟须奋力追赶。

表 5-6　《中国科技统计年鉴 2023》部分省市高等学校 R&D 人员情况

指标＼地区		北京	上海	广东
高等学校 R&D 人员	学校数（所）	92	64	161
	R&D 人员合计（人）	146363	79498	104249
	#博士毕业（人）	82390	40591	40244
	#硕士毕业（人）	35078	21975	41388
	#本科毕业（人）	23980	14738	19738
	#全时人员（人）	78998	48915	42614
	R&D 人员全时当量（人年）	83037	48212	47441
	#研究人员（人年）	76118	42105	39550
	基础研究（人年）	34031	26807	24738
	应用研究（人年）	44034	17470	20192
	试验发展（人年）	4973	3935	2511
高等学校 R&D 课题	R&D 课题数（项）	133210	80765	118677
	投入人员（人年）	83030	48212	47436
	投入经费（万元）	2421296	1108885	1048032

续表

指标 \ 地区		北京	上海	广东
高等学校科技产出	发表科技论文（篇）	140824	125390	131071
	#国外发表（篇）	76330	72318	72270
	出版科技著作（种）	4345	2492	2278
	专利申请数（件）	23874	14659	25992
	#发明专利（件）	20926	10939	17835
	有效发明专利（件）	89152	41841	45641
	专利所有权转让及许可数（件）	911	642	1341
	专利所有权转让及许可收入（万元）	44796	27584	26942
	形成国家或行业标准数（项）	300	105	85

资料来源：《中国科技统计年鉴 2023》。

（四）区域战略人才队伍分布不均需重点关注

在区域战略人才队伍建设上，根据《广东统计年鉴 2023》统计的 21 个地级市 2022 年全社会 R&D 活动人员和规上工业企业 R&D 活动人员情况（见表 5-7），在区域上，广东区域战略人才发展的优势区域是珠三角地区，粤东、粤西、粤北等三个区域的发展优势较弱，以 2020 年规上工业企业 R&D 活动人员为例，珠三角地区 856914 人，粤东地区 23851 人，粤西地区 10951 人，粤北地区 19506 人，四个区域之间存在着较大差距，从大到小依次为：珠三角、粤东、粤北、粤西。在各地级市上，在珠三角地区 9 个地级市战略人才发展优势由强到弱，依次为深圳、广州、东莞、佛山、惠州、珠海、江门、中山、肇庆，但在规上工业企业 R&D 活动人员上，广州低于东莞，珠海低于江门；在粤东地区 4 个地级市战略人才发展优势由强到弱，依次为：汕头、揭阳、潮州、汕尾；在粤西地区 3 个地级市战略人才发展优势由强到弱，依次为：茂名、湛江、阳江；在粤北地区 5 个地级市的人才发展优势由强到弱，依次为清远、韶关、梅州、河源、云浮，但在企业 R&D 活动人员、规上工业企业 R&D 活动人员上，梅州低于河源、云浮。这说明广东在区域战略人才建设上存在着显著的区域间差异和地级市间差异，需要高度重视。

表 5-7　《广东统计年鉴 2023》全省全社会 R&D 活动人员情况

地市	R&D 活动人员（人）	R&D 活动人员（人）#企业	规模以上工业企业 R&D 活动人员（人）	规模以上工业企业 R&D 经费内部支出（亿元）
广州	235741	138895	116321	401.00
深圳	443644	420383	380604	1491.38
珠海	37641	33891	36860	94.42
汕头	14112	11203	11052	20.53
佛山	104465	98455	91194	305.48
韶关	7154	5836	5305	11.90
河源	5737	5541	4836	7.61
梅州	3741	2632	2257	3.88
惠州	74114	71722	81864	170.23
汕尾	1863	1647	2227	9.57
中山	36733	34895	173176	411.00
江门	39989	38086	39942	91.33
阳江	2863	2442	33327	73.21
湛江	8342	2918	2938	7.29
茂名	8106	6193	4144	23.90
肇庆	13408	11296	5727	8.63
清远	9120	8810	13478	34.73
潮州	3746	3370	8875	19.11
揭阳	6421	6239	3194	4.68
云浮	3897	3608	5818	22.74

资料来源：《广东统计年鉴 2023》。

二　广东省战略人才队伍建设的问题分析

（一）战略人才队伍数量和质量有待持续优化

据《中国科技统计年鉴 2023》统计（见表 5-8），尽管广东省 R&D 人员全时当量和研究人员都位居全国首位，但在基础研究方面，北京 R&D 人员全时当量是广东的 2 倍，这充分说明广东省在基础研究人才队伍总量上的差异是非常大的。以中国科学院和中国工程院院士为例，在 2020 年全国的 1755 名两院院士中，广东省排名第五，入选中国科学院院士 96 人，入选中国工程院院士 54 人，合计 150 人，但与广东经济总量相当的江苏省，两院院士达到 477 人，是广东的三倍之多。

表 5-8　**《中国科技统计年鉴 2023》部分省市 R&D 人员和 R&D 人员全时当量**

	R&D 人员全时当量（人年）	研究人员（人年）
北京	373235	249171
上海	264054	145098
广东	972492	328001

资料来源：《中国科技统计年鉴 2023》。

（二）战略人才经费支出和投入强度有待提升

据《中国科技统计年鉴 2023》统计（见表 5-9），广东在全国 R&D 经费内部支出中位居全国首位，但在 R&D 经费内部支出的基础研究支出上，广东在基础研究内部支出与北京的差距较大；在 R&D 经费内部支出占比上，广东在基础研究内部支出的占比要明显低于北京和上海。这说明广东在 R&D 经费内部支出中仍需要加强基础研究的经费支出。

表 5-9　《中国科技统计年鉴 2023》部分省市 R&D 经费内部支出

	R&D 经费内部支出（万元）			R&D 经费投入强度（%）		
	2020 年	2021 年	2022 年	2020 年	2021 年	2022 年
北京	23265793	26293208	28433394	6.44	6.53	6.83
上海	16156905	18197705	19815785	4.17	4.21	4.44
广东	34798833	40021795	44118955	3.14	3.22	3.42

资料来源：《中国科技统计年鉴 2023》。

（三）战略人才队伍科研产出和质量有待加强

根据《中国科技统计年鉴 2023》的数据显示（见表 5-10），广东省基础研究产出方面仍存在着较大差距，有待进一步加强。其中，在发表科技论文上，江苏和北京的论文数量多于广东；在出版科技著作上，北京、上海和江苏的科技著作数量多于广东；在专利申请数上，江苏的专利申请数量多于广东；在专利所有权转让及许可数上，江苏和浙江的专利所有权转让及许可数多于广东；在专利所有权转让及许可收入上，北京、上海和浙江的专利所有权转让及许可收入多于广东；在形成国家或行业标准数上，北京、江苏和上海形成国家或行业标准数多于广东。

表 5-10　《中国科技统计年鉴 2023》部分省市 R&D 经费内部支出

	发表科技论文(篇)	出版科技著作(种)	专利申请数（件）	专利所有权转让及许可数（件）	专利所有权转让及许可收入（万元）	形成国家或行业标准数（项）
北京	140824	4345	23874	911	44796	300
上海	125390	2492	14659	642	27584	105
江苏	168682	2418	48862	5293	37711	131
浙江	72125	2146	24470	2350	16692	65
广东	131071	2278	25992	1341	26942	85

资料来源：《中国科技统计年鉴 2023》。

（四）战略人才发展环境和服务工作有待完善

近年来，广东省非常重视人才发展环境和人才服务工作。在国家人社部的支持下，广东省建成并运营了粤港澳大湾区（广东）人才港，主要服务于战略人才队伍建设。但目前广东在人才发展和人才服务方面仍存在三个问题：一是人才政策和人才服务有待加强，相关地市存在着相关政策的实施效果不佳，人才服务工作未能够全面覆盖的问题，以"优粤卡"为例，该卡目前主要服务于高端人才服务，缺乏对于大湾区青年人才的支持；二是人才评价科学化程度有待提高，以科研诚信为导向的评价机制有待完善，目前在项目评价和课题评价等方面需要继续优化调整；三是便利化程度有待加强，国际人才和港澳人才在粤港澳大湾区内部自由通行、居住停留方面的限制相比于北京、上海要严格一些。

三　广东省战略人才队伍建设的对策建议

为了更好地推动广东省战略人才队伍建设，广东可以从人才梯队建设、研究经费支持、研究产出评价和研究平台建设等四个方面进行探索。

（一）实施区域人才分布优化策略

统筹区域人才规划。开展新一轮的战略人才发展规划，深入分析粤港澳大湾区、沿海经济带、北部生态发展区等关键区域的产业特色和人才需求，制定具有区域特色的人才发展计划。通过跨区域协调机制，实现人才资源的优化配置；精准制定紧缺人才目录。依据地方产业发展需求，参考《粤港澳大湾区（内地）急需紧缺人才目录》，定期更新本地紧缺人才目录。通过市场调研和数据分析，确保人才引进计划与地方实际需求高度契合；动态调整人才工程与计划：省级人才项目需根据市场需求动态调整，同时加强地市级人才项目支持，确保人才流动的合理性和人才使用的高效性。通过建立人才项目评估和反馈机制，持续优化人才政策。

（二）实施人才投入机制优化策略

增加科技创新经费投入。提升对科技创新的经费支持，特别是在基础研究和应用研究领域，确保经费结构的优化。通过设立专项基金，加大对关键技术领域和前沿科学研究的投入；设立科技创新投资基金。鼓励国有企业和科技企业设立投资基金，通过定投支持科技创新人才，加速项目发展和成果转化。同时，为投资基金提供政策支持和税收优惠，吸引更多的社会资本投入科技创新；整合港澳创投资源：积极引入港澳优质创投资源，利用其国际视野和网络资源，提升科技创新成果的全球竞争力。通过建立粤港澳科技创新合作平台，促进三地创新资源的交流与合作；发挥人力资源服务产业园功能。通过产业园为战略人才提供“人才贷”、创业指导、市场对接等金融支持和服务，促进人才的创新创业活动。同时，加强产业园内企业与高校、科研机构的合作，推动产学研一体化发展。

（三）实施产学研深度合作推动策略

企业主导的技术创新体系。构建以企业为主体、市场为导向的产学研深度融合技术创新体系，推动前沿科技成果的产出。通过政策引导和激励机制，鼓励企业增加研发投入，加强与高校和科研机构的合作；高水平协同创新平台共建。支持粤港澳企业、高校、科研院所共建平台，通过揭榜领题模式激发科技创新人才参与关键技术研发。同时，为平台提供稳定的资金支持和政策保障，确保平台的长期发展；粤港澳科技创新合作计划实施。通过合作课题和资助计划，促进与港澳高校的科技创新交流与合作，提升学科建设水平。同时，探索建立粤港澳科技创新共同体，实现资源共享、优势互补。粤港澳产学研创新联盟建立。推动三地高等院校、科研机构的科技创新成果转化，加强区域协同。通过建立联盟，促进创新资源的整合和优化配置，提升区域整体的科技创新能力。

（四）实施人才发展服务保障体系健全策略

持续建设粤港澳大湾区（广东）人才港：利用人才港建设深化政策衔接和服务保障，实现人才流动的便利化。通过人才港提供一站式服务，包括职业发展、生活服务、政策咨询等，打造国际化的人才发展环境；大力建设地级市人才服务平台：打造地级市“人才港”和“人才社区”，加强服务资源共享，完善省市区三级人才服务体系。通过人才服务平台，提供个性化、精准化的人才服务，满足不同人才的需求；加强战略人才服务保障。各级政府需提供细致周到的服务，解决人才的后顾之忧，增强其归属感和满意度。通过建立人才服务绿色通道，提供住房、医疗、教育等优惠政策，营造良好的人才发展生态。

第三节　战略人才队伍中基础研究 R&D 人员队伍建设的分析与建议

从 2021 年中央人才工作会议召开以来，广东省积极推动基础研究人才队伍建设，不仅加强高校、科研机构中从事前沿基础科技研究人才队伍建设，还加强企业中从事应用基础科技研究人才队伍建设。本节以《中国科技统计年鉴 2023》和相关省市统计年鉴中的基础研究 R&D 人员相关数据为基础，重点阐述广东省战略人才队伍中的基础研究 R&D 人员队伍建设的现状概述和存在问题，并提出基础研究 R&D 人员队伍建设的对策建议。

一　广东省基础研究 R&D 人员队伍建设的现状概述

广东省高度重视和支持基础研究 R&D 人员队伍建设，大力度布局基础研究，在项目、资金、政策等方面提出了一系列的创新举措，引导更多科学家更加专心地做基础研究，让科研工作者不用坐“冷板凳”，而是坐“稳妥的板凳”。近年来，广东省在基础研究 R&D 人员队伍建设中取得了以下四个方面的成效。

（一）基础研究 R&D 人员队伍规模稳中有降

据《中国科技统计年鉴》统计（见表 5-11），在近三年部分省市 R&D 人员全时当量上，广东省 R&D 人员全时当量位居全国前列，且呈现出逐年增加的趋势，但在其基础研究的全时当量上，广东省仅次于北京市，存在着较大的差距；也被上海市不断追赶，与上海市的差距正在缩小。同时，广东省呈现出先升后降的趋势，2020—2021 年期间是上升的，2021—2022 年期间是下降的。

表 5-11　　2021—2023 年《中国科技统计年鉴》部分省市 R&D 人员全时当量的基础研究

	R&D 人员全时当量（人年）			R&D 人员全时当量的基础研究全时当量（人年）		
	2020 年	2021 年	2022 年	2020 年	2021 年	2022 年
北京	336280	338297	373235	75082	75525	84525
天津	90640	102986	103499	9196	10203	10908
河北	125058	125609	158713	8293	7965	9270
上海	228621	235518	264054	32966	35347	39564
江苏	669084	755899	824682	25979	33958	37739
浙江	582981	575284	642274	15839	16622	19739
广东	872238	885248	972492	38655	50137	41991

资料来源：《中国科技统计年鉴 2023》《中国科技统计年鉴 2022》《中国科技统计年鉴 2021》。

（二）基础研究 R&D 专项资金投入不够稳定

据《中国科技统计年鉴》统计（见表 5-12），在近三年部分省市 R&D 经费内部支出中，广东省 R&D 经费内部支出的基础研究支出仅次于北京市，并呈现出先增加后降低的波动趋势，整体的变化趋势与 R&D 人员全时当量的基础研究全时当量的变化相一致（见表 5-11）。同时，据《广东统计年鉴》统计，2020—2021 年广东省地方一般公共预算收支基本情况中，支持科学技术研究的专项资金呈现出逐年增加的趋势。地方一般公共预算支出的科学技术支出上，从 2020 年的 955.73 亿元，增加到 2021 年的 983.78 亿元。

表 5-12　　2021—2023 年《中国科技统计年鉴》部分省市 R&D 经费内部支出的基础研究支出

	R&D 经费内部支出（万元）			R&D 经费内部支出的基础研究支出（万元）		
	2020 年	2021 年	2022 年	2020 年	2021 年	2022 年
北京	23265793	26293208	28433394	3730986	4225134	4706662

续表

	R&D 经费内部支出（万元）			R&D 经费内部支出的基础研究支出（万元）		
天津	4850116	5743282	5686565	343645	588112	248128
河北	6343724	7454936	8489080	155513	168938	273048
上海	16156905	18197705	19815785	1282822	1777325	1805940
江苏	30059283	34385572	38354282	840152	1356698	1587931
浙江	18598951	21576904	24167668	603053	643462	1102584
广东	34798833	40021795	44118955	2040960	2742692	2396152

资料来源：《中国科技统计年鉴 2023》《中国科技统计年鉴 2022》《中国科技统计年鉴 2021》。

（三）基础研究 R&D 综合支持力度不断加强

近年来广东采取多种方式积极推动基础研究工作，一方面，从省级层面系统性推进基础研究十年“卓粤”计划落地实施，加快构建全过程创新生态链，并谋划启动省基础学科研究中心建设，探索基础学科稳定支持方式。另一方面，积极创新基础研究支持方式，以“首席科学家+板块委托”的方式委托粤港澳大湾区量子科学中心实施量子科学旗舰项目；委托华南国家植物园组织实施“生物多样性”旗舰项目；积极推动“人类蛋白质组导航”国际大科学计划。值得一提的是，2023 年广东获国家自然科学基金立项 4960 项，获资助金额 28.60 亿元，立项数目、获资助金额均创历史新高。

（四）基础研究 R&D 生态环境建设不断优化

广东积极营造基础研究发展的良好生态环境，在基础研究人员层面，通过积极创新体制机制，全面推行省基金项目“负面清单+包干制”改革政策，不设“条框”只设“红线”，让研究人员拥有更大自主权，也为研究人员的科研工作“松绑”“减负”。同时，在 2021 年由“一带一路”国际科学组织联盟（ANSO）发起，广东省人民政府主办的大湾区科学论坛 Greater Bay Area Science Forum 成功举办，已经连续举办了 3 年，吸引了包括多名诺贝尔奖获得者在内的各领域科学家积极参会；2023 年高水平举办南澳科学会议，打造基础科学高层次交流平台。

二　广东省基础研究 R&D 人员队伍建设的问题分析

（一）基础研究 R&D 人员队伍规模有待优化

据《中国科技统计年鉴》统计（见表 5-13），在 2022 年部分省市 R&D 人员全时当量的基础研究部分中，广东省在地区（41991 人年）和高等学校（24738 人年）两个方面都与北京市和上海市存在着一定的数量差距。同时，北京市的地区 R&D 人员全时当量（373235 人年）要低于广东省（972492 人年），但北京市在地区 R&D 人员全时当量的基础研究部分（84525 人年）却高于广东省（41991 人年），这可以说明广东省的基础研究 R&D 人员队伍规模需要在数量和质量两个方面进行优化。

表 5-13　2021—2023 年《中国科技统计年鉴》部分省市 R&D 人员全时当量的基础研究

	地区 R&D 人员全时当量（人年）	地区 R&D 人员全时当量的基础研究部分（人年）	高等学校 R&D 人员全时当量（人年）	高等学校 R&D 人员全时当量的基础研究部分（人年）
北京	373235	84525	83037	34031
上海	264054	39564	48212	26807
广东	972492	41991	47441	24738

资料来源：《中国科技统计年鉴 2023》。

（二）基础研究 R&D 人员经费支出有待加强

据《中国科技统计年鉴》统计（见表 5-14），广东省在全国 R&D 经费内部支出中位居全国首位，但在 R&D 经费内部支出的基础研究支出上，广东省在基础研究经费内部支出（2396152 万元）与北京市（4706662 万元）的差距较大；在 R&D 经费内部支出的占比上，广东在基础研究经费内部支出的占比（5.43%）要明显低于北京市

（16.55%）和上海市（9.11%）。综合来看，广东省在 R&D 专项经费支出方面仍需要高度重视和加强基础研究 R&D 人员经费的支出。

表 5-14　《中国科技统计年鉴 2023》部分省市 R&D 经费内部支出

	R&D 经费内部支出（万元）	R&D 经费内部支出中的基础研究部分支出（万元）	比重（%）
北京	28433394	4706662	16.55
上海	19815785	1805940	9.11
广东	44118955	2396152	5.43

资料来源：《中国科技统计年鉴 2023》。

（三）基础研究 R&D 人员科研成果有待提升

据《中国科技统计年鉴 2023》统计（见表 5-15），广东省基础研究产出方面仍存在着较大差距，有待进一步加强。其中，在发表科技论文上，江苏和北京的论文数量多于广东；在出版科技著作上，北京、上海和江苏的科技著作数量多于广东；在专利申请数上，江苏的专利申请数量多于广东；在专利所有权转让及许可数上，江苏和浙江的专利所有权转让及许可数多于广东；在专利所有权转让及许可收入上，北京、上海和浙江的专利所有权转让及许可收入多于广东；在形成国家或行业标准数上，北京、江苏和上海形成国家或行业标准数多于广东。综合来看，广东省在 R&D 专项经费支出方面仍需要高度重视和加强基础研究 R&D 人员经费的支出。

表 5-15　《中国科技统计年鉴 2023》部分省市 R&D 人员基础研究产出

	发表科技论文（篇）	出版科技著作（种）	专利申请数（件）	专利所有权转让及许可数（件）	专利所有权转让及许可收入（万元）	形成国家或行业标准数（项）
北京	140824	4345	23874	911	44796	300
上海	125390	2492	14659	642	27584	105
江苏	168682	2418	48862	5293	37711	131

续表

	发表科技论文（篇）	出版科技著作（种）	专利申请数（件）	专利所有权转让及许可数（件）	专利所有权转让及许可收入（万元）	形成国家或行业标准数（项）
浙江	72125	2146	24470	2350	16692	65
广东	131071	2278	25992	1341	26942	85

资料来源：《中国科技统计年鉴 2023》。

（四）基础研究 R&D 人员研究平台相对薄弱

大科学装置、高等院校和科研机构作为广东省基础研究平台的主力军，目前广东省在基础研究平台的建设情况相对薄弱，一方面，广东在大科学基础设施建设方面，起步较慢，建成的大科学装置仅有 3 个，与北京、上海等省市在平台数量上存在着较大差距；另一方面，广东在国内一流的研究型大学和综合性科研机构相对偏少，仅有中山大学和华南理工大学等高校，与北京、上海、江苏等地差距明显。总体来看，基础研究平台的不足在一定程度上影响了基础研究人才队伍的建设和发展。

三 广东省基础研究 R&D 人员队伍建设的对策建议

为了更好地推动广东省基础研究 R&D 人员队伍建设，广东可以从人才梯队建设、研究经费支持、研究产出评价和研究平台建设等四个方面进行探索。

（一）加快基础研究队伍的梯队建设

基于国际大科学计划、重大人才工程、重大科技计划的抓手作用，加快形成以顶尖科学家和战略科学家为首，一流基础研究领军人才和创新团队及青年基础研究人才为主的人才梯队结构；加快建设具有国际竞争力的人才制度。推动南沙国际人才特区、前海深度合作区、横琴深度合作区等区域分领域进行基础研究高端人才制度综合试点改革，制定具有国际竞争力的政策措施，大力吸引“高精尖缺”人才，给予符合条件的基础研究高端人才更加便利、优质的服务。同时，面向全省推广基础研究人才发展体制机制改革经验和创新做法；大力支持基础研究人才的培育工作。围绕重点领域、重点产业，联合港澳和内地“双一流”高校，及领军科技企业培育一批战略科学家和基础研究领军人才；支持和鼓励创新团队和平台的梯队化育才，形成稳定可持续的培育机制，不断扩充优质人才规模。抓好以博士、博士后为主的青年科技人才培育工作，重视基础研究和应用研究人才的培育，争取进一步扩大省内高校和科研院所的理、工、农、医学科的硕博士生招生规模，探索以“企业为主、高校为辅”的人才培育合作的新模式。

（二）加强基础研究经费的支出力度

加大基础研究经费的支出和投入，各地市要加大基础研究经费的支出和投入，大力度支持基础和应用研究；推动省市两级国有企业和科技类头部企业积极设立基础研究投资基金，以基金投资的形式支持基础研究人才发展，带动一批基础研究创新项目的发展，并促进相关成果的转化；引导港澳优质创投资源融入广东基础研究人才投入机制，借助相关创投资源的国际视野，进一步提升基础研究成果数量和研究成果转化质量；发挥好省级和各地市人力资源服务产业园的积极作用，为科技创新人才提供科学、适度、合理的“人才贷”，给予各类基础研究人才支持。

（三）加强基础研究产出的评价机制

探索基础研究科技评价机制。以综合立体为评价原则，以重大成果产出为评价导向，以实际贡献为评价核心，构建基于贡献、创新价值、能力等维度的基础研究人才评价指标。发挥好考核评价这一人才指挥棒作用，着力探索更多“长短结合”的评价机制，构建符合基础研究规律和人才成长规律的评价体系，提高基础研究人才评价的科学性、灵活性与包容性。

（四）加快基础研究平台的集群建设

推进广东省实验室体系一体化建设，依托粤港澳大湾区国际科技创新中心和国家科学中心先行启动区建设，以大科学装置、国家重点实验室和省实验室为核心，加快建设基础研究人才综合数据库。建议以学科为标准、产业集群为导向，整合现有基础研究人才资源，构建“省—市”联动的基础研究人才大数据平台、基础研究人才交流与技术资源共享云端对接平台。力争新建一批国家重点实验室、新型研发机构，重组国家实验室体系。要优化重大基础科学设施建设，要以“基础性”和“前沿性”为指导原则，加快发展大科学装置，提升大科学装置综合性能指标，促进装备产业链发展，加强大科学装置对基础研究人才的支撑作用。根据基础研究不同领域的特点和需求的多样性，推动打造基础研究自主平台，形成联合共建、院地共建等多种形式并存的重点实验室培育计划。

第四节　战略人才队伍中留学人才队伍建设的分析与建议①

留学人才是国家战略人才的重要组成部分。习近平总书记在欧美同学会成立110周年贺信中提出，“弘扬留学报国传统，投身强国复兴伟业”。充分肯定了留学人才的积极贡献，并提出殷切期望，为做好新时代留学人才工作提供了根本遵循。当前，我国留学人才呈现出良性的“出国留学—回国发展”人才流动趋势，广东省积极推动留学人员创业园建设，发挥留创园体系合力作用，吸引集聚海外人才来粤创新创业。本节重点分析广东省留学人才队伍建设的现状、问题，并提出留学人才队伍建设的对策建议。

一　广东省留学人才队伍建设的现状概述

党的十八大以来，党中央明确强调“聚天下英才而用之”，并提出“支持留学，鼓励回国、来去自由、发挥作用”的新时代留学工作方针。广东坚持以新时代留学工作方针为指引，以留学人员创业园建设为抓手，初步构建起人才、项目、企业、资金等要素聚集的“留学人才创新创业高地”，并取得四方面的现状成效。

(一) 人才发展平台不断完善，人才聚集效应较为显著

目前，广东已在广州、深圳、珠海、汕头、东莞、中山、肇庆、清

① 本节内容载《将广东打造成为海归人才创新创业新高地》，《神州学人》2024年第4期。

远等地级市建成48家留创园。其中，包括5家省部共建的国家级留创园。以中国深圳留学人员创业园为例，留创园成立以来累计吸引全球发达国家的留学人员1413人，其中博士467人，硕士838人；孵化企业1155家，毕业企业978家，包括145家国家高新技术企业，4家专精特新"小巨人"，18家专精特新企业，14家上市公司。

（二）人才资助机制不断优化，人才支持力度不断提升

广东积极发挥国家支持留学人才发展制度政策体系的引领作用，并指导各地级市因地制宜给予政策支持。在项目上，广东着力发挥国家高层次留学人才回国资助、创业启动支持计划、海外赤子计划等项目的支持作用。目前，已有珠海、佛山、东莞、中山、江门等地级市的近百位创业者入选人社部支持名单；在政策上，创新出台地方性人才资助措施。广州、深圳、珠海、中山等地级市先后出台和修订支持留学人才创新创业和工作生活的政策措施。

（三）人才推介机制不断强化，人才品牌优势逐渐显现

广东在留学人才推介机制方面基本形成"多维支持、多方协同"的良好发展趋势。一方面，充分发挥中国国际人才交流大会、高交会、海交会、大湾区博士博士后创新创业大赛等重大赛事活动的主场优势，高效促成留学人才与留创企业现场交流对接；另一方面，充分发挥我国驻外使领馆、人才工作站和人才联络处等官方渠道，以及华侨华人社团、侨联、欧美同学会等社会渠道，初步形成常态化境外留学人才推介途径，强化广东人才创新创业生态的品牌优势。

（四）人才服务体系不断优化，专项支持项目不断丰富

广东在省、市两个层面积极汇聚社会各界的服务力量，优化留学人才服务体系。围绕留学人才创业经验、市场营销、资金运作等不足的难点痛点，以及留学人才创办企业的发展难题，组建留学人才服务高端智囊团，持续举办留学人才创业训练营、创业导师走进留创园等创业培训和辅导活动；持续开展导师园区行、地市行，宣讲解读企业孵化育成政策措施，并提供辅导服务。

二　广东省留学人才队伍建设的问题分析

在广东将粤港澳大湾区建设成为新发展格局的战略支点、高质量发展的示范地、中国式现代化的引领地的过程中，人才的战略支撑作用更加凸显。与此同时，大湾区留学人才创新创业高地建设正面临着顶层设计、机制建设、服务环境等方面的新问题。

（一）顶层设计有待完善

广东在留创园数量和质量上位居全国前列，但在全省留创园管理工作的顶层设计有待完善。在领导工作体系上，因留学人才工作涉及统战、人社等职能部门，尚未较好地构建起多部门协同、多层级联动的领导工作体系；在平台标准体系上，省、市两级留创园的建设标准和要求有待完善，未能形成“国家级—省级—市级”的三级平台标准体系；在信息管理体系，全省留创园信息化管理平台的搭建工作仍需继续努力。

（二）机制建设仍需加强

在留学人才工作机制建设上，广东在统筹指导、宣传推广和服务保障等方面仍需加强。在统筹指导机制上，由于缺乏省级层面的统筹协调规划，导致地市层面对留创园产业布局和功能规划的差异化不足；在宣传推广机制上，各地市留创园相对独立，缺乏联动，未能形成全省统一的宣传推广机制；在服务保障机制上，各地市人社部门和留创园缺乏全省统一的服务保障，各地间存在着服务质量差异。

（三）服务环境仍需优化

在留学人才服务环境中，广东在综合服务体系、区域协同联盟、专业服务队伍等方面仍需优化。其中，省、市两级人社部门对于留学人才服务的综合服务体系和区域协同联盟的重视程度不够，在相关工作的投入力度明显不足。同时，在留学人才服务的专业服务队伍建设上，仍需进一步优化平台运营管理团队和创新创业支持团队的支持力度。

三　广东建设留学人才队伍建设的对策建议

为了更好地推动广东省留学人才队伍建设，广东可以从工作顶层设计、工作机制建设和服务生态环境等三个方面进行探索。

(一) 统筹优化留学人才工作顶层设计

广东需要积极争取国家人社部支持，加快构建由人社部留学人员服务中心指导，省人社厅和省人才服务局牵头，各地级市人社部门共同推动，省、市两级统战、科技部门参与的“部省市三级联动、多职能部门协同”领导工作体系；根据国家人社部出台的《留学人员创业园建设和服务规范》，结合广东实际，制定出台《广东省省级创业园建设标准和服务规范》，明确和细化省级留创园的建设要求和服务评估指标体系，将留学人员创新创业服务平台的党管人才工作情况，以及“众创空间+孵化器+加速器”的全链条服务体系建设情况作为省级留创园评价的关键条件，并指导各地市进一步制定市级的建设标准和服务规范。同时，依托于粤港澳大湾区（广东）人才港“实体港”和“云港”，建设基于“实体港”的省级留学人员回国服务专窗，并在各地市国际人才一站式服务平台设立留学人员回国服务地级市分窗；建设基于“云港”的全省联动共享的留创园信息化管理系统和全省留学人员数据库，为留学人员提供系统、权威的园区查询、政策咨询、待遇办理等“一站式”线上服务。同时，该平台也为各地级市进一步推动留创园的服务完善、产业布局、功能优化，提供更加科学有效的参考和指引。

(二) 加快推动留学人才工作机制建设

加快建设统筹指导机制。由省人社厅制定出台《广东省留学人才创新创业工作管理条例》，着力构建全省留学人才工作指导的统筹协调机制，为各地市人社部门开展留学人才服务提供工作指引和政策制定依据，进一步强化各地市人社部门在留创园的产业布局差异化建设，以及留学人才政策制定和实施上的主体责任。同时，进一步推动各地级市制定市级的《留学人员创新创业平台（园区）管理条例》，完善各地级市留学人员创新创业平台建设、指导、认定和管理等管理工作体制；加快建设宣传推广机制。强化各地市留创园的联动，共同打造全省统一的留学人才创新创业服务“湾区品牌”，借助海内外各类机构、活动等平台，精准宣传广东留学人员创新创业环境、政策以及留创园服务，力求吸引更多留学人员来粤安家乐业；加快建设服务保障机制。省、市两级人社部门积极邀请龙头企业、行业协会和投资机构中的专业人士共同参与，共同打造以“留学人才创新创业服务专家库”为核心的服务保障机制。定期开展留学人员创新创业训练营，重点开展国内市场开拓、投融资、知识产权、企业上市等培训和辅导活动。

(三) 全面优化留学人才服务生态环境

建立健全综合服务体系，广东省、市两级人社部门要积极整合创业扶持、项目孵化、成果转化、投资融资、公益基金、市场推广、法律服务、知识产权保护等留学人才服务的优质社会资源，搭建全省留学人员创新创业综合服务体系和服务信息数据库，推动留学人员创新创业的专业化服务体系建设，为留学人员提供更全方位、专业化、个性化的创新创业服务，进一步促进人才链、资金链、创新链和产业链有机衔接；合作构建区域协同联盟。在省人社厅指导下，由省人才服务局牵头构建“广东留学人员创新创业服务区域协同联盟”，集聚政府、企业、高校、科研机构、投资机构、行业协会等各方专业力量共同推动全省留创园服务体系的完善；持续加强专业队伍建设。根据留学人才服务专业化队伍的建设需求，围绕平台运营管理团队和创新创业支持团队两支队伍的工作特点和能力要求，通过定期组织调研学习、定期举行专题培训、定期举行交流活动等，切实提高各地市留学人才服务队伍的专业水平和业务能力。

第五节　战略人才队伍中博士后队伍建设的分析与建议[①]

博士后是国家战略人才的重要组成部分，也是科技创新主力军，更是广东引领粤港澳大湾区高水平人才高地建设的重要支撑。根据国家人社部 2020 年的数据显示，我国具有博士后经历的院士达 125 人。近年

① 本节文字内容载《打造高端科创人才的青年后备军——关于广东建设粤港澳大湾区博士后人才高地的思考》，《中国人才》2023 年第 10 期。

来每次新当选院士中有国内博士后经历的人员超过18%，并且这一比例在稳步提升[①]。当前广东省青年科技人才队伍中，既有在高校、科研院所中从事科技工作的青年博士，还有在博士后科研流动、科研工作站和博士后创新实践基地中从事科技工作的博士后。本节重点分析广东省博士后队伍建设的现状、问题，并提出博士后队伍建设的对策建议。

一　广东省博士后队伍建设的现状概述

党的十八大以来，党中央从博士后工作顶层设计着手，持续推动博士后工作的改革创新。改革完善博士后制度的意见、加强企业博士后科研工作站建设等政策措施落地。广东认真学习和贯彻党中央关于人才工作的重要讲话精神，先后印发了《关于加快新时代博士和博士后人才创新发展的若干意见》等政策文件，从博士后的引、育、留、用等多方面提出了一系列的创新举措，有力地支持博士后人才队伍发展，并在博士后人才高地建设中取得了以下四个方面的成效。

（一）人才工作体系不断完善，人才队伍规模不断扩大

目前，广东已建成1267家博士后科研平台，其中，包括177家博士后科研流动站、647家博士后科研工作站（分站）、443家博士后创新实践基地，已初步形成学科专业齐全、行业分布广泛、广东特色鲜明的博士后工作体系。同时，广东正在积极打造粤港澳大湾区（广东）人才港博士博士后创新示范中心，建设区域性创新创业孵化基地，举办博士后人才交流与科技项目对接会，多措并举推动博士后成果转化落地。

近年来广东博士后人才队伍不断扩大，博士后进站规模呈现出逐年加速扩大的趋势，平均年增长率超过19%，每年新增的博士后数量稳居全国第一。截至2022年底，广东累计招收博士后4万余名，约占全国1/7。其中，2022年度招收博士后4519名，在站博士后超1.2万名。

① 《25万名博士后，是怎样“神一般”的存在?》，2020年12月4日，新华网，http：//www. xinhuanet. com/politics/2020-12/04/c_ 1126823101. htm。

（二）人才项目数量不断增加，人才培育质量不断提升

广东积极发挥国家支持博士后人才发展制度政策体系的引领作用，并积极探索省级博士后人才发展制度政策体系的促进作用。一方面，着力用好国家博士后人才计划项目。截至 2022 年底，广东累计有 435 名博士后入选国家博士后创新人才支持计划项目和博士后国际交流计划项目；454 名博士后获得第 73 批次中国博士后科学基金面上资助，全国占比达 11.78%，位居全国前列。另一方面，创新实施省级博士后人才计划项目。实施博士博士后人才专项支持计划，累计资助 2392 人次来自世界排名前 200 名海外高校优秀博士毕业生来粤从事博士后研究。其中，有 1478 名新引进的博士后；实施青年优秀科研人才国际培养计划，共资助来自 21 个博士后设站单位的 260 名优秀在站博士后到国（境）外合作开展博士后研究工作。

（三）人才赛事活动不断丰富，人才聚集效应较为显著

广东在博士后人才队伍发展方面基本形成“以赛引才”“以赛聚才”的良好发展氛围。在人力资源和社会保障部的有力指导下，广东成功举办“智汇横琴”全国博士后系列活动、“第一届全国博士后创新创业大赛”“第一届粤港澳大湾区博士博士后创新创业大赛”等高水平的赛事活动，其中，2021 年在广东佛山成功承办“第一届全国博士后创新创业大赛”，实现办赛参赛“双丰收”，实现金牌奖牌“双第一”，共获得 47 枚奖牌、10 枚金牌，现场共促成 55 个项目成功签约，项目涉及金额 11.36 亿元，大批博士后科研成果在广东转化落地。

在 2022 年至 2023 年期间，广东珠海成功举办“第一届粤港澳大湾区博士博士后创新创业大赛”，大赛期间有 73 个项目进行签约，达成约 12.5 亿元的合作意向；有 236 家大湾区企事业单位提供了 745 个岗位的 4030 个人才招聘需求，吸引国内外 152 所高校的 2300 多名博士博士后进行交流对接。

（四）人才投入来源不断优化，人才支持力度不断加强

广东在省、市、区三个层面加大博士后人才队伍建设的支持力度。一方面，加大政策投入力度。在全国率先尝试探索解决博士后的编制、

车牌等痛点堵点问题。21个地级市紧盯产业发展布局，因地制宜完善博士后政策体系。大力支持“双区”和两个合作区建设，赋予深圳设立和撤销企业博士后科研工作站分站事权。另一方面，加大资金投入力度。2018年至2021年期间，财政投入博士后资金超20亿元，年均增长63.2%；深圳、广州、佛山、珠海、东莞市财政累计投入博士后资金过亿元；各博士后设站单位加大了自筹经费投入力度，例如，中山大学、深圳大学等高校的自筹经费年均投入超过8000万元，极大地增强了对优秀博士后的吸引力。

二　广东省博士后队伍建设的问题分析

广东在纵深推动粤港澳大湾区建设的背景下，积极推动广东省博士后人才队伍建设，从“招收港澳博士进站”，到“粤港澳联合招收培养博士后”的过程中，深圳率先探索“双城培养，两地认可”的新模式。当前博士后人才队伍建设正面临着新形势、新要求，在政策体系、引育项目、成果转化、服务保障等方面也出现了一些亟待解决的新问题。

（一）政策体系仍需优化

在政策体系框架上，现有博士后政策体系不够完善，目前缺乏关于粤港澳三地博士后政策体系衔接和博士后人才三地认可的指导性政策文件，且政策体系中过多倾向于博士后的人才引进、人才培育等方面，忽视了博士后人才留用和成果转化等方面的政策支持。在资助政策体系上，粤港澳三地博士后资助政策和经费来源上存在较大差异，如何打通三地资助体系，发挥各自资源优势，需要进一步深入调研。同时，广东博士后科研人员生活补贴资助标准与其他省市的距离在缩小，对人才的吸引力也逐步降低。在培养政策体系上，现有培养体系对于“粤港澳联合招收培养博士后”的政策支持偏少，且在研究学科分类构建，对于从事基础研究与应用基础研究相关学科的博士后在资助周期和出站时间上缺乏较为明确的政策支持。在发展政策体系上，博士后作为工作身份和工作经历，与港澳地区相比，广东目前在博士后后续的职业规划发展上，缺乏较为独立、较为明确的发展政策支持，也存在着自身的发展瓶颈。

（二）引育项目有待丰富

在现有引育项目中，主要以各级政府相关的人才项目为主。其中，在支持国（境）外优秀博士毕业生来粤从事博士后研究上，主要依托广东省重大人才工程、省级博士后人才计划等项目的支持，项目来源较为单一，且受到各种不可预见因素的影响相对较多；在扩大外籍博士后规模上，现有项目对欧美为代表的外籍博士后的吸引力较弱；在粤港澳博士后联合培养上，目前在联合培养机制、项目等工作处于全新的探索阶段，深圳于 2022 年 11 月在中国科学院深圳先进技术研究院/深圳理工大学（筹）与香港理工大学进行联合招收培养博士后项目的试点，开启了港澳和内地联合培养博士后的新模式。同时，相关工作的开展和推动亟须得到国家层面的大力指导和支持。

（三）成果转化仍需加强

在成果转化体系上，覆盖粤港澳大湾区和广东全省全域的博士后创新创业平台体系有待完善，省、市、区上下联动的平台体系尚未形成；在成果转化支持上，广东支持力度有所不足。国赛、省赛的优质获奖项目落地广东，未能够纳入财政支持范畴；海外及港澳博士后的优质项目落地广东，也缺乏相应的启动支持；在成果转化基金上，广东在专业化的博士后创新创业基金数量上相对较少，难以扶持更多的优质成果项目落地。在成果转化项目上，博士后优质项目的比例相对较少，仍需依托粤港澳联合培养机制，以及国赛、省赛等赛事活动进行深度发掘优质项目成果。

（四）服务保障仍需提升

在服务保障体系上，基于粤港澳大湾区（广东）人才港体系下的博士后人才一体化服务体系仍需要省、市、区共同推动和完善，同时，如何与港澳协同，在港澳地区更好地服务大湾区博士后发展是人才港建设值得深入探索的全新方向；在服务团队建设上，在各级政府支持的基础上，目前在各层次各类别的博士后人才社会服务组织的培育和引导有待加强，也亟须培养一批服务粤港澳大湾区博士后发展的高水准、专业化人才服务队伍；在服务平台建设上，目前在博士后学术交流、项目路演、成果转化一体服务平台的建设上相对较慢。

三 广东省博士后队伍建设的对策建议

为了更好地推动广东省博士后队伍建设，广东可以从政策支持体系、引育项目体系、成果转化体系和服务保障体系等四个方面进行探索。

（一）构建全链条政策支持体系

尽快制定粤港澳博士后人才衔接的指导政策和实施细则，构建集资助、培养、发展、服务为一体的全链条政策支持框架。在资助政策体系上，需要重点探索粤港澳融合的大湾区博士后联合培养资助体系。同时，进一步优化广东博士后资助政策体系，在执行国家在站博士后日常经费制度的基础上，按照一定比例提高在站博士后的生活补贴资助标准。在培养政策体系上，重点构建博士后分类培养政策体系，并探索构建粤港澳博士后联合培养的政策支持体系。同时，适当延长从事基础与应用基础研究的博士后资助周期，稳定支持一批在自然科学领域取得突出成绩且具有明显创新潜力的青年人才。在发展政策体系上，深度探索支持博士后职业生涯成长的政策体系。广东需要在国家人社部的支持下，探索并构建对标港澳、具有国际化水平的博士后职业发展序列，并制定博士后专项职称资格评审与编制管理政策体系。在服务政策体系上，加快建设博士后服务政策体系，加强成果转化及应用的政策支持力度，并在完善服务机制、建设服务队伍、强化服务保障等方面给予政策支持。

（二）做强多层次引育项目体系

尽快从博士后的国际引进和湾区培养两个维度加强项目体系建设。一方面，不仅需要大力引进国（境）外优秀博士，对于全球排名前列的国（境）外高校博士毕业生来粤从事博士后研究，以及入选国家级博士后人才项目的优秀博士后出站后来（留）粤工作给予政策支持；还需要扩大外籍博士后招收规模，可以探索依托港澳联合招收外籍博士后，强化对欧美国家外籍博士后的吸引力。另一方面，需要尽快建立粤港澳博士后联合培养机制。争取在国家人社部的支持下，加大力度打造粤港澳大湾区博士后联合培养项目，推广项目的成熟经验，并积极推动香港、澳门在粤设立的高校、科研院所、医疗卫生机构等申请设立博士后创新平台，全方位灵活利用粤港澳大湾区高端科研资源。

（三）建设多维度成果转化体系

围绕博士后创新创业，打造集平台、项目、基金、赛事于一体的成果转化支撑体系。在平台方面，需要加快建立以“粤港澳大湾区博士后创新示范中心”为引领，建设区域分中心，统筹服务博士后人才创新创业。在项目方面，加大博士后创业支持力度。将在省级及以上博士后创新创业大赛中获得金奖并落户广东省的项目纳入财政支持范畴。面向全球遴选优秀海外博士后创业项目，以及港澳博士后优质项目，并给予相应创业启动资助。在基金方面，推动社会化、专业化的博士后创新创业基金设立，以初创资金形式扶持更多优质成果项目落地。在赛事方面，常态化举办粤港澳大湾区博士后创新创业大赛。依托赛事发掘优质项目成果，建立博士后创新创业大赛基金和成果转化基地，完善资金投入扶持机制。

（四）完善全方位服务保障体系

形成“一港一园一站一卡一网一家”的博士后综合服务体系。发挥体系作用，充分发挥粤港澳大湾区人才港“一站式”服务功能，激活人力资源服务产业园市场化服务潜力，支持人才驿站引导博士后“上山下乡”，深度拓展人才优粤卡民生服务领域，提高广东人才网博士后供需匹配信息化、智能化水平，支持有条件的地市建立博士后人才之家（公寓）；丰富社会服务，积极推动、引导和发挥博士后人才社会组织的作用，开展人才引荐、项目落地、交流合作等专业化服务，并加强博士后人才服务队伍建设；建设研修机构。参照深圳人才研修院模式，打造集国情教育、学术交流、项目路演、成果转化、医疗保健于一体的博士后研修机构。优化发展环境，加大博士后工作宣传，持续开展百名博士后创新人物选拔活动，树立起博士后创新创业典型，让更多博士后在竞赛等活动中脱颖而出，营造识才爱才敬才用才的良好环境。

第六节 战略人才队伍中卓越工程师队伍建设的分析与建议[①]

卓越工程师是国家战略人才力量的重要组成部分。培养卓越工程师，关乎人才强国、科技强国建设，更是粤港澳大湾区高水平人才高地建设的智力支撑。2024 年 1 月 19 日，“国家卓越工程师奖”表彰大会在北京召开。习近平总书记在首次评选表彰之际作出重要指示精神强调：“要进一步加大工程技术人才自主培养力度，不断提高工程师的社会地位，加快建设规模宏大的卓越工程师队伍。”当前广东省技术技能人才队伍中，包括了卓越工程师、工程技术人才、高技能人才等队伍。本节重点分析广东省卓越工程师队伍建设的现状、问题，并提出卓越工程师队伍的对策建议。

一 广东省卓越工程师队伍建设的现状概述

自 2010 年以来，广东在卓越工程师人才队伍建设过程中，经历了“卓越工程师培养计划”实施，到“国家卓越工程师学院”和“国家卓越工程师创新研究院”建设两个阶段。

在“卓越工程师培养计划”实施阶段，教育部于 2010 年 6 月 23 日在天津大学召开“卓越工程师教育培养计划”启动会，联合有关部门和行业协（学）会，共同实施“卓越工程师教育培养计划”（以下简称“卓越计划”）。其中，广东省内的华南理工大学、汕头大学、东莞理工学院、广东工业大学和广东石油化工学院等 5 所高等院校先后进入该项计划的第一批、第二批高校名单；华南理工大学和广东工业大学的 6 个本科专业，以及华南理工大学的 2 个研究生层次学科领域进入第三批学科专业名单。早期获批的 5 家“卓越工程师培养计划”试点高校，在学科、成果、人才等方面取得明显效果。

① 本节内容载《关于进一步加强广东卓越工程师队伍建设的对策建议》，《广东财经大学智库专报》2024 年第 151 期。

在“国家卓越工程师学院”和“国家卓越工程师创新研究院”建设阶段，2022年以来广东获批2家“国家卓越工程师学院”和2家“国家卓越工程师创新研究院”，主要侧重于工程类硕博自主培养的改革探索，以佛山科学技术学院建设管理的广东省研究生联合培养基地（佛山）为例，该基地为获批本次试点的建设主体。从基地2015年成立至今，已促成25所国内高校与155家佛山企业联合培养工程类硕博士1637人，完成各类专利超500件，发表论文约300篇，申请获批项目、开发高新技术产品均约20个。

2024年1月19日，“国家卓越工程师奖”表彰大会在北京召开。习近平总书记在首次评选表彰之际作出重要指示精神强调：“要进一步加大工程技术人才自主培养力度，不断提高工程师的社会地位，加快建设规模宏大的卓越工程师队伍。”在本次表彰大会上，香港科技大学（广州）苏权科、比亚迪股份有限公司廉玉波等4位专家被授予“国家卓越工程师”，华南理工大学、广州汽车集团股份有限公司等4个团队被授予“国家卓越工程师团队”。他们是在重大工程建设、重大装备制造、“卡脖子”关键核心技术攻关和重大发明创造等工作中历练和培养出来的，在国家和广东加快实现高水平科技自立自强的进程中作出突出贡献，也是党中央对广东积极推动卓越工程师人才队伍建设的充分肯定。

二　广东省卓越工程师队伍建设的问题分析

卓越工程师人才队伍建设作为一项系统性工程，是国际工程教育界和我国工程教育界面临的共同挑战。目前广东处于卓越工程师自主培养的关键探索阶段，尤其在关键技术领域的高层次卓越工程师人才队伍建设过程中出现了自主培养体系、发展体制机制、合作载体平台和发展生态环境等方面的一些亟待解决的新问题。

（一）卓越工程师自主培养体系有待完善

在卓越工程师人才队伍建设过程中，相比于北京、浙江等省市，广东的起步相对较慢。早期的卓越工程师自主培养侧重于本科层面，而在研究生层面的卓越工程师自主培养仍处于探索阶段。其中，在卓越工程师多元自主培养模式上，针对高层次卓越工程师的自主培养体系与国家重大战略和粤港澳大湾区建设的轻、重工业和工程科技发展，以及半导体领域多产业协同发展的战略布局和发展需求的协同程度有待加强和完善，并在分类自主培养体系建设方面仍需重视；在卓越工程师联合团队培养机制上，高层次卓越工程师联合培养团队的团队架构、师资挑选与传统的专业硕士研究生存在较大差异，对学校导师的遴选提出了更高要求，现有的导师遴选和团队管理等相关办法需要进行修改和完善，并且校企双方深度融合、互认互聘的培养机制尚未有效形成；在卓越工程师科教融通培养标准上，与传统硕博培养标准不同，卓越工程师更加强调科教融通，更加关注解决问题的能力。现有硕博培养标准缺乏对关键技术重大攻关任务和技术优化任务中的协同培养和联合攻关表现的考核，需要进一步完善工程类硕博培养标准和毕业标准。

（二）卓越工程师发展体制机制有待深化

广东在卓越工程师发展体制机制需要进行深化的问题主要集中在协同联盟、评价体系和保障体系等方面。在协同联盟上，广东目前主要以卓越工程师培养单位联合相关企业搭建起的校企合作联盟，尚未构建起卓越工程师政校企研协同联盟，也未能构建起多元主体的跨领域、跨行业、跨地域、跨组织的卓越工程师协同培养机制；在评价体系上，目前尚未有效地构建出卓越工程师的人才贯通评价体系，尤其亟须进行卓越工程师通用能力标准和关键领域卓越工程师能力标准的开发，并对工程硕博培养与工程师职业资格体系相互融通的互认标准和机制建设也有待加强；在保障体系上，现有人才发展保障体系中对于卓越工程师接续发展方面的重视程度不足，缺乏卓越工程师后续发展过程中需要的项目、资金、服务等方面的政策支持，相关政策体系仍需要加强。

（三）卓越工程师合作载体平台相对较少

卓越工程师人才队伍的建设和发展需要建设一批重要的合作载体平台，广东现有卓越工程师合作载体平台相对较少。一方面，缺乏粤港澳三地工程师人才队伍的交流合作平台。三地工程师人才队伍的互动交流有待加强，三地共同举行卓越工程师相关的论坛、沙龙、研修班等各类交流活动相对偏少；另一方面，缺乏重大任务多元化公共合作平台。在半导体、新一代信息技术、新材料、生物医药、先进制造等领域的重大任务攻关中，未能够形成共同联合相关领域的国家实验室、省实验室、高水平科研机构、高水平研究型大学、科技领军企业等战略科技力量，并引导相关领域的国有企业、“专精特新”企业和民营企业等参与重大任务多元主体公共合作体系，难以利用有效资源进行专项攻关。

（四）卓越工程师发展生态环境有待优化

卓越工程师人才队伍的建设和发展是一个较为漫长的过程，离不开友好的人才发展环境和良好的社会发展氛围的支持，当前广东的卓越工程师发展生态环境仍需继续优化，主要体现在发展环境和社会氛围两方面。在发展环境上，高层次卓越工程师自主培养的工程科技创新生态基础和创新平台载体基础较为薄弱，有待持续建设和优化，工程科技领域创新人才持续培养和人才供给基础也需要持续加强；在社会氛围上，关于卓越工程师的宣传力度不足，对于营造工程师攻坚克难、创新争先的专业风范，坚持精益求精、臻于卓越的实践品格等方面的宣传相对较少。同时，在卓越工程师领域的专项竞赛相对较少，未能有效发挥赛事活动对卓越工程师人才队伍建设的推动作用。

三 广东省卓越工程师队伍建设的对策建议

为了更好地推动广东省卓越工程师队伍建设，广东可以从自主培养体系、发展体制机制、合作载体平台和发展生态环境等四个方面提出对策建议。

（一）着力完善卓越工程师自主培养体系

推进卓越工程师多元自主培养模式。在教育、科技、工信部门的指导下，大力推动华南理工大学和南方科技大学建设国家卓越工程师学院，聚焦国家重大战略和粤港澳大湾区建设的轻、重工业和工程科技发展，以及半导体领域多产业协同发展的战略布局和发展需求，构建“大湾区+行业产业+大学”的跨领域、跨系统协同培养模式；大力推动佛山、东莞建设国家卓越工程师创新研究院，聚集粤港澳大湾区先进制造、新一代信息技术等全过程产业生态链的发展需求，构建“学校+企业+科研机构+行业专业协会”的全产业链协同培养模式。基于两种培养模式的特点，工程类硕博士培养方案的制定需要更加重视定制化方案，重点将学科知识体系和产业知识体系进行有机融合，实施按需修课、按需科研的定制化自主培养模式。

优化卓越工程师联合团队培养机制。在教育、工信部门的支持下，加快推动华南理工大学、南方科技大学以及佛山、东莞两地研究生培养基地根据实际情况制订《卓越工程师导师遴选办法》《卓越工程师导师团队建设管理办法》等指导性文件，进一步明确工程类硕博自主联合培养的师资来源、结构和比例，根据联合培养方向，重点建设项目式校企联合导师团队，调动学校学术资源和企业研发资源，共同打造2个学术导师和企业导师构成的导师团队。同时，常态化、制度化引导在岗工程类硕博导师到企业兼职，开展实习实践与课题研发，选聘粤港澳三地相关产业领域的企业工程业务骨干、优秀技术人才到高校兼职任教，积极开展揭榜式、订单式、项目式、团队式等联合培养，深化校企双方深度融合、互认互聘的培养机制。

完善卓越工程师科教融通培养标准。在教育部门的指导下，加快推动华南理工大学、南方科技大学以及佛山、东莞两地研究生培养基地完善工程类硕博培养标准，针对承担战略性新兴产业、“卡脖子”领域中关键核心技术重大攻关任务的研究型工程类硕博，以及承担先进制造、产业转型升级和低碳节能生产等领域中核心技术优化任务的应用型工程类硕博，需要将敢于解决真问题、攻关真成果作为评价工程硕博士培养效果的重要标准，并分别考核其在关键技术重大攻关任务和技术优化任务中的协同培养和联合攻关表现。同时，重新修订工程类硕博毕业标准，将运用交叉学科解决工程实践问题和工程实践效果，作为工程类硕博毕业论文质量评价的关键因素。

（二）着力深化卓越工程师发展体制机制

构建卓越工程师政校企研协同联盟。在教育部门的指导下，由华南理工大学、南方科技大学以及佛山、东莞两地研究生培养基地牵头组建，各地级市政府、工科与工程类高校、行业龙头企业、“专精特新”企业、科研机构和专业协会（学会）共同参与的“大湾区卓越工程师政校企研协同联盟”。基于“协同联盟”，发挥新型举国体制优势，着力构建多方合作的协同育人机制。同时，在联盟的基础上，围绕国家发展战略和粤港澳大湾区战略性新兴产业和未来产业的战略布局和发展需求，积极组建半导体、新一代信息技术、新材料、生物医药、先进制造等领域的创新联合体，进一步推动各领域的工程实践，开展多元主体的跨领域、跨行业、跨地域、跨组织的卓越工程师协同培养。

探索卓越工程师人才贯通评价体系。在教育、人社部门的指导下，根据卓越工程师在关键核心技术和核心技术优化领域中的特点，积极探索以工程性、实践性和创新性为重点，以工程能力和创新贡献为核心的卓越工程师职称评价体系；积极探索以工程高等教育规律和工程硕博成长规律为基础，价值观、创新力、实践力、领导力和胜任力为核心的卓越工程师通用能力标准和关键领域卓越工程师能力标准；积极探索工程硕博培养与工程师职业资格体系相互融通的互认标准和机制，有机衔接工程硕博培养评价与卓越工程师职业阶段评价，进一步探索建立并打通与港澳工程师职业资格和国际工程师职业资格的评价标准和互认机制。

探索卓越工程师接续发展保障体系。在组织、人社、工信部门的支持下，围绕卓越工程师在工程硕博培养后的工作阶段，积极探索依托省、市两级重大人才工程、人才项目，独立设置卓越工程师人才培育专项，支持卓越工程师的接续发展；推动各级政府构建卓越工程师发展的政策支持体系，建立覆盖财政补贴、职称评审、子女教育、人才服务、人才安居等内容的政策体系。同时，推动相关企事业单位积极构建本单位对于卓越工程师发展的支持保障体系，切实让卓越工程师能够潜心科研，专注攻关。

（三）着力建设卓越工程师合作载体平台

搭建湾区卓越工程师交流合作平台。基于广东地处粤港澳大湾区的区位优势，主动加强与港澳高校工程院系、港澳工程师学会的交流联系。围绕国家发展战略和粤港澳大湾区战略性新兴产业和未来产业的战略布局和发展需求，定期举办大湾区卓越工程师发展论坛、大湾区卓越工程师培养主题沙龙、大湾区卓越工程师研修班等多种形式交流活动，加强粤港澳三地工程师的交流互动和合作攻关，并探索柔性引进港澳高校、工程师学会中实践经验丰富的优秀师资到广东参与卓越工程师的培养工作。

搭建重大任务多元化公共合作平台。在“大湾区卓越工程师政校企研协同联盟”中，围绕半导体、新一代信息技术、新材料、生物医药、先进制造等领域的重大任务攻关中卓越工程师协同培养和联合攻关，积极推动和联合相关领域的国家实验室、省实验室、高水平科研机构、高水平研究型大学、科技领军企业等战略科技力量，并引导相关领域的国有企业、“专精特新”企业和民营企业等共同参与的重大任务多元主体公共合作平台，利用有效资源进行专项攻关，进一步发挥多元主体共同推动卓越工程师全方位协同培养的合作优势。

（四）着力营造卓越工程师发展生态环境

打造卓越工程师人才友好发展环境。大力推动卓越工程师协同培养联盟建设，形成以创新链、产业链、资金链、人才链四链融合的工程科技创新生态基础；大力推动校企联合培养实体平台和工程技术创新实践平台建设，形成卓越工程师发展的创新平台载体基础；大力推动涵盖院士、国家卓越工程师等人才在内的“卓越工程师数据库”建设，形成工程科技领域创新人才持续培养和人才供给基础。

营造卓越工程师良好社会发展氛围。大力弘扬科学家精神，发扬爱党报国、服务人民的使命情怀，积极营造工程师文化，发挥攻坚克难、创新争先的专业风范，坚持精益求精、臻于卓越的实践品格。加强卓越工程师的宣传，引导更多的工程类硕博成为卓越工程师后备人才。举办卓越工程师工程科技专项竞赛，打造先进制造工程科技竞技场，充分发挥以赛促学、以赛促训、以赛促宣作用。

第七节 本章小结

本章重点围绕广东省人才高地建设中的战略人才队伍问题，从战略人才队伍的整体维度和分支维度深入分析广东省战略人才队伍建设的现状、挑战及对策。在此基础上，综合考量了战略人才队伍的多维价值和广东省创新发展的现实需求。通过细致的探讨，我们认识到战略人才在推动科技进步、产业升级和社会繁荣中的关键作用。广东省，作为中国改革开放的前沿阵地和粤港澳大湾区的核心区域，其战略人才队伍的建设不仅关乎地区发展，更对国家战略的实施具有深远影响。

面对全球化竞争和区域发展的新态势，广东省在战略人才队伍建设方面虽取得了显著成就，但仍需在人才梯队构建、经费投入、平台建设和生态环境营造等多个层面进行持续优化和创新。本章提出的对策建议，旨在为广东省战略人才队伍的高质量发展提供参考，助力广东省在新的发展阶段实现人才强省战略，为粤港澳大湾区乃至国家的可持续发展贡献智慧和力量。

展望未来，广东省将继续秉承开放包容、创新驱动的发展理念，不断优化战略人才发展政策，加强国际交流与合作，构建更加开放、更具竞争力的人才发展体系。通过这些努力，广东省将吸引和培养更多具有国际视野、创新精神和专业能力的战略人才，为实现中华民族伟大复兴的中国梦贡献广东力量。

第六章　广东省人才高地建设中基础人才的发展现状与优化

党的二十大报告指出，人才是第一资源、创新是第一动力，要实现好人才强国的战略目标，需要高度重视基础人才队伍建设，努力将基础人才放在人才强国战略中的首要基础和关键地位。一方面，基础人才建设是整个社会人才“金字塔”的重要基石和底层塔基，只有不断夯实基础人才队伍建设，做大做强人才金字塔的基石部分，才能为各类高层次人才提供坚实可靠的智力支撑和基础动力，进而更好发挥整体人才队伍的最大效能，实现高质量发展目标；另一方面，基础人才队伍建设关系到社会稳定和民生就业保障，是增进民生福祉，提高人民生活品质的重要保证，只有不断加强基础人才队伍建设，着力破解基础人才短板问题，才能在经济发展过程中不断实现好、维护好、发展好最广大人民群众的根本利益，妥善处理好人民最关心最直接最现实的核心利益问题。因此，高度重视基础人才队伍建设，针对人才高地建设中基础人才的发展现状进行深入分析，围绕发展过程中存在的现实难题提出合理启示和优化建议，将具有十分重要的现实意义和指导价值。本章将围绕广东省基础人才的发展现状与优化问题进行了深入分析，具体从制造业人才队伍建设、农村科技人才队伍建设、教育人才队伍建设以及医疗卫生人才队伍建设进行阐述。

第一节　广东省制造业人才队伍建设现状、问题与对策

制造业是立国之本，强国之基，兴国之器。要实现好制造业强省的发展战略，离不开对制造业人才队伍建设的高度重视和不断投入。近年来，在广东省各界的大力支持和积极配合下，广东制造业人才队伍建设取得明显进展，各地有关部门深入贯彻落实习近平总书记关于人才工作的重要讲话精神，持续推进高素质专业化创新型制造业人才队伍建设，制造业人才队伍建设在多方面均成绩斐然，制造业人才队伍不断壮大，越来越多的能工巧匠和青年才俊积极投身到制造业事业发展中，为当地经济发展和制造业转型升级提供了强大动力。当然在取得显著成绩的同时，我们也应清楚看到，当前广东制造业人才队伍建设方面仍存在不足，在面对复杂多变的内外环境下，我们仍要在制造业人才队伍建设方面不断努力。

一　广东省制造业人才队伍建设的发展现状

（一）全省制造业人才队伍建设

党的十八大以来，党中央作出人才是实现民族振兴、赢得国际竞争主动的战略资源的重大判断，作出全方位培养、引进、使用人才的重大部署，推动新时代人才工作取得历史性成就、发生历史性变革，广东全力推动制造业人才高质量发展。2020 年 8 月，广东在全国率先出台《关于强化我省制造业高质量发展人才支撑的意见》，提出到 2025 年，广东打造总量超过 1350 万人的制造业人才队伍，以期初步构建起与广东制造业高质量发展相适应、具有国际竞争比较优势的人才发展制度体系。具体工作成绩如下。

一是高技能人才数量得到明显提升，近十年来，大量科技工作者来到广东工作，呈现出“东西南北中，大师来广东”的良好局面。截止到 2023 年末，广东全省高技能人才达 1979 万人，其中专业技术人才 972 万人，居全国前列；研发人员 135 万人，居全国首位，在站博士后

1.3 万人，稳居全国第一①。广东通过各类政策大力培养与吸引高质量人才，成功栽好梧桐树，引得凤凰来。

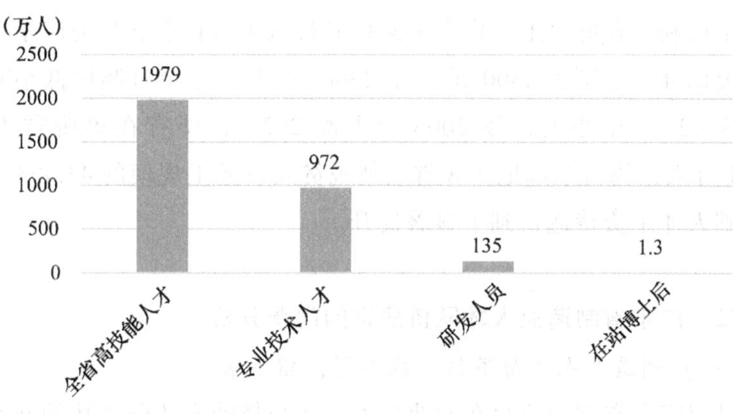

图 6-1　广东省高技能人才统计（截止到 2023 年末）

二是制造业技能人才队伍建设得到完善，随着人才强省建设“五大工程”（战略人才锻造工程、人才培养强基工程、人才引进提质工程、人才体制改革工程以及人才生态优化工程）得到扎实推进，广东打造出培养人才的土壤，积极引进培育一批战略科技人才、科技领军人才、青年科技人才和高水平创新团队，不断壮大高水平工程师和高技能人才队伍。截止到 2023 年，全省在粤工作“两院”院士有 150 人以上，全职在粤工作的院士有 194 人，青年科研人员入选省重大人才工程、青年科研人员获基础与应用基础基金项目占比均大于 60%，2022 年度获省科学技术进步奖项目（人）中 45 岁及以下的第一完成人占比约 50%②。

三是大力出台相关政策与行政规范性文件，切实保障制造业基础人才队伍的工资水平，自 2006 年起，广东省政府出台了 40 多部现行有效

① 《致敬科技工作者！数看广东科创人才根基》，2024 年 5 月 30 日，百度网，https：//baijiahao. baidu. com/s？ id = 1800470209677365831&wfr = spider&for = pc。

② 《致敬科技工作者！数看广东科创人才根基》，2024 年 5 月 30 日，百度网，https：//baijiahao. baidu. com/s？ id = 1800470209677365831&wfr = spider&for = pc。

的行政规范性文件，确保农民工工资问题得以妥善解决，广东省住房和城乡建设厅通过全力推进欠薪案件“清零”、全面落实用工实名制管理制度、严厉查处违法违规行为、强化跟踪督导力度四大法宝成功保障了农民工权利。在此之上，广东不断提升最低工资标准，目前广东深圳执行一类标准，分别为2300元/月，2360元/月，非全日制最低小时工资标准为22.2元/小时，较2006年上涨292%，外省在粤脱贫人口达412.1万人，约占东部地区8省吸纳脱贫人口务工规模的43.8%。制造业基础人才工资待遇得到了显著提升。

二　广东省制造业人才队伍建设的问题分析

(一) 制造业人才留不住，找不到，招不来

目前广东省制造业存在专业技术人才与技能人才两头缺的问题。尤其是对于年轻人而言，毕业生愿意送外卖，也不愿进工厂，很多毕业生愿意做互联网营销师、美团送货，或做博主等，不愿意一毕业就在工厂、企业定下来。主要原因是在收入前景与职业发展两大方面。

一是收入前景重重挫伤了制造业人才吸引力。制造业的一流人才前往了政府和高校，二流人才前往了国企和顶尖私人企业，三流人才试图灵活就业，基本别无选择才会进厂打工。根据《广东省统计年鉴2023》显示，制造业和其他行业的差距。在制造业和其他热门行业之间拥有惊人的差距，广东省国有单位的制造业的年人均工资为94223元，而在金融，科学研究和技术服务业，公共管理、社会保障和社会组织等行业，广东省金融业国有单位的年人均收入为240318元，科学研究和技术服务业的年人均收入为199392元，公共管理、社会保障和社会组织等行业则为165278元，年平均工资最高差距超过10万元。

二是广东目前仍然将技能人才与技术人才进行严格的划分，相对于专业技术人才，制造业技能人才在上升空间、福利待遇、职业培养等方面都有巨大差距，自我和社会认同度都偏低，不利于制造业人才队伍的健康发展。这影响了企业对于人才培养的认知，普遍缺乏对于人才培养的热情。

(二) 社会舆论对制造业人才重视程度偏低

广东作为传统的商业大省，社会上整体对于制造业的重视程度不高，社会缺少重视制造业人才的氛围。社会上存在对于制造业的负面刻板印象，传统观念上制造业岗位并不是备受尊敬的职业，“进厂”已经成为贬义词。当我们谈到德国、日本的蓝领工人，我们可能会想到保时捷、西门子、宝马的高新技术人才。而当人们谈论中国的制造业人才时，大概率会直接想到富士康流水线上用汗水和青春换钱的蓝领工人，令人压抑的工作环境，低廉的工资，以及长期的加班熬夜。“进厂没出路”“社会地位低”等评价重重打击了制造业对于人才特别是新一代人才的吸引力。这种风气也同时影响了职业学校对于自身的认知，抑制了职业教育的作用。

(三) 职业教育难以满足制造业发展的需要

广东作为全国经济大省，最近几年在职业教育方面取得了显著成就，各职业技术学校都大力招揽人才，改进教学质量，适应时代需求。但是与各传统发达国家相比，目前省内的职业教育仍然存在目标混乱、人才外流、生源质量等问题。《教育家》杂志近日发布了《中国职业教育发展大型问卷调查报告》，在所有答题者中，对就读职业院校选择完全能接受、能够接受、勉强接受、不能接受和无所谓的分别为27.12%、49.92%、16.08%、4.75%和2.13%，完全能接受与能够接受的比例达到77.04%。而职业院校学生认为职业教育发展的最大困难是社会认可度，其中中职和高职学生选择此选项的比例分别为70.26%、73.48%。当前职业教育的问题，不是就读职业教育的学生不接受职业教育，而是社会对职业教育的认可度不高，导致职业教育学生把升学作为自己的选择，而职业院校也不安于职业教育的定位，当前的职业教育现实是，一方面，职业教育办学存在一定的脱节，调查显示，选择学校所开专业与当地产业匹配度很高和高的比例只占52.55%。另一方面，职业教育学校为提高社会的认可度，以升学为导向办学，想把所有学生都引导到升学这一条路上来，这也就偏离了职业教育以就业为导向，培养高素质职业技术人才的办学定位。职业院校并不以提升职业教育水平，满足社会需要为首要目标，绝大部分的职业院校以送学生获得更好的高等教育为己任，这种情况下导致本应为企业提供高技能制造业人才的职业学校变成了与高中无异的普通学校，根本无法满足制造业转型升级的需要。

三 广东省制造业人才队伍建设的对策建议

（一）改善制造业人才待遇，规划好人才发展道路

一方面，是要切实提升制造业人才的收入。如今在德国，制造业工人和工程师都是十分受人尊敬的职业。目前广东制造业平均薪酬水平仍然偏低，纺织服装和服饰制造业平均薪酬为5577元/月，位于全部职业的倒数第三，通过转移支付，限定行业工资水准等手段提升其平均工资。二是要在政策上明晰制造业人才的职业发展道路，技能人才的职业资格系列与工程技术人员的职称系列需要实现相互沟通，即使人才成长不必沿单一轨道发展，保障人才自我发展的意愿，也拥有进一步进修或者前往其他行业的可能。

（二）提高制造业人才地位，改变对制造业的成见

一是可以通过社会舆论上的转变，通过社会宣传与社区互动提升社会对于制造业人才的认同度。日本的很多城市也会举办针对普通蓝领工人的评选活动，以增加蓝领工人的成就感，如神奈川县川崎市举办的“川崎之星”评选等。我们也可以学习类似方案，提升制造业人才社会地位，增强社会和制造业人才对于自身的职业认同。二是要大力弘扬工匠精神与企业家精神，加大对制造业优秀人才的表扬力度，在广东新闻频道开设专题节目，营造尊重制造业人才的社会氛围，改变重学历、轻技能，重仕途、轻工匠的传统人才观念。

（三）推进现代化学徒制度，助力制造业人才培养

一是需要打通技术技能人才贯通培养通道，如今制造业人才大多是升学考试失败之后才前往职业院校，如何构建独立的职业教育体系是无法回避的难题。应该在中小学教育中增加制造业相关知识内容，鼓励制造业企业与职业院校合作，开展制造业基础知识科普活动和兴趣培养，

让职业教育形成自己的一套系统。

二是健全产教融合、校企合作体制机制。我国目前的职业教育所教授的内容与现实生活的需要出现了一定程度的脱节。这一点其实在高等教育中普遍出现，解决这类问题最直接的办法便是通过让企业决定授课的内容，提前学习工厂所需要的技能与知识，推行校企联合培养的现代学徒制。不仅省去了工厂所需要的人力培训费，还能建立稳定的劳动关系，使职业教育获得更多的认可，成为与普通升学教育平行的另一条人生道路。

三是完善职业教育法制体系建设。明确各方主体的权责，通过法律的手段给予职业教育一个明确的定位，通过明确的法律保障职业教育和校企合作的执行。

第二节　广东省农村科技人才队伍建设现状、问题与对策

强国必先强农，农强方能国强。进入 21 世纪以来，我国农业进入新发展阶段，解决好农业发展这一根本问题，必须依靠农村科技人才的培养。因此加大对农村科技人才队伍建设投入，逐步建成一支符合时代要求的农村科技人才队伍，是当前实现农业农村现代化的重要基础。近年来，广东深入贯彻落实习近平总书记关于推动乡村人才振兴的重要指示精神，落实《关于加快推进乡村人才振兴的意见》，围绕全面推进乡村振兴战略任务，持续深化乡村人才发展体制机制改革，扎实有序推进乡村人才振兴各项工作，人才队伍稳步发展，人才成长环境进一步改善，为全面推进乡村振兴开新局、应变局、稳大局发挥了重要作用。广东坚持党对乡村人才工作的全面领导，把人才振兴作为全面推进乡村振兴的基础和关键，多措并举，加大乡村本土人才培育开发，引导城市人才下乡入乡，专业人才扶乡帮困，统筹推进各类乡村人才队伍建设，全省乡村人才振兴取得显著成效。

一 广东省农村科技人才队伍建设的发展现状

(一) 不断完善农村科技人才队伍培育机制

2017 年起，广东连续多年将高素质农民培育工作列入省重点民生项目，围绕农业产业发展规律和广东全面推进乡村振兴进程的需要，全方位培养“三农”人才。与此同时，广东省积极推动农业农村专业人才队伍的培育，以村组干部、农民专业合作组织负责人、大学生村官等为重点，着力培养乡村振兴急需的“带头人”队伍。在培育方式方法上，广东不断创新，2021 年线下培训受到疫情影响，考虑到农民对农业技术、产业运营管理等方面有强烈的需求，省农业农村厅贯彻落实关于“发展精细农业、建设精美农村、培育精勤农民”的部署要求，在国内率先创建了“广东精勤农民网络培训学院”，面向全省开展百万农民线上免费学习工程，帮助农民学会利用手机、互联网等“新农具”学习科学知识、解决生产难题、拓宽发展思路。

据《广东省农业农村厅》2021 年的数据显示，广东省在组织、人社部门大力支持下，打造 51 个广东省现代农业产业技术体系创新团队，遴选聘任首席专家 51 人，岗位（专题）专家 442 人，示范基地站长 146 人，辐射带动核心团队成员近 3000 人，农业科研力量得到不断扩充。加强农业科技型人才对口帮扶。支持配合科技部门深入开展农业科技人才“千村大对接”行动，累计选派科技人才 1.4 万余人，1000 余个团队，覆盖 1300 多个乡村产业，培训农村基层技术人员和农民约 63 万人次，有效助推乡村产业经济发展。此外，广东持续推进农村人才创新培育方式，组建乡村工匠专业人才高级职称评审委员会，在全国率先开展乡村工匠专业人才职称评定，聚焦开发广东农村实用人才资源，重点突出实践、实操能力考核，让活跃在乡村一线的“土专家”“田秀才”能脱颖而出。在培育本土人才的同时，广东不断畅通专业人才下乡渠道，通过“三支一扶”项目扩容提标，推动乡村紧缺人才招募计划，推进粤东、粤西、粤北乡镇事业单位专项公开招聘合并实施等措施，积极引导高校毕业生和各类专业科技型人才到乡村干事创业，为乡村振兴注入“新鲜血液”。

（二）探索地方特色农村科技人才发展模式

最近几年，广东积极探索具有地方特色农村科技人才培养模式，通过打造“N+人才”模式，重点打造以党建为引领，通过产才融合和科技助力等方式，积极打造乡村人才振兴的“N+人才”发展模式，概括来说，主要通过以下三种方式：一是通过“党建+人才”方式，培养农业农村工作主力军。如广东省连南县打造乡村振兴党员干部人才“四库全书（册）”（后备头雁库、后备党员库、后备人才库、后备干部库）共计537人，让人才紧密围绕在村级党组织周围，激活乡村振兴“源头活水”。二是通过“产业+人才”方式，打造产才融合示范基地。根据《光明日报》2022年的数据显示，2021年底，广东省农民合作社总量达5.2万家，入社农户达72万户，省级示范社1201家，带动非成员农户117万户，农民合作社逐渐成为乡村特色产业发展中坚力量。三是通过“科技+人才”方式，积极构建乡村振兴持续动力。一方面，全省积极推进乡村振兴科技人才计划，鼓励技术创新、科研成果、高端智库人才等相关资源向农业农村集中；另一方面，积极实施“百团千人科技下乡”工程，充分发挥科研院校人才对实施乡村振兴战略的支撑引领作用，全面推进科研人员深入农村一线开展创新创业服务活动。根据《光明日报》2022年的数据显示，2021年，广东先后组织4批次省级农村科技特派员重点派驻任务，选派878个农村科技特派员团队，推广农业科技成果和新品种、新技术、新工艺2190个，培训基层技术人员和农民约63万人次。

（三）持续推进农业科技人才服务体系建设

最近几年，广东持续推进农业科技人才服务体系建设，以高素质农民为主体的专业人才队伍发展壮大，以全面推进乡村振兴和农业农村现代化发展的人才需求为导向，以农民合作社带头人、农业科技型人才、新型农业带头人等为重点，深入实施农村科技人才培训工程、百万职业农民培训计划、高素质农民培育计划、新乡贤返乡工程，稳步推进“粤菜师傅”“广东工匠”“南粤家政”三项工程高质量发展，全省农业人才队伍建设加速。据《广东省农业农村厅》2022 年的数据显示，党的十八大以来，全省共建立各类高素质农民培育基地 554 家，培育高素质农民 115051 名，大力加强农业科技人才对口帮扶，打造“1+51+100+10000”农技推广服务新体系（“1”是创建 1 个省级农技推广服务驿站，“51”是创建 51 个省级现代农业产业技术体系创新团队，“100”是创建 100 个县级农技推广服务驿站，“10000”是在全省范围内遴选认定 10000 名农村乡土专家），组建了农技服务乡村行“轻骑兵”，选派科技特派员 1.4 万余人。他们活跃于全省农业生产经营一线，成为广东特色现代农业发展的“主力军”，有效助推乡村产业经济发展，有力地带动了各地农业产业转型升级。

二　广东省农村科技人才队伍建设的问题分析

（一）农村科技人才宣传不到位，社会认可程度不高

长期以来，由于教育普及和宣传工作不到位，社会各界对农村科技人才的重要性认识存在严重不足，农村科技人才队伍普遍存在社会认可度偏低，报考从事农科技术人员整体素质不高的事实。之所以存在这种现象，主要原因在于，社会大众对科技人才的评价普遍长期存在“重工轻农”的舆论倾向，认为务农科技工作低人一等，从事农业科研没有出路，因此从高考填报志愿和毕业生选择职业发展方向来看，农村科技工作仍处于冷门行业，社会舆论存在的职业歧视和择业偏见使得社会上对农村科技人才的重要性认识不足，严重阻碍了优秀科技工作者积极投身到农村生产建设中，进而导致农村科技工作发展滞后，农村科技人才队伍建设步伐十分缓慢。此外，我省大部分农村地区仍然存在重视经济领域人才引育，轻视农业科技型人才培养的现象，严重忽视“农民、农业、农村”的发展需要引进高素质农业科技人才。农村科技人才是新农村建设的核心力量和关键基础，在发展农村经济方面起着极大的基础带动作用，但在人才引育和职业晋升中，农村科技人才并没有得到应有的政策优惠和指标倾斜，其身份认同和职业晋升认可仍需要进一步提升。

（二）农村科技人才使用不充分，服务供给能力不足

目前，我省关于农村科技人才用人机制还有待进一步完善，部分地

区对乡村振兴人才的使用机制尚不健全，人才落地后往往没能充分利用起来，各行业部门难以形成有效合力对资源进行科学规划和整合利用，存在人才岗位错配现象。同时，各地区之间经济实力差距较大，贫困地区需要培训的农民数量较多但经费紧张，较发达地区经费充裕、培训较多，但精准度不够，产业、人才与服务之间的良性循环尚未形成。此外，我省目前针对农村科技人才的服务支持平台和社会网络的供给力度不足，存在进一步完善的需要，特别是针对农村科技人才建设相关信息共享服务平台的建设，应当给予重点关注。随着我省农村经济水平的不断提升，农业产业信息化、专业化和规模化发展需要大量优秀的人才参与其中，但目前我省农业科技人才的网络服务在平台建设、信息共享和资源利用方面仍处于落后位置，未能通过信息平台资源显著提高农村科技人才的使用效率和生产效能，未来在农村科技数据共享、专家人才信息等方面仍存在较大提升空间。

（三）农村科技人才保障不完善，激励配套政策不够

当前，我省关于农村科技人才的保障措施仍不完善，相关激励政策和制度安排还存在不足，不能较好满足农村科技工作人才的实际发展需求。具体表现在：一是农村工作环境比较艰苦，科技人才可持续提升路径较为有限，加之农村科技工作工资薪酬相对较低、生活工作压力大，进而导致一部分农村科技人才对乡村振兴失去信心和耐性。二是政府通过购买服务完成的相关配套服务建设不足以解决农村科技人才的后顾之忧。当前农村公共服务如教育、医疗等资源严重落后于城市，导致长期在基层一线的农村科技工作者无法安心在农村安居乐业，不少农村科技工作者下沉到农村后，子女上学和父母看病问题无法在当地得到真正有效解决，从而难以建立长期稳定的农村科技创新队伍，农村科技人才的劳动力再生产能力被大大打折。三是农村科技人才队伍的培养机制和办学条件相对落后，无法紧跟现代农业快速发展步伐。在培训内容上，目前还停留在种植和养殖等大众化项目，对农产品加工人才、市场销售等多层次结构的农村科技人才，培养机制并不完善，在培训形式上缺乏相对固定的培训模式和长远规划。同时不少农民教育办学网络硬件落后，

办学场所和实验实训基地严重不足，教学设备数量和配置水平难以满足当前先进农业生产的实际需要。四是现有的人才培养和激励机制没有为农村科技型工作人才提供有效的激励和绩效考核，农业科技工作者在农业工作创新方面存在动力不足现象。

三 广东省农村科技人才队伍建设的相关建议

（一）持续加强农村科技人才对外宣传

一是强化政策宣传，树立人才理念。通过专家讲座、专题学习等形式，加大对农业创新型人才先进典型事迹与优秀农村科技型人才的宣传力度，弘扬优秀创新型人才的创新精神、奉献精神，努力营造出“尊重农业知识、尊重农村科技人才”的良好氛围。二是充分利用抖音、微信公众号等新媒体技术，积极宣传农村科技人才优惠政策，提高农村科技人才政策的知晓度。利用好报刊、广播、电视、网络、图书等各种媒体和文艺演出等形式，宣传优秀实用人才科技致富、艰苦奋斗的事迹，表彰他们在农村科技建设中的突出成绩，扩大他们的社会影响，提高他们的社会地位，营造尊重、关心、支持农村科技型人才培养的舆论导向和良好氛围。三是要积极让农业院校学生提高专业认同感，关注职业发展前景，让从事农业科技研发的年轻人了解我省农业发展情况，让他们充分意识到发展农业科技是十分有意义的，从事农业科技职业是一片大有可为的新天地。只有全社会真正认识到培养农村科技人才的重要性，才能让社会舆论渐渐形成人人重视农业、支持农业、尊重农业、培养农业科技型人才的新风尚。

（二）积极搭建农村科技人才服务平台

当前，我省要加快建立现代农业科技人才服务中心，通过构建高质量农村科技服务平台，积极推动农业科技、农业人才、农业企业、农业资本和农业政策等要素有机结合起来。一是应通过农业科技人才服务平台，科学配置农业基础技术培训课程，针对不同项目和技术需求，定期组织专家跟踪指导并建立各类对接平台，加快推进农村科技人才专业化培训、标准化管理和市场化运营，切实提高农村科技人才的使用效率。

二是通过建立农业科技人才服务平台，积极推动农村各要素的深度融合，充分发挥人才服务中心的集聚与开放功能，让有成果的农村科技工作者能够迅速找到感兴趣、有能力转化的企业，有技术难题的企业家和农民能够迅速便利地找到能解决问题的农业技术专家，有想法的农村科技创业者能够迅速找到风投、企业、科研团队等合作伙伴，让有创新创业想法的人都实现梦想。三是要通过建立农业科技人才服务平台，更好推动农村产业增收，进而搭建更开阔、更全面的农业服务平台。具体来说，要将农村科技人才队伍和农产品市场需求紧密连通起来，进一步打通农户的销售渠道、品牌渠道，同时把市场信息及时反馈到农业科技相关部门，使各地区可以因地制宜、因势利导，最大程度发挥农业科技人才和资源禀赋优势，在促进当地农村产业增收的同时，优化农村资源配置，最终实现高质量农业合作服务示范模式。

（三）深入健全农村科技人才保障体系

一是加强政府统筹，建立农村科技人才培养的长效机制，要进一步加强政府统筹能力，提高农村科技工作者的收入水平和职业晋升机会，重视农村科技人才身心健康。二是加大农村基础服务建设，着力解决农村科技人才家庭生活难题，进一步以优化服务环境为保障，努力营造良好人居环境，积极完善教育、医疗等基础保障制度，加快推进城乡公共服务均等化，在乡村人才子女教育、医疗保障、养老保障等方面给予相应政策支持，切实解决农村科技人才的后顾之忧。三是完善农村科技人才培育创新支持体系，着力改善农村科技人才培训的硬件设施，鼓励和支持农村科技人才带头人牵头建立专业合作组织和专业技术协会，结合当前现代农业发展的实际需求，加快培养农业产业化发展急需人才，扶持农村科技人才创业兴业，在创业培训、人才培养、项目审批、信贷发放、土地使用等方面给予政策支持。四是加快构建更加科学的农村科技人才综合评价体系和分类评价体系，综合运用资金、政策和技术支撑等措施，完善、创新乡村人才激励机制，充分释放乡村人才活力。

第三节　广东省教育人才队伍建设现状、问题与对策

百年大计，教育为本，教育大计，教师为本。要实现好人才强国发展战略，离不开对教育人才队伍建设的高度重视和不断投入。近年来，在全省各界的大力支持和积极配合下，广东省教育人才队伍建设取得明显进步，各地相关部门深入贯彻落实习近平总书记关于教育的重要论述，持续推进高素质专业化创新型教师队伍建设，教育人才队伍建设在多方面均彰显成就，教师队伍不断壮大，越来越多的年轻俊才和社会精英积极投身到教育事业发展中，为当地经济发展和教育质量提升提供了智力支撑。当然在取得显著成绩的同时，我们也应清楚看到，当前广东省教育人才队伍建设方面仍存在不足，在面对新形势挑战下，我们仍要在教育人才队伍建设方面不断努力。

一　广东省教育人才队伍建设的发展现状

(一) 总体教育人才队伍建设概况

党的十八大以来，广东全面贯彻党中央、国务院关于教师队伍建设的有关精神和大政方针，不断落实立德树人根本任务，把新时代教师队伍建设作为教育改革发展的重要突破口，实施“强师工程”，促进教师队伍规模、质量、结构协调发展。具体表现在以下方面：

一是教师人才队伍建设得到不断壮大党的十八大以来，广东全面加强教师队伍建设，通过引进和培育高层次人才，实施中小学“百千万人才培养工程”，总体教育人才队伍建设取得明显进步。据《广东省统计年鉴》数据显示，2020—2023 年，广东省专任教师规模从 2020 年 152.19 万人增长到 2023 年 166.35 万人，年均增长速度为 3.1%（具体见图 6-1）。其中增长比例最大的是特殊教育专任教师，由 2020 年 0.58 万人增长到 0.81 万人，年均增长 12.9%；其次是高等教育和高中阶段教育，年均增长分别为 5.96% 和 4.04%，增长速度相对较低的则

是义务教育阶段和学前教育阶段的专任教师，年均增长速度分别为 3.01%和 1.61%。值得注意的是，由于受新生人口数量下降的影响，学前教育专任教师数量从 2023 年起出现了明显递减，这一现象对于未来教育资源配置的影响将具有一定的前瞻性指引，随着人口老龄化程度的加深，人口转变对教育资源的需求影响应引起社会各界的高度重视①。

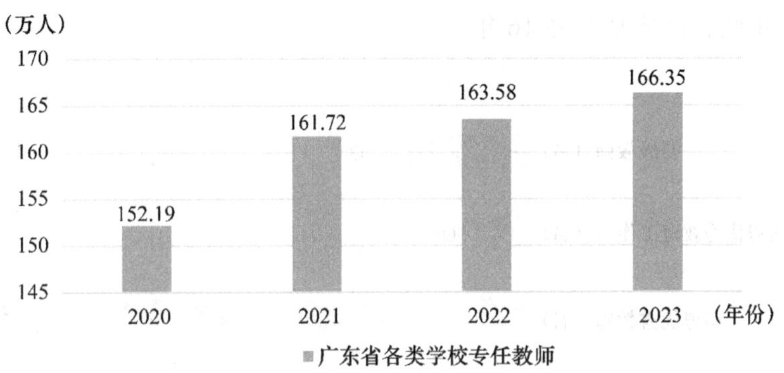

图 6-2　广东省各类学校专任教师人数

表 6-1　　2020—2023 年广东省各类学校专任教师人数（万人）②

	2020 年	2021 年	2022 年	2023 年
学前教育	32. 15	34. 51	35. 1	33. 7
义务教育	87. 44	90. 73	92. 99	95. 45
高中阶段教育	19. 56	19. 96	21. 06	21. 93
高等学校	12. 24	12. 88	13. 59	14. 43
特殊教育	0. 5841	0. 6589	0. 7328	0. 8099

二是持续深化教师荣誉表彰体系，发挥先进典型的模范作用，不断提高教师政治地位、社会地位和职业地位，努力营造尊师重教良好氛

① 冯剑锋、岳经纶：《高校扩招、人口转变与劳动参与率》，《高等教育研究》2017 年第 7 期。

② 数据根据《广东省教育事业发展统计公报（2020—2023 年）》整理得出。

围，让教师成为令人羡慕的职业。2012—2022 年期间，广东共有 53 个集体、294 人获评全国教育系统先进集体和先进个人荣誉称号；省委、省政府累计表彰 4634 名南粤优秀教师、500 名南粤优秀教育工作者、1243 名特级教师。全省 11 所师范院校与 21 个地市“组队”，共创“国家教师教育创新实验区”，累计立项建设 287 个省级示范性教师教育实践基地①。自 2008 年起，每年 9 月定为师德建设主题教育月，截止到 2023 年底，已成功举办 16 年。

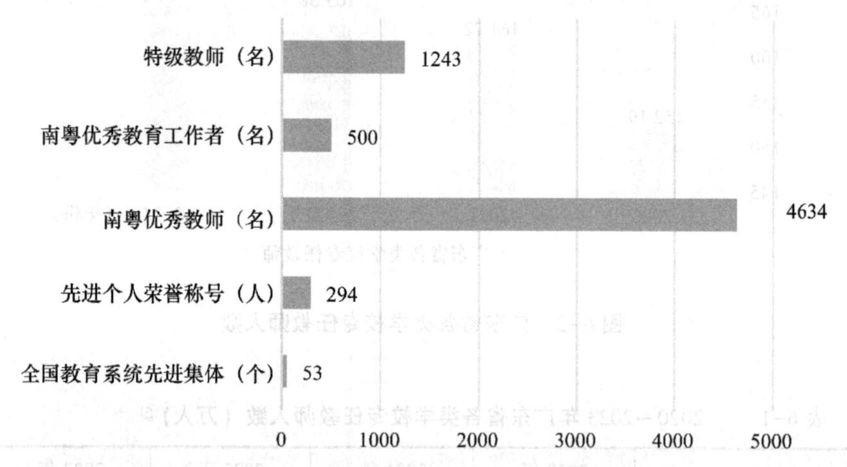

图 6-3　广东省教师荣誉表彰统计（2012—2022 年）

三是着力破解制约教师队伍建设的突出问题，积极推动“县管校聘”、挖潜创新加强中小学教职工管理和深化评价改革等一系列改革措施，激活教师队伍“一池春水”，努力打造一支高素质专业化创新型教师队伍。通过制度改革，截止到 2022 年，广东累计遴选了 982 名学员参加名教师、名校长、名班主任省级培养项目，已结业 484 名培养学员中被评为正高级教师 109 人，荣获特级教师称号 131 人，获得全国五一劳动奖章 2 人，成为国务院政府特殊津贴专家 2 人，成为国家教学名师 1 人②。

---

① 数据来自《广东教育》（综合）2022 年第 9 期。

② 数据来自《广东教育》（综合）2022 年第 9 期。

（二）高等教育阶段人才队伍建设

自2015年以来，广东率先在全国开启高水平大学建设，先后推动高水平理工科大学建设、省市共建本科高校、特色重点学科建设等计划。随后在2018年进一步启动加快高水平大学整合“双高”建设、“省市共建”等项目，推出高等教育“冲一流、补短板、强特色”提升计划，推动高校在不同层次争创一流、特色发展。具体人才工作成效有：

第一，教师队伍整体素质和科研水平明显提升，2012—2022年，广东高校具有博士学位教师比例由29.92%提高到43.57%，具有硕士以上研究生学位教师占比增长约14%，达87.38%。同时不断加大对高等学校教师的继续教育投入，通过实施高等学校中青年教师国内访问学者项目，每年遴选推荐600人左右到国内高水平大学访学；2013年起与国家留学基金委合作开展地方合作项目，累计选拔了815名高校优秀教师出国访学，提高教师队伍国际化水平。教师团队建设方面，2019—2022年，广东共有18个团队入选全国高校黄大年式教师团队，23个团队入选国家级职业教育教师教学创新团队①。

第二，抢抓“双高”和“冲补强”发展新机遇，不断完善引才机制，拓宽引才渠道。如华南师范大学成立人才发展工作领导小组，引进高层次人才实行代表作和小同行评价制度，取消业绩形式限制和数量限制，并下放引进青年人才权限，二级单位自主开展人才评价和引进工作。华南农业大学实施高层次人才引进工程，精准引进海内外高端领军人才及高水平创新团队，并围绕“学科—团队—人才”的人才梯队建设结构，建立战略科学家、科技领军人才、中青年科技人才的三级人才培养体系。广东海洋大学坚持引育结合的原则，培养和引进了一批具有国际国内先进水平的学科带头人、一批具有创新能力和发展潜力的青年学术带头人和学术骨干。在筑巢引凤的同时，广东畅通成长渠道，留住人才、用好人才，激发人才内生动力。据广东省教育厅有关负责人表

① 数据根据广东教育厅教育咨询公布的数据整理。

示，目前在广东高校工作的两院院士及外籍院士达110余位、在岗“珠江学者”300多名，为广东高等教育发展注入了强劲动能。

第三，重视基础科研，努力培育“从0到1”原创性成果。2012年8月，广东在《关于全面实施“强师工程”建设高素质专业化教师队伍的意见》中提出，加快高等学校高层次人才队伍建设，培养一批处于国内外领先水平的学科专业领军人才和学术骨干，努力造就一批在国际上具有较强影响力的学术大师。十年来，广东在“强师工程”及一系列人才工程的推动下，越来越多的高层次人才、青年科学家、学术骨干云集广东高校。依托高水平的教师队伍，广东着力提升高校学科建设水平和知识创造能力，引导高校集聚创新资源，培育更多战略性、前瞻性、引领性重大基础研究成果。2021年度广东省科学技术奖获奖名单揭晓，在自然科学奖、技术发明奖、科技进步奖3个奖项中，广东高校表现突出，获奖项目占总数超八成；19所高校以第一完成单位获奖86项，占获奖项目总数近五成，充分展现了推动科技创新的高校作为。在高层次人才的支撑下，全省高校不断加强科技攻关，攻克更多“从0到1”原创性成果，助力广东建设高水平科技创新强省。

（三）基础教育阶段人才队伍建设

一是教师整体学历水平得到不断提升，高素质基础人才队伍不断扩大。幼儿园具有大专以上学历专任教师比例由51.95%提高到87.19%；小学具有本科以上学历专任教师比例由29.69%提高到78.10%；初中具有本科以上学历专任教师比例由67.26%提高到93.74%；高中具有研究生学历专任教师比例由6.30%提高到16.33%。文体教师数量不断补充，小学体育、音乐、美术等紧缺学科教师队伍进一步充实，小学体育、音乐、美术教师配备数较2015年增幅均超50%，分别增长17399人、12759人、12805人，基本满足教学要求。中职学校双师型教师占专业课教师比例达到62.67%。幼儿园专任教师累计增加17.62万人，增长104.44%；广东学前教育和特殊教育专任教师数量实现翻一番，特殊教育学校专任教师累计增加4000余人，增长164%，越来越多优秀人才加入教师队伍中①。

二是实施中小学教师资格考试和定期注册制度改革，扎实推进港澳台居民在内地（大陆）申请中小学教师资格的政策落地见效。自2016年以来，全省通过国家教师资格考试认定中小学教师资格人数45.2万人，新增中小学高级教师约6万人。其中港澳台人员201人，120多万在职中小学教师完成首次教师资格定期注册。进一步推进师范毕业生免试认定教师资格改革，2021年共有431名教育类研究生及公费师范生通过师范生职业能力测试，其中335名当年通过教师资格认定②。

三是全面推进县域内公办义务教育学校教师、校长定期交流轮岗，2018年推进中小学教师“县管校聘”改革以来，全省约60.8万名教师参加竞聘，有18.42万名校长教师参与交流轮岗，其中县级以上骨干教师占27.95%。全省建成了11个省级中小学（中职）教师发展中心，计划建设150个市县教师发展中心，已挂牌成立147所，已完成基本建设任务112所，建设209个省级教研基地，280所校本研修学校。已从中小学“百千万人才培养工程”结业的484名培养学员中，被评为正高级教师109人，荣获特级教师称号131人，获得全国“五一”劳动奖章2人，成为国务院政府特殊津贴专家2人，成为国家教学名师1人③。

二　广东省教育人才队伍建设的问题分析

（一）经济高质量发展与教育人才储备不匹配

广东作为全国经济大省，最近几年在高等教育方面取得明显进步，但与国内其他省份相比，目前省内高等教育人才队伍建设仍存在人才储备不足，高质量优秀人才短缺问题。从全球湾区经济来看，世界顶级科研成果和技术创新主要培育在高校科研机构单位，旧金山湾区，硅谷附

---

① 数据来自《广东教育》（综合）2022年第9期。

② 《非凡十年·广东教育　|打造“大国良师”！来看广东“强师工程”成绩》，广东社会科学大学网，https：//www. gdskd. edu. cn/index. php？ c=article&id=158。

③ 《非凡十年·广东教育　|打造“大国良师”！来看广东“强师工程”成绩》，广东社会科学大学网，https：//www. gdskd. edu. cn/index. php？ c=article&id=158。

近有斯坦福大学、加州大学伯克利分校等世界顶级高校。而广东作为中国改革开放的前沿阵地，高校建设仍相对于其经济发展则相对滞后，作为一个坐拥1.26亿人口、全国最多的年轻人的经济第一大省，广东本省的高校只有一个中大在全国高校排名中能勉强算得上是前十守门员。华南理工作为广东最好的理工大学，但也仅仅位列985的末流，除此之外，211大学也仅有暨南大学和华南师范两所，985、211学校数量严重不足。隔壁的港澳虽然拥有港大、港科技、港中文、澳门大学等优秀大学，然而因为制度和关口的阻碍，导致科研和人才的交流仍然受限。尽管广东每年靠吸引内地一流高校的巨量高校人才，仍然将珠三角地区打造成全国高新技术产业最密集的地区之一，但目前广东省内顶级专业技术人才对进行产学研结合转化能力不足，影响了地区未来长远的科技创新发展。科技是第一生产力，未来的经济发展对科技创新的需求也越来越大，对人才的需求也越来越大。广东在教育人才发展培育方面的短板，必须不惜一切代价去提升。

(二) 教育人才队伍建设存在地区发展不平衡

目前，广东省内各地教育人才队伍的分布差异较大，一方面，广东高等教育人才主要集中在珠三角的核心地区（广州），目前广东全省21个地级市均实现了每个地级市至少拥有一所全日制公办高等院校和一所职业技术学院，但从高等教育的整体师资水平和人才质量队伍来看，广东高等教育的地区不均衡现象较为严重，省内双一流大学主要集中在珠三角地区，特别集聚在省会城市广州，而粤东、粤西和粤北地区在高等教育人才队伍建设方面则存在明显的短板。另一方面，广东基础教育发展不平衡不协调问题依然突出，粤东、粤西、粤北地区在基本办学条件、师资队伍水平、教育教学质量等方面，与珠三角地区存在明显差距。珠三角地区与粤东、粤西、粤北中心区域的公办学位供给仍然满足不了人民群众入学需求。全省基础教育高质量发展的短板在粤东、粤西、粤北地区，弱项在教师队伍建设和公办学位供给，重点在乡镇及以下学校。这与经济大省地位极不相称，与人民群众对美好生活和优质教育的期盼极不相符，必须高度重视，亟须尽快下大力气解决。

（三）职业教育人才队伍的建设发展相对滞后

目前广东职业教育规模在全国处于前列，但总体来看，省内职业教育的人才队伍建设仍明显落后于当前产业结构调整和经济变化的形势，远远不能适应社会经济发展的需要。市场经济发展所带来的企业改革及自由择业的政策，使得中职教育失去了原来计划经济时期的就业优势，中职教育逐渐成了普通教育的附属体系。当前，普通教育系统获得大部分的教育资源，导致中职教育资源缺乏，学校教学设施陈旧、落后。特别是长三角及内陆经济发展后，原先在广东工作的大量外来务工人员选择转移到长三角或自己家乡寻找更好的发展机遇，导致广东的基层技工人员出现了比较大的缺口。“用工难、技工荒”的出现，特别是掌握数控等相关技能的劳动力缺乏，直接影响广东经济的发展。以服务地区经济为办学宗旨的中职教育却无法对广东的经济发展做出劳动力支援，不能发挥应有的社会功能。由于政府部门对中职教育不够重视，对中职教育给予的资源不足，导致对本地劳动技术人员培养能力不足，形成了依赖外来技术人员的问题。

（四）特殊教育人才队伍建设需进一步专业化

根据广东省残疾人联合会的统计数据，广东省在 2020 年一共有 343930 名已被登记的残疾人。其中包含 16830 名零至六岁残疾儿童和 20706 名七至十七岁残疾儿童①。此外，众多尚未被登记的且存在严重生理或心理障碍的儿童和青少年也有对特殊教育的需求，而相比之下，目前从事特殊教育的教师仅仅只有 0.58 万人，特殊教育专业人才队伍建设缺口巨大，加强特殊教育教师队伍建设任重道远。从实际来看，一方面，特殊教育老师存在身份模糊不清、专业定位尴尬，加之缺乏制度管理，使得特殊教育人才队伍建设难以持续发展，在专业化道路上面临着身份认可不足，专业人才流失的情况；另一方面，特殊教育教师专业标准落实不到位，在专业人才培养和职业发展规范方面缺乏指引，难以实现高质量发展目标。

---

① 《2020 年广东省残疾人事业发展统计公报》，2021 年 5 月 12 日，广东省残疾人联合会网，http：//www. gddpf. org. cn/xxgk/ggtz/content/post_ 607188. html，2021。

三 广东省教育人才队伍建设的相关建议

（一）狠抓湾区优势，做好人才引进和培育工作

作为祖国南大门，广东拥有特殊的地理位置和人才资源，在人才队伍建设方面要紧紧围绕粤港澳大湾区发展作为战略部署重点。一方面要积极打造本土顶级高校，高薪引进国内外顶级教授和研究团队，依托已有高校资源，瞄准前沿领域和关键技术，加大“高精尖缺”人才培养引进力度，着力打造一支数量充足、结构优化、高端引领，具有充足发展后劲和良好师德师风的高素质人才队伍。选优配强学科带头人，积极组建梯度合理、优势互补、精干高效的创新团队。另一方面要不断提高人才培养质量，强化人才培养中心地位，培养一流人才方阵。大力实施一流本科人才培养计划，深入推进新师范、新工科、新医科、新农科、新文科建设。调整本科人才培养结构，合理扩大理工类专业占比和理工类学生规模。重点支持国家级、省级一流本科专业建设和发展，大力开展专业认证，全面提升专业人才培养质量和国内外竞争力。深化研究生教育综合改革，完善以创新能力培养为重点、科教融合的学术学位研究生培养模式和以实践能力培养为重点、产教融合的专业学位研究生培养模式。

（二）加强统筹协调，解决教师队伍发展不平衡

从全省经济社会发展大局出发，积极围绕区域教育人才资源系统开发，优化教育人才资源配置，一方面，制定区域教育人才协调发展规划纲要，围绕广东教育人才的实际发展实际，全面综合考虑不同地区、不同层次的高职教育发展状况和需求，通过各种措施加强政府的宏观调控，促进不同区域间高职教育的均衡发展。另一方面，明确地方政府对高职教育经费支出比例，确保地方财政收入对高职教育的稳定投入，同时加大省级财政转移支付力度，支持粤东西北地区政府加大对高校建设教学行政用房、实习实训基地的用地和经费支持，支持高校加快学校硬件建设，为粤东、粤北、粤西地区高层次人才引进和发挥作用创造良好条件。

（三）推动校企合作，重视职业教育人才的建设

职业教育是我国教育事业的重要组成部分，同时也是推动我国实现高

质量发展的重要基础和首要保证。从发达工业化国家的发展经验来看，职业教育人才队伍建设是推动产业转型的重要推动力量，因此要高度重视职业教育人才队伍建设。进一步深化职业教育办学体制改革，完善政府主导，部门、行业、企业和社会力量共同参与到职业教育人才队伍建设，积极探索多元化、多渠道发展职业教育人才队伍建设。围绕现代制造业、现代服务业、现代农业的急需专业领域，组建一批国家级职业教育核心能力建设专家团队，打造一批核心课程、优质教材、教师团队、实践项目。同时积极采取各种优惠政策，鼓励民间资本投入高职教育领域建立帮扶合作共建人才专家机制，通过加强校企合作，从先进行业和优秀企业中遴选一流人才投身到职业教育人才队伍建设中，积极推动省内一流高职院校相关学科专业人才队伍建设，对相关高校在加强教学条件建设、高职院校深化教学改革、教师学术水平和教学水平提升等方面给予支持。

（四）完善人才管理，推动特殊教育人才专业化

完善人才管理是实现人才强国战略的重要基础，要进一步完善各类层次的人才引进、培养培训、评价激励、考核管理、晋升发展、条件保障等政策和制度体系，为教育人才队伍在粤发展事业提供良好的工作环境和公平竞争机会。完善人才评价工作的方式方法，对从事不同类型、不同领域教学科研工作的人才开展分类评价，充分激发人才创新活力。同时，积极推动特殊教育人才队伍专业化发展，加快制定适合广东实际的特殊教育人才发展纲要和标准，进一步为特殊教育人才队伍建设提供专业支持和资金帮助，将特殊教育人才专业化发展纳入教育发展规划中，不断提升特殊教育专业服务水平。

第四节　广东省卫生人才队伍建设现状、问题与对策

医者父母心，杏林天使情。最近几年，全省卫生健康系统在省委、省政府正确领导下，坚持以习近平新时代中国特色社会主义思想为指导，紧扣卫生健康高质量发展主题，坚守疫情防控阻击战战线，统筹推进各项医

疗卫生工作。医疗卫生人才队伍和资源总量稳步增长，人均占有量持续提升，医疗服务能力不断增强，通过加强医疗卫生人才队伍建设，积极提升科技创新和生物安全能力，同时积极发展数字健康人才队伍，推进健康湾区医疗卫生人才建设与国际合作，全面构建我省医疗卫生人才事业高质量发展的保障体系。但值得注意的是，当前我省医疗人才队伍建设与经济社会发展要求和人民群众对医疗卫生服务需求还有一定差距，在面对新形势挑战下，我们仍要在医疗人才队伍建设方面不断努力。

一 广东省医疗卫生人才建设的发展现状

（一）卫生人才队伍规模和质量不断提升

一是卫生资源总量稳步增长，人均占有量持续提升，医疗服务能力不断增强。根据《广东省统计年鉴》显示，截止到2023年底，全省医疗卫生机构在岗职工117.3万人，其中卫生技术人员97.9万人，执业（助理医师）35.9万人，医疗卫生人才队伍规模排在全国前列。10年间，我省医疗卫生人才队伍规模实现了快速扩张，为广大人民的健康就诊提供了重要保证。卫生技术人员从2012年51万人增长到2023年91.84万人，执业（助理）医师人数从2012年19万人增长到2022年33.5万人，注册护士从2012年19.7万人增长到2023年42.1万人①。

表6-2　2020—2023年广东省医疗卫生人才队伍概况

	2020年	2021年	2022年	2023年
医疗卫生机构在岗职工	100.9408	106.239	111.1769	117.3
卫生技术人员	83.2061	87.5803	91.843	97.9
执业（助理）医师	30.7289	32.0923	33.5181	35.9
注册护士	37.4807	40.2047	42.079	45.1

二是医疗卫生人才队伍的学历、职称得到不断提高。据广东省卫生

① 根据《广东省医疗卫生资源和医疗服务情况简报（2020—2023年）》数据整理所得。

健康委员会2019—2023年公布的数据显示，全省医疗卫生机构高级职称在岗职工从2019年的7.4万人增长到2023年10.2万人，本科及以上学历的卫生技术人员从2019年的36万人增长到2023年51.4万人，卫生技术人员中高级以上职称从2019年的7万人上升至2023年9.6万人。卫生技术人员中本科以上学历比重和高级职称比重都呈现出稳步上升趋势，医疗卫生人才队伍整体学历结构和职称结构得到不断完善①。

表6-3　2020—2023年广东省医疗卫生人员学历和职称结构

	2020年	2021年	2022年	2023年
医疗卫生机构高级职称在岗职工（万人）	8.1	9.2	9.5	10.2
本科及以上学历在岗职工（万人）	39.4	43.4	46.7	51.4
卫生技术人员中高级以上职称（万人）	7.7	8.7	9	9.6
卫生技术人员中本科以上学历（万人）	34.8	38.1	40.9	45.2
卫生技术人员中本科以上比重（%）	41.80	43.50	44.60	46.20
卫生技术人员中高级职称比重（%）	9.20	9.90	9.80	9.90

三是进一步优化医疗人才教育结构布局。近年来，我省针对不同层次的人才培养需求，进一步优化医学教育结构布局。首先逐步缩减中职层次农村医学、中医专业初中毕业生招生规模，逐步转为在岗乡村医生能力和学历提升教育。其次，鼓励发展卫生健康高等职业教育，大力发展护理人才培养，稳步发展本科临床医学类、中医学类专业教育。适度扩大医学研究生招生规模，新增招生计划优先用于医学紧缺专业招生，并加大对粤东、粤西、粤北地区支持力度，提升当地卫生健康类院校办学水平。同时支持港澳高校在粤合作举办医学教育办学机构，支持设立粤港澳高校联盟医学类人才专业联盟，加快形成粤港澳人才协同培养、科研协同创新、学科协同发展机制。

四是推动医学院校实现人才分类培养管理。一方面，对于研究型医

① 根据《广东省医疗卫生资源和医疗服务情况简报（2020—2023年）》数据整理所得。

学院校明确提出要瞄准世界生物医学科技和医学教育前沿，加快建成一批具有广东特色、全国领先的人才队伍和科研平台，培养一批拔尖医学教育创新人才及医学教育师资人才，依托研究型高水平大学，进一步建设一批高水平公共卫生学院，加大公共卫生领军人才和青年拔尖人才的引进和培养力度，加强公共卫生国际化人才培育。另一方面，对于应用型医学院校明确要积极瞄准区域卫生与健康事业发展需要，加快培养一批应用型医学卫生人才，尤其是在医学领域新建一批广东省重点实验室和临床研究中心，鼓励医学院校增设公共卫生相关专业，适当扩大招生规模，强化预防医学专业学生实践能力培养。

（二）加强基层医疗卫生人才队伍的建设

一是"十三五"期间，广东共招收培训全科医生 21435 人、定向医学生 5724 人，学历提升医务人员 10245 人，为粤东、粤西、粤北地区每个乡镇卫生院和社区卫生服务中心平均培养全科医生 15 至 20 人，为每个县区平均培养定向医学生 60 余人。截至 2020 年底，全省拥有全科医生 39417 人，每万人全科医生数达到 3.12 名，实现了"到 2020 年，每万人全科医生数达到 3 名"的国家和省既定目标，为建设健康广东、打造卫生强省和乡村振兴提供强有力的智力支撑。2021 年，将全科医生培训、订单定向培养医学生项目纳入全省"我为群众办实事"重点民生项目，支持粤东、粤西、粤北地区基层招收培训全科医生 3777 人、定向医学生 2090 人，分别完成年度计划任务的 126%、104.5%①。

二是进一步优化基层卫生人才队伍结构。实施高校毕业生到基层从医上岗退费计划。2018 年至 2020 年，粤东、粤西、粤北地区乡镇卫生院共有 280 余名医疗卫生专业本科学历（学位）毕业生签订退费协议，分 4 年逐年退补学杂费，并按要求在基层医疗卫生机构服务不少于 5 年。同时实施百名卫生首席专家下基层计划。2018 年起，面向全国选聘 100 名二级以上医院具有高级职称且符合岗位条件的退休医生，到

① 数据根据《广东省卫生健康委关于广东省第十三届人大五次会议第 1433 号代表建议协办意见的函》整理所得。

47 家升级建设中心卫生院担任首席专家全职工作 3 年，省财政给予补助，带动提升基层医疗卫生机构专科团队和医务人员能力水平。此外，开展全科医生特设岗位工作。为全省经济欠发达地区的乡镇卫生院和社区卫生服务中心设置 2728 个全科医生特设岗位，共聘用了 2576 名优秀医疗卫生人才到基层医疗卫生机构从事全科医疗工作，省财政给予补助，推动提升基层卫生人才队伍能力水平。此外，规定执业医师晋升副高级技术职称，应当有累计一年以上在县级以下或者对口支援的医疗卫生机构提供医疗卫生服务的经历，乡村人才帮扶机制进一步健全。

三是进一步完善基层卫生人才激励机制，一方面，改进基层人才评价方式。建立符合艰苦边远地区和基层一线实际的人才评价机制，建立健全基层专业技术人才职称评审单独组织实施和“定向评价、定向使用”的管理制度。对在革命老区、中央苏区和民族地区连续工作 4 年以上且考核合格的，在申报中级、高级职称时，其任职年限可放宽 1 年。在粤东粤西粤北地区基层单位相应岗位连续工作满 10 年的专业技术人才，副高级职称可直接认定。另一方面，对乡村医生落实多渠道补偿政策。一是实施村医补贴政策，省财政对全省村卫生站医生的补贴政策由每个行政村每年 1 万元提高至每个行政村每年 2 万元。二是补贴家庭医生签约服务费，村卫生站开展家庭医生签约服务，对签约服务对象按规定收取签约服务费。三是补贴基本公共卫生服务经费，将农村地区新增基本公共卫生服务补助资金重点向乡村医生倾斜，对实行劳动合同制的乡村医生提供的基本公共卫生服务，通过政府购买服务的方式，根据核定的任务量和考核结果，将相应的服务经费拨付给乡村医生，乡村医生待遇明显提高。

（三）积极探索医疗教育人才培养新模式

2021 年，广东省人民政府办公厅印发了《广东省加快医学教育创新发展实施方案》，为加快探索医疗教育人才培养新模式，全面提升医学人才培养质量提出了明确目标。其中全省到 2025 年建设一批新的医学相关专业，打造一批名师优课，建成一批高水平医学院和实践示范基地，培养一批高层次复合型医学教育创新人才；到 2030 年建成国内领先、世界一流的医学人才培养和科研创新高地，推动广东卫生健康事业和生物医药产业高质量发展。具体来说有以下四方面措施：

一是积极开展医学院校与高水平理工科院校联合举办“医学+X”专业试点，探索广东特色的“医学+X”复合型人才培养模式，积极推动人工智能、大数据、生命科学与医学结合，形成与理、工、文等学科交叉融合的新医科专业群，鼓励建设大健康产业学院。推进基础与临床融通的八年制临床医学教育改革，支持符合条件的八年制医学专业毕业生进入博士后流动站。

二是大力吸引社会优质生源报考医学卫生等相关专业，积极鼓励高水平医学院校试点开展综合素质评价招生改革。努力建成一批国家级和省级医学一流本科专业，建设一批高职医药类高水平专业群。建设400门左右医学类省级线上线下一流课程，建设临床医学、中医学、公共卫生、护理学等教学案例共享资源库。

三是省属高校附属医院担负人才培养、科学研究的重要任务，积极发挥省高等医学教育临床教学基地领导小组统筹协调作用，强化教育、卫生健康、中医药部门医教协同，加强和规范高校附属医院管理，建设一批高水平临床医学院。统筹区县医疗卫生资源，促进医学类高职院校附属医院建设。

四是进一步健全住院医师规范化培训制度，全面加强住院医师医德医风、基础理论、临床思维和实践能力培养。统筹医学类专业学位硕士和住院医师培养规模，加大全科等紧缺专业住院医师培训力度。

二　广东省医疗卫生人才建设的问题分析

（一）医疗卫生人才应急能力不足

一是医疗卫生人才应急队伍培训演练投入较少，相关工作投入的经费不足，不能满足《全国卫生应急工作培训规划》和《全国卫生应急工作培训大纲》要求的培训次数大于等于4次/年、每年累计培训时间大于等于30个学时的培训要求，而且培训效果考核和培训工作评估的开展往往较为滞后甚至没有，难以评估培训效果，导致培训流于形式，这使得应急队员知识水平参差不齐，不利于应急队员专业技术水平和能力的提高。

二是各县（市、区）及各相关单位应急响应存在迟滞现象，存在麻痹侥幸心理，如未能落实提前准备应急处置物资、应急箱等，发生疫情后才匆忙筹备，容易延误战机。

三是专业技术人员较为缺乏，流调人员能力偏弱。非公共卫生专业人员新冠防控知识储备不足，疫情应急处置能力有限。公安民警及社区工作人员作为公共卫生专业人员是应急处置的重要力量，但是当发生疫情时，他们对一些防控工作缺乏相应的知识储备及处理能力，同时，专职的公共卫生专业技术人员流调处置能力偏弱问题尚未得到很好的解决，一旦出现病例较多的情况，将难以应对，从而影响流行病学调查处置的时效性和精准性。

（二）中医人才队伍建设发展滞后

尽管现有政策大力鼓励高层次中医药人才的培养，实践中也开展了卓有成效的探索，但我省中医药拔尖人才的培养还存在诸多难题。

一是高等教育培养或者事与愿违。目前高等教育阶段的长学制是各中医药院校共同的路径，旨在通过系统教育培养中医药拔尖人才。但应理性看待长学制的作用。中医药深深根植于中华传统文化，与儒学、道学、易经、阴阳五行有着千丝万缕的联系，具有扎实中华传统文化知识背景的人才能真正学好、学通、学精中医药。然而，从招生类型来看，目前中医药院校招收的学生主要以理科生为主，有的短时间内较难接受中医药思想。加之步入高等教育阶段后还面临人际关系、就业等问题，很难真正利用在校时间集中精力学习中华传统文化。诸多因素的叠加，导致高等教育阶段的长学制并不一定能够达到预期效果。

二是对医德培养的重视程度不够。纵观目前医学院校的招生、考试和教学环节，无论是自主招生还是统招，无论是本科教学还是研究生教学，大多注重中医药专业知识的教授、考核而忽略对医德的考查。这就导致学生学习中医药的信念不够坚定，对日后的执业和使命缺乏更高层次的认知，客观上影响了中医药人才整体的培养质量。

三是对中医药人才成长的规律遵循不到位。在现代院校教育的背景下，中医教育西化现象严重。学校对中医药经典的课时安排相对不足，中西医课程设置未能体现主次。学生1/3时间学西医，1/3时间学外语，1/3时间学中医，中医思维西化、弱化和僵化。受西医病名及辅助检查的影响，学生初入临床时，面对错综复杂的临床病症，往往很难做到系统运用中医思维综合分析和判断，出现“中药西用”等问题。

（三）卫生人才薪酬绩效不够合理

一是人力资源部门水平不足。绩效考核制度包括绩效沟通、绩效评估体系构建、绩效考核方法等的具体落实都是由该部门来负责。但是因为医院管理非普通企业管理，具有很强的专业性、技术性，必须由内行来主导人力资源工作。正是因为缺乏这样的人才，人力资源部门难以制定出合情合理的绩效考核制度，那么绩效考核所能发挥的作用也有限，医院内部分配制度也难以受到积极影响向好的方向发展。放眼我国医院系统，也正是这一问题影响到了医院人力资源管理水平，需要医院管理者对此给予重视。

二是绩效考核指标不科学。医院存在不同科室、不同领域的医生、不同级别的护士，不能用统一的绩效考核指标来进行工作评价，需要结合科室特点、科室内医护人员工作内容等来具体形成不同的绩效考核指标。只有这样才能保证绩效考核具有公正性、公平性，让绩效考核指标发挥指导作用。目前很多医院绩效考核成效不突出，主要的问题就是考核指标不科学，不具有专业性。很多时候为了应付工作，人力资源部门都是套用格式，难以兼顾多方面因素，导致绩效指标难以被考核主体接受。

三是缺乏绩效沟通。医院人力资源部门想要建立一个全面详细的绩效考核指标系统，必须面对各部门、各岗位展开必要的绩效沟通。很多医院人力资源部门绩效沟通质量差，难以挖掘出各部门、各岗位潜在需求，形成的绩效考核指标不得人心，绩效考核工作执行难。此时的绩效考核不仅不具有激励作用，反而会造成内部分配不公，进而动摇医院根本。

四是绩效考核和利益分配割裂。在一些医院虽然推行绩效考核，但执行上存在轻激励重处罚的现象，医护人员付出多且得到患者肯定，但并没有得到应有的激励，反而会因为一些细枝末节问题面临处罚。这样的绩效考核已经和绩效考核“内部激励”这一宗旨南辕北辙，不可能激发职工积极性。

三 广东省医疗卫生人才建设的对策建议

（一）强化医疗卫生人才的前哨预警意识

一是要增强综合医院临床医学人才传染病防控救治能力，强化临床医学人才传染病防控和公共卫生应急知识培训，增强前哨预警意识、能力和效率，提升临床医学人才应急临床药物实验设计水平和传染病新药应用水平。

二是在珠三角和粤东、粤西、粤北分区域组建卫生应急救治专业技术队伍；并加强护理人才尤其是高层次护理人才的培养，形成治疗、康复、护理有机衔接的重大传染病应急救护模式。

三是探索流行病学首席专家和青年骨干专家制度，建设区域性流行病学调查人才培养基地；强化大数据、人工智能等现代技术手段的实际应用，提升精准调查、科学研判、及时报告、提前预警等能力；围绕病原体鉴定识别、分子溯源、生物信息学分析、试剂盒开发应用与质量控制、疫苗候选株筛选等领域，依托高端实验平台，培养具备国际前沿技术能力的检验检测人才。

四是广东计划搭建高水平科研平台，聚焦临床救治和药物、疫苗研发、检测技术和产品、病毒病原学和流行病学、动物模型构建、高端医疗装备等主攻方向等；对与国际组织和有关领域领先国家合作开展的科研项目，优先立项给予支持。

（二）加快发展中医药特色人才培养工程

一是要深刻认识坚持问题为导向，破解中医药人才工作瓶颈的迫切性。面对瓶颈，把脉开方，对症下药，综合施策，强化高水平人才培养平台建设，加强中医药领军人才、青年拔尖人才、多学科交叉创新人才、高层次中西医结合人才等培养。

二要深刻认识强化高水平中医药人才培养平台建设，打造中医药人才高地的关键性。医院要大力推进国内外中医药高水平专家以及复合型人才的引进和培养工作，推动名老中医药专家的学术传承，培养一大批中医学术流派特色技术传承人才，以及一批掌握中医药特色技术、具有一技之长的骨干人才。

三是积极推动建设一批高水平中医药学院，深化中医学专业拔尖创新人才培养模式改革。完善与中医药强省相匹配的中医药人才培养体系，集中全省中医药优势资源，做大做强中医药专业。将中医药经典融入中医基础与临床课程，提高中医类专业经典课程比重，强化学生中医思维培养。2021 年起全省各医学院校成立全科医学教学组织机构，加快培养“小病善治、大病善识、重病善转、慢病善管”的防治结合型全科医学人才。持续开展订单式定向培养医学生计划，提升定向医学生培养质量，着力提高就业水平。

（三）推进公立医院的人才薪酬制度改革

一是积极提升人力资源部门水平。必须培养一批对医院业务精通的人力资源队伍，避免外行管理内行的现象。在人力资源部门培养上，需要积极地将战略型人力资源管理理念融入进来，能够改变人力资源过去的工作模式，能够以更主动态度去从事有关业务。为了组建一个强有力的人力资源部门，让人力资源进入到医院管理核心当中，必须招入专业人力资源管理师。其他人力资源工作人员可以通过外聘和内部竞聘形式来储备人才。招聘或者内聘当中，需要建立人力资源经理胜任力标准、工作内容、监督机制。

二是建立正确的考核指标体系。在建立科学的考核指标体系时，需要结合绩效考核具有的“全员激励、挖掘问题、提升分配合理性”的作用、融合“绩效考核是为内部分配提供指导”这一理念，来设定绩效考核指标体系，之后将指标体系传给各部门，广泛征集员工意见和建议。确保医疗人才对医院产生归属感、信赖感。同时积极建立绩效考核专家组，展开考核指标体系建构工作。既要听取广大员工意见，又要采纳专家专业意见，如此来提升绩效考核体系的合理性、科学性。这也是实现绩效考核和内部分配高度关联的根本手段。

三是重视绩效沟通。医院人力资源部门需要通过内部信息化管理系统，积极地对接各部门，展开必要的绩效沟通，主要围绕初步形成的绩效考核指标展开合理性、系统性、科学性探讨，让大家广泛提意见说建议，鼓励所有人参与其中，说出自己的诉求。

第五节　本章小结

本章主要介绍广东省基础人才队伍建设，重点围绕制造业人才队伍建设、农村科技人才队伍建设、教育人才队伍建设以及医疗卫生人才队伍建设四个方面进行重点研究，从发现问题、分析问题和解决问题三个维度开展论证。研究表明，最近几年，广东省高度重视基础人才队伍建设，特别是在人才引进和培育方面，大量高素质优秀人才从祖国四面八方流入广东开展基础科研和教学医疗卫生工作，为广东的经济发展和社会建设提供了重要的人才支撑作用，但在取得成绩的同时，广东省在基础人才队伍建设方面存在不足，一是要注重区域间人才队伍建设的均衡，加强地区间的协同发展；二是要进一步加强对重点基础人才的引育工作，努力把广东建设成为基础人才高地的示范地。

第七章　加快建设世界重要人才中心和创新高地研究

习近平总书记强调，加快建设世界重要人才中心和创新高地，必须把握战略主动，做好顶层设计和战略谋划，还需要进行战略布局，建设粤港澳大湾区高水平人才高地。本章围绕研究主题组织开展习近平总书记关于加快建设世界重要人才中心和创新高地的重要论述等文献研究，充分结合近二年以来课题组对粤港澳大湾区内地城市人才工作的调研情况，深入总结和梳理粤港澳大湾区在建设高水平人才高地中的主要做法经验和优势不足，聚焦新情况新问题，研究提出对策建议。

第一节　世界人才中心和创新高地的理论研究与体系构建

一　加快建设世界人才中心和创新高地的背景和意义

（一）建设世界人才中心和创新高地的背景与问题

“深入实施新时代人才强国战略，加快建设世界重要人才中心和创新高地”是习近平总书记在2021年中央人才工作会议上提出的，并强调“加快建设世界重要人才中心和创新高地，需要进行战略布局。综合考虑，可以在北京、上海、粤港澳大湾区建设高水平人才高地”。党的二十大报告中指出：“加快建设世界重要人才中心和创新高地，促进人才区域合理布局和协调发展，着力形成人才国际竞争的比较优势。”2023年4月习近平总书记视察广东，赋予粤港澳大湾区“新发展格局的战略支点、高质量发展的示范地、中国式现代化的引领地”的全新定位，并提出“推进粤港澳大湾区人才高地建设，形成高端科创人才聚集效应”。

推动粤港澳大湾区建设，是党的十八大以来的一项国家重大战略任务。中共中央、国务院于 2019 年 2 月印发实施的《粤港澳大湾区发展规划纲要》首次明确提出在粤港澳大湾区建设人才高地。广东省委、省政府从全局高度贯彻落实好习近平总书记提出的粤港澳大湾区建设高水平人才高地战略布局。时任广东省委书记李希在 2021 年 12 月省委人才工作会议上强调，要以在粤港澳大湾区建设高水平人才高地为牵引，扭住五大工程精准发力，奋力开创新时代人才强省建设新局面。在广东省第十三次党代会报告中提出，抓住打造粤港澳大湾区高水平人才高地的契机推进人才强省建设。广东省委书记黄坤明在省委第十三届二中全会上提出，要抓住建设粤港澳大湾区高水平人才高地的重大机遇，不断增创人才发展新优势。粤港澳大湾区加快建设世界重要人才中心和创新高地，是广东一体推进教育强省、科技创新强省、人才强省的必经之路，有助于实现高水平科技自立自强，打造具有国际影响力的科技创新策源地和世界先进制造中心。

当前，加快建设世界重要人才中心与创新高地需要厘清以下四个关键研究问题：

一是世界人才中心与创新高地的概念界定与模型构建。阐述什么是世界人才中心和创新高地？我国建设世界人才中心与创新高地中的战略目标和战略构想？参与主体和构成要素有哪些，世界重要人才中心与创新高地和高水平人才高地之间的逻辑关系和发展规律？

二是粤港澳大湾区建设高水平人才高地的现状分析。阐述粤港澳大湾区建设高水平人才高地的现状如何？与国际三大湾区，以及北京、上海进行比较，存在哪些不足？粤港澳大湾区具有哪些优势？存在哪些劣势？

三是国内外高水平人才高地建设的典型案例与经验总结。目前国内外在推进高水平人才高地建设中的典型案例有哪些？典型经验在哪些方面？对广东推动粤港澳大湾区建设高水平人才高地建设的借鉴启示有哪些？

四是推动粤港澳大湾区高水平人才高地建设的对策建议。提出推动粤港澳大湾区加快建设高水平人才高地的战略目标和实施步骤，并提出广东推动粤港澳大湾区加快建设高水平人才高地的对策措施。

综上所述，这些问题的探索和解答，是我国的人才学理论研究者和实践工作者亟须解决的焦点和热点课题。

（二）建设世界人才中心和创新高地的目的和意义

本研究在世界重要人才中心和创新高地的背景下，对广东推动粤港澳大湾区高水平人才高地建设的四个关键问题进行回应，并对广东人才工作实践提出思考建议。课题组综合采取文献查阅、调研访谈和案例研究等研究方法，对世界人才中心和创新高地进行概念理论阐述和发展规律总结，分析国内外主要人才高地的发展现状和做法成效，深入分析粤港澳大湾区建设高水平人才高地的优势和劣势，并总结典型案例的先进经验，最终提出具有“广东特色”“湾区特点”的对策建议，助力粤港澳大湾区高水平人才高地建设。

本研究具有较高的理论和实践意义。在理论层面，课题组提出世界人才中心与创新高地和高水平人才高地等概念，以及关键要素体系等新观点，对丰富人才学特别是世界人才中心与创新高地、人才高地等研究领域的理论，具有重要拓展意义。在实践层面，本报告总结国内外重要人才高地的发展规律和典型经验，剖析粤港澳大湾区高水平人才高地建设的现状问题，并提出粤港澳大湾区建设高水平人才高地的对策建议。对于广东科学谋划，高效推动粤港澳大湾区建设高水平人才高地，具有重要现实意义。

二　世界人才中心和创新高地与人才高地的内涵研究

（一）习近平总书记关于世界人才中心和创新高地的论述①

习近平总书记在2021年中央人才工作会议上关于世界人才中心和创新高地的重要论述包括以下三个方面：

① 《习近平出席中央人才工作会议并发表重要讲话》，2021年9月28日，中华人民共和国中央人民政府网，https：//www. gov. cn/xinwen/2021-09/28/content_ 5639868. htm。

1. 党的十八大以来，党中央深刻回答了为什么建设人才强国、什么是人才强国、怎样建设人才强国的重大理论和实践问题，提出了一系列新理念新战略新举措。一是坚持党对人才工作的全面领导，二是坚持人才引领发展的战略地位，三是坚持面向世界科技前沿、面向经济主战场、面向国家重大需求、面向人民生命健康，四是坚持全方位培养用好人才，五是坚持深化人才发展体制机制改革，六是坚持聚天下英才而用之，七是坚持营造识才爱才敬才用才的环境，八是坚持弘扬科学家精神。以上 8 条，是我们对我国人才事业发展规律性认识的深化，要始终坚持并不断丰富发展。

2. 加快建设世界重要人才中心和创新高地，必须把握战略主动，做好顶层设计和战略谋划。我们的目标是：到 2025 年，全社会研发经费投入大幅增长，科技创新主力军队伍建设取得重要进展，顶尖科学家集聚水平明显提高，人才自主培养能力不断增强，在关键核心技术领域拥有一大批战略科技人才、一流科技领军人才和创新团队；到 2030 年，适应高质量发展的人才制度体系基本形成，创新人才自主培养能力显著提升，对世界优秀人才的吸引力明显增强，在主要科技领域有一批领跑者，在新兴前沿交叉领域有一批开拓者；到 2035 年，形成我国在诸多领域人才竞争比较优势，国家战略科技力量和高水平人才队伍位居世界前列。

3. 加快建设世界重要人才中心和创新高地，需要进行战略布局。综合考虑，可以在北京、上海、粤港澳大湾区建设高水平人才高地，一些高层次人才集中的中心城市也要着力建设吸引和集聚人才的平台，开展人才发展体制机制综合改革试点，集中国家优质资源重点支持建设一批国家实验室和新型研发机构，发起国际大科学计划，为人才提供国际一流的创新平台，加快形成战略支点和雁阵格局。

（二）国内学术界关于世界人才中心和创新高地的论述

目前，国内学者对于世界人才中心和创新高地的主要观点包括以下三个方面：

1. “人才中心”和“创新高地”的核心内涵是“人才高地”，其要素与结构包含“一个高地+三大特征+三大要素”。

（1）世界人才中心和创新高地是集聚数量充足、结构合理、活力充沛的世界级高层次创新人才，汇聚前沿性、原创性、颠覆性的世界级重大创新成果，引领世界科技革命与产业转型升级的特定区域。

（2）人才中心和创新高地建设是人才强国战略的最新发展动态，是一项复杂的战略系统工程，不是一朝一夕就可以实现的，必须有一个厚积薄发、渐进式的发展过程，还需要满足一定的基础条件并有适宜的外部环境作为支撑。

综合上述学者观点，本报告认为世界人才中心和创新高地是一个高层次人才高度聚集与世界级创新成果良性互动、协同耦合、相辅相成、共生共存的复杂系统工程。

同时，目前关于世界人才中心和创新高地的基本特征，国内学者指出世界人才中心和创新高地的四个基本特征包括：人才与创新投入、人才制度、人才质量、人才创新效能。其中，人才与创新投入、人才制度为输入端，人才质量、人才创新效能为输出端。

2. 国内学术界关于高水平人才高地与人才高地的论述

（1）国内学者关于人才高地的论述

人才高地的政策概念最早出现在20世纪90年代上海市发展的政策目标中，主要指一定人口单位中人才密度大、水平高的区域或者城市①。其学术概念出现于1996年出版的《人才资源优化策略》，即人才高地是人才发展的极核区、高势能区②。学者的最新观点认为人才高地是优秀人才向往和自我价值最能实现之地，具有机制活、平台高、环境好等核心要素。

综合上述学者观点，我们可以从静态、动态、核心要素等方面来理解人才高地内涵。

从静态层面看，人才高地主要体现为人才数量分布的高密度、人才素质的高标准、人才结构的高匹配、人才流动的高活力和人才产出的高

① 徐匡迪：《加快人才开发　构筑人才高地》，《人才开发》1996年第10期。

② 叶忠海主编：《人才资源优化策略》，上海三联书店2002年版。

效益五个方面。

从动态层面看，人才高地是一个动态过程，主要依靠体制机制、平台和环境等核心要素的优化，打造能够适应区域经济社会发展需求的人才队伍的动态过程。

从核心要素看，灵活的体制机制是根本，包括多主体参与的人才工作体制和人才培养、引进、评价、激励和保障等人才发展机制；一流的人才发展平台是基础，包括高校、研发机构、创新型企业、科技园及孵化器等聚才育才用才载体；优质的人才综合环境是保障，包括基础设施等“硬环境”和法制、人文、服务等“软环境”。

（2）国内学者关于高水平人才高地的论述

关于高水平人才高地的概念，有学者指出高水平人才高地应该具有高质量人才供给、高能级人才平台、高成长人才机制、高品质人才环境、高效能人才治理等多个层面①；有学者认为高水平人才高地是指特定区域内通过系统规划与自主汇聚而形成的以从业人口中较高比例的一般高水平人才为基础，以各行业中大批高层次人才为骨干，以重点领域中杰出人才为引领，并以既符合国情又与国际人才惯例充分接轨的人才政策体系为保障，以从事创造性劳动为主的人才聚集载体和人才群体②。综合上述学者观点，我们认为高水平人才高地是一项系统工程，高水平人才是最关键的要素，需要人才供给、人才平台、人才政策、人才环境、人才治理等多个子系统的支持。同时，高水平人才高地具有聚集性、创新性、国际性、文化性、政策性等特征。

（三）世界人才中心和创新高地与人才高地的关系研究

关于世界人才中心和创新高地与人才高地两者的关系，国内学者认

---

① 汪怿：《高水平人才高地建设：基本内涵、核心角色与发展对策》，《中国党政干部论坛》2021 年第 12 期。

② 赵明仁、柏思琪、王晓芳：《粤港澳大湾区高水平人才高地制度体系建构研究》，《杭州师范大学学报》（社会科学版）2022 年第 3 期。

为指出世界人才中心和创新高地与人才高地之间既关联密切又各有区别①。

从关联上看，人才中心的人才要素和创新高地的创新要素，都是人才高地发展的重要因素，两者是一体两面、相辅相成的关系。人才的集聚触发创新的活力，而创新的活力又进一步吸引和凝聚优秀人才，人才与创新在合适的平台和环境中相互促进、相互推动。人才要素与创新要素连同内部的体制机制要素以及外部的发展环境要素等，共同构成了人才高地的创新发展体系②。

从区别上看，人才中心与创新高地在主体、形态和功能上均各有侧重。主体上，人才中心的主体是人才，创新高地的主体是创新活动及其成果；形态上，人才中心是人才这种人力资源水平的高度集聚，而创新高地强调的是创新活动的活跃度及其高水平的成果产出；功能上，人才中心发挥的是辐射作用，侧重于对周边地区的影响，创新高地发挥的是引领功能，强调对相关行业的引领与带动。因此，只有人才中心成功地转化为创新效能，创新高地持续地开展创新活动与产出高质量成果，两者优势互补，要素互配促进，才能成为人才高地③。

（四）国内外世界人才中心和创新高地发展的规律研究

1. 世界人才中心和创新高地发展的基本规律

从16世纪以来，世界上先后形成了意大利（16世纪）、英国（17世纪）、法国（18世纪）、德国（19世纪）、美国（20世纪）等5个世界重要人才中心和创新高地，通过对5个国家的发展历程进行梳理（见附件1），我们发现了世界人才中心和创新高地发展的共同特点集中在思想文化、人才聚集、经济发展、教育发展、科技成果、政府支持、社会支持等方面。因此，世界人才中心和创新高地发展的基本规律包括先

① 萧鸣政、应验、张满：《人才高地建设的标准与路径——基于概念、特征、结构与要素的分析》，《中国行政管理》2022年第5期。

② 萧鸣政、应验、张满：《人才高地建设的标准与路径——基于概念、特征、结构与要素的分析》，《中国行政管理》2022年第5期。

③ 萧鸣政、应验、张满：《人才高地建设的标准与路径——基于概念、特征、结构与要素的分析》，《中国行政管理》2022年第5期。

进的思想文化、协同的人才科技、充分的经济基础、优质的高等教育、高效的政府支持、良好的社会环境等。

表 7-1　　世界重要人才中心和创新高地的发展历程

	意大利（16 世纪）	英国（17 世纪）	法国（18 世纪）	德国（19 世纪）	美国（20 世纪）
思想文化	文艺复兴	文艺复兴、启蒙运动	思想启蒙运动	战争失败、全面改革	独立宣言
人才聚集	出现科学家、求学者	涌现一批科学巨擘、外来技术移民	培养和吸引了一批科学家和工程师、留学生	涌现一大批著名的科学家和哲学家	聚集大批顶尖科学家、培养优秀人才、面向全球的开放人才制度

资料来源：课题组成员整理。

表 7-2　　世界重要人才中心和创新高地的发展历程（续）

	意大利（16 世纪）	英国（17 世纪）	法国（18 世纪）	德国（19 世纪）	美国（20 世纪）
典型代表	达·芬奇、米开朗琪罗、伽利略等	弗朗西斯·培根、牛顿、哈雷等	拉格朗日、拉普拉斯、拉瓦锡等	爱因斯坦、高斯、霍夫曼等	贝尔、爱迪生、费米等
经济发展	资产阶级改良生产技术	海上贸易、圈地运动	资本经济得到发展	经济上的工业化发展	第二次工业革命爆发
教育发展	建成 18 所大学	促进教育繁荣、派遣留学生	建立高水平大学，推进理工学院建设	全新的教育体制，教学与研究相统一、产教融合	教育立国战略、宪法保护教育发展
科技成果	产生众多成果	产生一批重大科技成果	产生了一系列重要的科学成果	产生了众多的科学发现和发明	产生了众多的科学发现和发明
政府支持	—	奖励、资助科学研究的政策	制定科学奖金制度、成立科学院等	建立起从基础理论到应用研究的科研体系	科技发展体制机制和高端平台、制度建设、资助项目

续表

	意大利（16世纪）	英国（17世纪）	法国（18世纪）	德国（19世纪）	美国（20世纪）
社会支持	—	成立格雷山姆、皇家学会等学术活动中心	浓厚的科学文化氛围	良好的社会环境、自由的文化氛围和学术生态	开放、包容、进取的文化，良好的资源环境

资料来源：课题组成员整理。

2. 世界人才中心和创新高地发展的未来趋势

世界人才中心和创新高地发展的基本规律表明，世界人才中心和创新高地的形成和发展不是一成不变的，它会随着内外部环境的改变而发生转移，并呈现新发展趋势。随着当前全球经济社会环境的不断变化，世界人才中心和创新高地的发展趋势呈现出多中心并进发展、虚拟化发展、共享化发展，以及转移迭代速度加快和政府担当推动主力等新特点。

当前，中国正处于政治最稳定、经济最繁荣、创新最活跃的时期，高等教育处于高质量发展阶段，人才竞争力和人才吸引力与日俱增，且具有深厚的优秀传统文化积淀。根据世界人才中心和创新高地发展的基本规律，并已具备相关条件和基础。习近平总书记在2021年中央人才工作会议提出，深入实施新时代人才强国战略，加快建设世界重要人才中心和创新高地，明确做出在北京、上海、粤港澳大湾区建设高水平人才高地的战略布局。同时，习近平总书记紧紧围绕2035年跻身创新型国家前列、建成人才强国的战略目标，提出了加快建设世界重要人才中心和创新高地的三阶段战略目标和战略构想（见表7-3）。将粤港澳大湾区建设成为高水平人才高地，不仅是中国建成世界重要人才中心和创新高地的内在要求，也是粤港澳大湾区高质量发展的重要保障。粤港澳大湾区也将成为我国建设世界人才中心和创新高地的重要支点之一。

表 7-3　　我国建设世界重要人才中心和创新高地的战略目标和战略构想

时间点	战略目标	战略构想
2025 年	科技创新主力军队伍建设取得重要进展，全球顶尖科学家数量明显增加	大幅度增加全社会研发经费投入；人才自主培养能力不断增强，实现科技创新主力军队伍建设取得重要进展和顶尖科学家集聚水平明显提高
2030 年	人才发展体制机制改革取得突破性进展，适应高质量发展的人才制度体系基本形成	形成适应高质量发展的人才制度体系；创新人才自主培养能力显著提升，对世界优秀人才的吸引力明显增强，把我们的政治优势转化为人才竞争制度优势，才能够符合世界重要人才中心和创新高地的要求
2050 年	形成我国在诸多领域人才竞争比较优势，国家战略科技力量和高水平人才队伍实力位居前列，建成人才强国和全球创新高地	国家战略科技力量和高水平人才队伍位居世界前列；有了自立自强的诸多领域人才竞争比较优势，才能建成世界重要人才中心和创新高地

资料来源：课题组成员整理。

第二节　国内外高水平人才高地建设的区域分析与经验总结

目前，世界人才中心和创新高地的全球现状中，美国（硅谷、旧金山大湾区、纽约大湾区等）、日本（东京大湾区）、英国（伦敦金融城等）、以色列、新加坡、德国等，这些国家已经建成了世界人才中心和创新高地，且具有对人才的虹吸效应和集聚效应。而在我国布局的世界人才中心和创新高地的三大支点中，北京（京津冀、中关村）、上海（江浙沪皖、浦东新区）、广东（粤港澳大湾区、深圳、香港、广州）初具规模、正在建设世界人才中心和创新高地。本部分主要探讨粤港澳大湾区（广东）与国际三大湾区人才高地建设现状，以及粤港澳大湾区（广东）与北京、上海人才高地建设情况，并总结相关区域的典型案例经验。

一　高水平人才高地建设的国际分析

在粤港澳大湾区（广东）与旧金山大湾区、纽约大湾区、东京大湾区的国际区域比较分析中，从发展优势、产业结构、人口素质、人才梯度、人才分布、人才培养、高等院校、科研机构、百强企业、创新企业等方面全面梳理了四大湾区的建设情况（见表 7–4）。

表 7–4　　　　**国际四大湾区的人才高地发展概况**

	旧金山大湾区（已经建成）	纽约大湾区（已经建成）	东京大湾区（已经建成）	粤港澳大湾区（正在建设）
发展优势	硅谷：世界科技创新中心	纽约：世界金融中心，仅次于旧金山湾区的科技创新中心	世界重要的创新发源地	香港：世界金融中心、科创高地 广州：科教高地 深圳：创新高地
产业结构	服务业为主导，高科技制造业具有重要地位	服务业为主导，地产、金融、科技、医疗等	服务业为主导，高科技制造业为支撑	港澳服务业优势，大湾区九市工业化明显
人口素质	受教育程度最高	受教育程度较高	受教育程度较高	受教育程度一般
人才梯度	结构较为合理	结构较为合理	结构较为合理	结构有待优化
人才分布	国际性人才多，且高度聚集	国际性人才多，且高度聚集	国际性人才多，且高度聚集	国际性人才较少，区域人才不均
人才培养	本土化人才培养能力较强	本土化人才培养能力较强	本土化人才培养能力较强	港澳能力较强，内地能力较弱
高等院校	世界 100 强 3 所	世界 100 强 3 所	世界 100 强 2 所	世界 100 强 4 所
科研机构	全球 200 强 26 家	全球 200 强 28 家	全球 200 强 10 家	全球 200 强 1 家
百强企业	世界 500 强企业 23 家	世界 500 强企业 28 家	世界 500 强企业 70 家	世界 500 强企业 20 家
创新企业	最具创新企业 3 家	最具创新企业 8 家	最具创新企业 20 家	最具创新企业 4 家

资料来源：根据相关文献进行整理。

根据表 7–4 的四大湾区发展概况，粤港澳大湾区（广东）在国际四大湾区的人才高地建设中属于后起之秀，与其他三大湾区之间存在着较大差距，但是粤港澳大湾区的独特优势主要在四个方面：

第一，发展优势较为全面。在粤港澳大湾区中，香港是世界金融中心和科创高地，广州是科教高地，深圳是创新高地，这是其他三大湾区所不具备的发展优势，并且近年来粤港澳大湾区跻身全球科技创新集群前10位，珠三角9个城市研发支出超3600亿元。世界知识产权组织（WIPO）发布的全球创新指数显示，深圳—香港—广州创新集群连续4年居全球第二。

第二，产业结构较为完善。在粤港澳大湾区中，香港和澳门的服务业体系覆盖较为全面，且具有国际化、先进性等显著特点，并带动着大湾区内地九个地级市服务业的发展；广东是制造业大省。在全国统计的41个大类工业行业中，广东省拥有40个，多种主要工业产品的产量居全国首位，且有完整的产业链配套。同时，广东高技术制造业、先进制造业占规模以上工业增加值比重分别约为30%、55%，保持全国领先。形成8个万亿级别集群引领的“8372”战略性产业集群发展格局，20个战略性产业集群增加值占GDP比重达四成，7个先进制造业集群入选国家队。

第三，教育合作存在潜力。在粤港澳大湾区中，港澳地区拥有一批世界顶尖的优质研究型大学，并在深圳、广州、珠海和东莞等地进行合作办学，香港中文大学（深圳）和香港科技大学（广州）先后落地深圳和广州，澳门大学横琴校区启用；广东在中山大学、华南理工大学、暨南大学等老牌研究型大学的基础上，积极推动省级“双一流”高水平大学建设，并推动各地市本科院校建设。同时，中国科学院和国内外知名院校积极布局粤港澳大湾区，以本科校区、研究生院、创新研究院等形式在大湾区落地。此外，粤港澳大湾区高校联盟的成立为湾区高校的密切联系合作提供了保障。

第四，科技合作存在潜力。在粤港澳大湾区中，以广州、深圳、香港、珠海、澳门为代表构建了基础研究和科技创新发展的“广深港—广珠澳”科创走廊，其中，香港和深圳的科技创新具有显著优势，深港科技合作非常紧密。同时，一批大科学装置在大湾区相关地级市建成并投入使用，且已经建成一批国家重点实验室、省级实验室、粤港澳联合实验室和新型研发机构等平台。这些平台在粤港澳科技合作中都具有较强的发展空间和发展潜力。

二　高水平人才高地建设的国内分析

在我国建设世界人才中心和创新高地中，以北京、上海、粤港澳大湾区（广东）作为三大支点，推进各区域的高水平人才高地建设。在三大支点的区域比较分析中，选取《中国科技统计年鉴 2023》的统计数据，从各地区 R&D 的总体情况、高校情况和企业情况全面梳理了北京、上海与粤港澳大湾区（广东）的显著差异主要在三个方面：

第一，广东 R&D 人员总体优势不足，战略研究队伍有待加强。根据三地总体 R&D 情况（见表 7–5）显示，广东在各地区 R&D 人员全时当量和研究人员方面要多于北京和上海，但在基础研究和应用研究上，广东的 R&D 人员和 R&D 经费内部支出均少于北京，且在经费投入强度上广东的投入强度要比北京和上海弱。当前，造成这种差异的主要原因是广东在院士级别的战略科学家和领军创新人才的数量与北京和上海存在一定差距。因此，广东在高水平人才高地建设中的塔尖还不够尖，需要持续建设基础研究和应用研究人才队伍，重点要打造更多的顶尖战略科学家。

第二，广东高校 R&D 人员相对较少，高校研究队伍短板亟须补强。根据三地高校 R&D 情况（见表 7–6）显示，尽管广东高等学校的数量是三大高地中最多的，但是综合来看广东高等学校 R&D 人员数量上低于北京和上海，且博士研究生学历 R&D 人员、全时人员 R&D 人员，以及 R&D 人员全时当量、基础研究和应用研究等指标上与北京和上海均存在差距。同时，在 R&D 课题上，广东在课题数量、投入人员和投入经费等方面显得相对薄弱；在科技产出上，广东高等学校在论文、著作上与北京存在差距，与上海不相伯仲。在专利上，广东在申请专利数上具有优势，但在有效发明专利上要比北京少，特别是成果转化方面与北京和上海存在较大差距。目前，广东出现这种差异的主要原因中，广东高等学校中的研究型大学数量偏少，并且产学研的体系还不够紧密，特别是科研成果市场转化机制不够健全和高校成果转化人才队伍建设滞后。因此，高校 R&D 人员是目前广东在人才高地建设的薄弱环节，尤其是在成果转化方面较为突出，需要进一步补短板。

表 7-5　　2022 年国内三大人才高地的总体 R&D 人员①情况②

指标 \ 地区		北京	上海	广东
各地区 R&D 人员（人年）	全时当量	373235	264054	972492
	#研究人员	249171	145098	328001
	基础研究	84525	39564	41991
	应用研究	110283	37255	80531
	试验发展	178429	187237	849970
各地区 R&D 经费投入强度（%）		6. 83	4. 44	3. 42
R&D 经费（万元）	内部支出	28433394	19815785	44118955
	基础研究	4706662	1805940	2396152
	应用研究	7311006	2013508	4157427
	试验发展	16415727	15996336	37565376

资料来源：《中国科技统计年鉴 2023》。

第三，广东企业 R&D 人员优势明显，企业研究队伍优势突出。根据三地企业 R&D 情况显示（见表 7-7）中，广东的规上企业和规上工业企业中有 R&D 活动和研发机构的企业数均高于北京和上海，且规上企业和规上工业企业中企业 R&D 人员数量也高于北京和上海。同时，广东在规上工业企业办研发机构的机构数量、人员数量、博硕比例、机构经费支出等方面都具有明显优势。因此，广东的企业 R&D 人员在目前三大高地建设中的优势较为明显，广东在高水平人才高地建设的优势力量，仍需要持续强化。

① R&D 人员：是指参与研究与试验发展项目研究、管理和辅助工作的人员，包括项目（课题）组人员，企业科技行政管理人员和直接为项目（课题）活动提供服务的辅助人员。

② 粤港澳大湾区的数据应由广东珠三角九市、香港、澳门等 11 个城市的数据组成，目前《中国科技统计年鉴》中港澳方面的数据缺失，本报告采用广东的相关数据代替粤港澳大湾区的数据。

表 7-6　2022 年国内三大人才高地的高校 R&D 人员①情况②

指标 \ 地区		北京	上海	广东
高等学校 R&D 人员	学校数（个）	92	64	161
	R&D 人员合计（人）	146363	79498	104249
	#博士毕业（人）	82390	40591	40244
	#硕士毕业（人）	35078	21975	41388
	#本科毕业（人）	23980	14738	19738
	#全时人员（人）	78998	48915	42614
	R&D 人员全时当量（人年）	83037	48212	47441
	#研究人员（人年）	76118	42105	39550
	基础研究（人年）	34031	26807	24738
	应用研究（人年）	44034	17470	20192
	试验发展（人年）	4973	3935	2511
高等学校 R&D 课题	R&D 课题数（项）	133210	80765	118677
	投入人员（人年）	83030	48212	47436
	投入经费（万元）	2421296	1108885	1048032
高等学校科技产出	发表科技论文（篇）	140824	125390	131071
	#国外发表（篇）	76330	72318	72270
	出版科技著作（种）	4345	2492	2278
	专利申请数（件）	23874	14659	25992
	#发明专利（件）	20926	10939	17835
	有效发明专利（件）	89152	41841	45641
	专利所有权转让及许可数（件）	911	642	1341
	专利所有权转让及许可收入（万元）	44796	27584	26942
	形成国家或行业标准数（项）	300	105	85

资料来源：《中国科技统计年鉴 2023》等。

① R&D 人员：是指参与研究与试验发展项目研究、管理和辅助工作的人员，包括项目（课题）组人员，企业科技行政管理人员和直接为项目（课题）活动提供服务的辅助人员。

② 粤港澳大湾区的数据应由广东珠三角九市、香港、澳门等 11 个城市的数据组成，目前《中国科技统计年鉴》中港澳方面的数据缺失，本报告采用广东的相关数据代替粤港澳大湾区的数据。

表 7-7　　2022 年国内三大人才高地的企业 R&D 人员情况

指标	地区	北京	上海	广东
全部规上企业数量情况	有 R&D 活动的企业数（个）	3416	4286	25952
	有研发机构的企业数（个）	922	1267	34013
全部企业 R&D 人员	R&D 人员（人）	236123	246233	1171261
	R&D 人员折合全时当量（人年）	154332	174196	874951
	#研究人员	73818	75889	254003
规上工业企业数量情况	有 R&D 活动的企业数	1325	2977	22742
	有研发机构的企业数	463	869	29864
规上工业企业 R&D 人员	R&D 人员（人）	79152	143267	1026944
	R&D 人员折合全时当量（人年）	53459	100972	772585
	#研究人员	23204	39711	208723
规上工业企业办研发机构情况	机构数（个）	574	911	32434
	机构人员（人）	50568	89450	1109947
	#博士和硕士	16332	26951	88402
	机构经费支出（万元）	3306233	7115436	40682016

资料来源：《中国科技统计年鉴 2023》等。

三　高水平人才高地建设的经验总结

在国内外推动世界人才中心和创新高地建设的案例中，本报告重点选择美国硅谷、欧盟、北京中关村、京津冀地区、港珠澳大桥工程等典型案例，从不同维度和视角总结出加快科技教育人才融合、推动区域人才协同发展、制定跨境人才流动政策、构建跨境工作协调机制等四方面的经验。

（一）加快科技教育人才融合

在科技教育人才的融合发展中，我们可以看出美国硅谷、以色列特拉维夫、北京中关村、上海张江科学城和深圳南山科技园等区域教育科技高度融合的特征较为突出。本部分以美国硅谷为例，重点总结了科技教育人才融合的三点经验。

（1）教育科技的融合发展。从斯坦福大学的诞生至今，首先，硅谷聚集了一大批以斯坦福、加州理工等研究型大学为代表的世界名校，为硅谷高科技企业的创新与发展提供了丰富的人才储备和智力支持。其次，高校在校园的闲置土地上兴建实验室、研究所、办公写字楼等基础设施，再以较低的价格出租给初创企业，催生了世界上第一个高校工业园区，有利于高校教师与企业之间的双向交流，产学研紧密结合。最后，成立创业孵化器为创业学生整合市场资源，同时鼓励高校教师以研发成果技术入股初创公司，通过获取市场利润回报反哺高校自身的发展。

（2）政府的推动和引导。在科技教育人才的融合发展中，政府的推动和引导是关键因素，一方面，政府直接采购相关产品。从 20 世纪 50 年代起，军用工业一直是美国计算机产品的大市场，美国国防部通过政府采购的方式，向民用企业订购了大量的微电子技术产品，间接补贴其研究开发活动。另一方面，政府委托高校开展研发。美国主管科研的机构，如全国科学基金会、国防部、太空署、国家卫生研究院等，每年都有大量的科研经费提供给研究型大学和国家重点实验室。这些经费的获取主要靠竞争夺标，优胜劣汰、提升研发效率，是支持硅谷技术创新的关键因素之一。同时，政府通过立法和政策扶持、税收激励、移民政策和打造宜居生活环境等，为创新提供了良好的外部条件。

（3）创业的资本与风投。20 世纪 70 年代，风险投资代替军方成为硅谷创业型公司创业的主要金融来源。到 1974 年，有 150 多家风险投资公司在硅谷开业，当时斯坦福大学也把它的部分捐赠资金投入到风险创业活动之中。到 1988 年，硅谷吸引了 40%的全国风险投资资金。其间，以红杉资本、KPCB 等为代表的风投企业投资了亚马逊、苹果、思科、Facebook、Google、Instagram、LinkedIn 等著名公司。风投企业除了为初创公司提供资金支持之外，还在技术创新、公司管理和行业人脉等方面给予初创企业宝贵的创业指导和经验借鉴，显著提升了技术创新到商业化运营的成功概率。乔布斯在 2005 年著名的斯坦福演讲中，将这种模式比喻为接力赛中的“接棒行为”。统计数据显示，虽然 2000 年互联网泡沫破灭严重冲击了美国的风险投资业，但是硅谷的风险投资额占全美的比重却一直稳步提升；2016 年第二季度，硅谷风险投资总额高达 81.58 亿美元，占全美风投总额的 53%。

（二）推动区域人才协同发展

在区域人才协同发展的过程中，我们可以看出欧盟、京津冀区域、长三角区域和粤港澳大湾区等区域的人才协同发展特征较为突出。本部分以京津冀区域人才协同为例，重点总结了区域人才协同发展的四点经验。

（1）成立人才工作专职协调机构。在推进京津冀人才一体化工作中，成立了京津冀三地人才工作领导小组，随后在 2016 年 2 月 18 日，成立京津冀人才一体化发展部际协调小组，由三地的常委、组织部部长担任成员，每年召开一次小组会议，中央组织部人才工作局及京津冀三地相关部门负责人参会。另外，京津冀人才一体化协调办公室每年根据人才工作进度不定期召开工作联席会，具体推动工作落实。专职机构的成立、专门会议的定期召开，为京津冀区域人才工作的整体部署、沟通协调奠定了基础，形成了推进京津冀人才一体化发展的良好运行机制。

（2）完成区域人才协同顶层设计。2017 年 6 月，京津冀三地人才工作领导小组联合发布《京津冀人才一体化发展规划（2017—2030 年）》（以下简称《规划》），是我国第一个跨区域的人才规划，也是第一个服务人才强国国家重大战略的人才专项规划。《规划》是京津冀人才一体化发展的顶层设计，为京津冀人才一体化发展指明了方向、提供了遵循。《规划》主要包括，京津冀人才一体化发展的战略意义、总体思路、重大任务、重点工程及实施保障措施等多个方面，明确提出人才一体化发展是如期实现京津冀协同发展战略目标的智力支撑和重要保障。其中，针对阻碍京津冀区域人才竞争力因素进行了总结，明确指出关键是打破体制机制障碍。其中，《规划》提出，2030 年要“建立具有全球竞争优势的区域人才一体化发展体制机制和政策体系”，且划分了近期、中期、远期发展目标。

(3) 出台人才协同发展政策举措。针对《京津冀人才一体化发展规划(2017—2030 年)》提出的 5 项重大任务和 13 项重点工程，按照目标要求和任务节点，京津冀三地分别在体制机制建设方面陆续出台相应的政策、措施、办法或实施方案，如天津 2015 年制定了《天津市贯彻落实〈京津冀协同发展规划纲要〉实施方案（2015—2020 年）》等。京津冀三地依据各地人才发展情况，有针对性地提出具体措施，体现因地制宜、有的放矢，为实现到 2030 年人才一体化发展规划目标夯实基础。

(4) 作出人才协同工作规划部署。针对京津冀区域人才一体化，京津冀三地在“十三五”规划中对人才发展作出了规划设计和重点部署。北京“十三五”规划提出，要深入实施人才优先发展战略，打造创新型人才聚集中心。天津在“十三五”规划中，提出在建设国家自主创新示范区中，探索创新人才汇聚等体制机制，以产业链、创新链拉动人才链，形成特色产业和专业人才的双重聚集。河北在“十三五”规划中明确，要深入实施人才强省战略，强调通过延揽人才政策等强化人才支撑。

(三) 制定跨境人才流动政策

在跨境人才流动政策的发展过程中，我们可以看出美国、欧盟等国家和区域在跨境人才政策、技术移民政策等方面具有显著特点。本部分以欧盟跨境人才政策为例，重点总结了跨境人才流动政策的四点经验。

(1) 建立跨境人才身份统一标识。欧盟以欧盟护照及欧盟长久居民证为人才流动提供便利。其中，欧盟护照为劳动力出入各成员国提供便利，任何一个欧盟国家的护照都相当于在欧盟各国通行的欧盟护照，持有欧盟护照可以在欧盟各个国家自由定居、生活、学习、工作。对于非欧盟籍外国人，合法居留满 5 年即可申请欧盟长久居民证，持有欧盟任一国家签发的欧盟长久居民证，即可在各欧盟成员国自由工作、经商、居住和学习。欧盟长久居民证的持有人及其子女到任何欧盟国家学习，享受当地公民的学费待遇。

(2) 实施跨境人才流动行动计划。欧盟于 2002 年发布“欧盟议会劳动力技能和流动的行动计划”（简称“欧盟劳动力流动计划”），提出促进欧盟地区间劳动力流动的政策措施，以解决欧盟内劳动力流动不足和就业信息在地区间传递不畅的问题。这些政策措施包括消除阻碍劳动力自由流动的障碍、增强外语教育培训、搭建和完善就业信息平台等。

（3）构建跨境人才资格认证框架。欧盟各国教育体系和资格认证体系的差异阻碍了成员国之间的资格互认和劳动力流通，欧盟在充分考虑各成员国的职业教育和培训的多样性的情况下制定了欧洲资格认证框架，于2008年开始实施，为各国职业资格互认提供参考标准和转化工具，欧洲资格认证框架制定的级别参考水平使所有制定国家资格认证框架的欧盟国家之间，都可以进行学历学位和资格的比较和认可。以欧洲资格认证框架制定的转换体系作为参照，各国的职业资格可以进行转化并得到互认。欧洲资格认证框架确定了职业培训的八个级别，等级1为义务教育结束后，如中学毕业后，等级8为接受博士教育等最高层次的专业教育或培训，每个级别都有知识、技能和能力三个维度。

（4）推动跨境人才研发框架计划。“欧盟研发框架计划”支持各成员国研究人员自由流动。欧盟研发框架计划是欧盟成员国共同参与的重大科技研发计划，1984年至今欧盟共推出8个研发框架计划，每个计划为期7年。欧盟在研发框架中加入促进研究人员流动的内容，以解决欧盟成员国之间政治和经济体制差异阻碍人才自由流动的问题。在第四研发框架计划中，欧盟针对研究人员，在加强培训和加快流动等方面制定了相关政策；在第五研发框架计划中，欧盟建立研究培训网络，对研究人员尤其是青年博士和博士后研究人员进行培训，提高落后地区的人才质量，促进人才交流和流动；在第六研发框架计划中，欧盟将人才专用资金增加50%，达15.8亿欧元，促进以培训为目的的跨国跨部门人才流动，提高欧洲对其他国家的研究人员的吸引力。

（四）构建跨境工作协调机制

在跨境工作协调的过程中，我们可以看出欧盟、粤港澳大湾区等区域和一些大型的国际化企业中，跨境工作协调机制对工作开展具有积极的推动作用。本部分以港珠澳大桥工程项目为例，重点总结了跨境工作协调机制的两点经验。

（1）构建专项工作协调决策机制。港珠澳大桥项目的主体工程由三地共建共管，采用“专责小组—三地联合工作委员会—项目法人”三个层次的组织架构。其中专责小组由国家发展改革委牵头，国家有关部门和粤港澳三方政府组成，负责协调与中央事权有关的事项；三地联合工作委员会由粤港澳三地政府共同组建，广东省人民政府作为召集人，主要协调与项目建设有关的公共事务，并对项目法人进行监管；项目法人为港珠澳大桥管理局，于2010年7月经广东省编制办公室批准成立，由香港、广东和澳门三方政府共同举办，公益三类事业单位，不定级别，主要承担港珠澳大桥主体部分的建设、运营、维护和管理的组织实施等工作。管理局实行全员劳动合同制。

由于港珠澳大桥建设涉及多主体、多层次、多阶段、多法域决策治理，时间跨度大、空间范围广，利益相关方众多。采用这种架构与建设协调决策管理机制，能有效地平衡各方利益、协调各方关系、调动各方资源、化解工程风险，及时有效地推进工程建设。专责小组在协调中央事权和推动三地合作方面具有公正性和权威性，三地委和大桥管理局则依据《三地政府协议》和《大桥管理局章程》所界定的权利和责任履行各自的职责，既保证了三地政府对项目总体上的把控，同时又保证大桥管理局具有一定的自主权，对项目实施有效的管理。

（2）制定三地跨界协同通行政策。在充分理解粤港澳三地不同制度、法律和交通管理体系的基础上，结合大桥特点，研究包括经济社会、交通需求、通行费政策、运营管理、应急救援、执法协调、保险制度等多领域的政策方案，取得了一系列创新性成果。为粤港澳三地政府签署口岸执法协调工作机制及应急救援合作安排等三十多项具体政策的制定打下基础，相关成果填补了粤港澳三地跨界通行政策研究的理论空白，创新性和实用性突出，目前已在大桥实际营运中应用。

第三节 粤港澳大湾区建设高水平人才高地的综合分析

近年来，广东积极推进粤港澳大湾区高水平人才高地建设取得明显成效。《2024年广东省政府工作报告》中指出："打造粤港澳大湾区高水平人才高地，28所高校的220个学科入围ESI全球排名前1%、27个学科入围前1‰，华南理工大学、南方科技大学获批建设国家卓越工程师学院，中山大学等6所高校立项建设省高等学校基础研究卓越中心，香港科技大学（广州）首次招收本科生。深圳、佛山入选首批国家市域产教联合体，深圳职业技术大学成为'十四五'期间全国首家获批的公办本科层次职业学校。全省高层次、高技能人才分别达94万人、690万人，有效持证外国人才达4.5万人，一大批海内外人才纷至沓来[①]。"然而，粤港澳大湾区建设世界人才中心和创新高地是一个开放、动态、持续的复杂系统工程。因此，需要对粤港澳大湾区的现状、优势和劣势进行综合分析。

一　粤港澳大湾区建设高水平人才高地的现状

广东省委、省政府认真贯彻落实历次中央人才工作会议精神，从2007年提出并深入实施"人才强省"战略，在人才高地建设方面的成效显著。在多年的积累下，广东形成了巨大的科技和人才优势。在2021年的广东省委人才工作会议上，中央政治局委员、省委书记李希明确提出"战略人才锻造工程、人才培养强基工程、人才引进提质工程、人才体制改革工程、人才生态优化工程"等五大工程。近年来广东在建设世界人才中心和创新高地的现状如下：

1. 人才资源现状。广东人才资源优势较为显著。《2024年广东省政府工作报告》中指出，全省高层次、高技能人才分别达94万人、690万人，有效持证外国人才达4.5万人[②]。其中，在科技创新人才中，据《中国科技统计年鉴2023》统计数据，2022年广东R&D人员全时当量972492人年，研究人员328001人年，基础研究R&D人员41991人年，应用研究R&D人员80531人年，试验发展R&D人员849970人年，位

① 《2024年广东省政府工作报告（全文）》，2024年1月29日，人民网，http://gd.people.com.cn/n2/2024/0129/c123932-40731198.html。

② 《2024年广东省政府工作报告（全文）》，2024年1月29日，人民网，http://gd.people.com.cn/n2/2024/0129/c123932-40731198.html。

居国内前列；在高层次人才中，根据《广东统计年鉴 2023》的统计数据显示，2022 年广东高级职称批准人数 47467 人，博士后招收人数 4519 人，以及博士招生数 7687 人，在校生 27906 人、毕业生 4506 人；在港澳人才中，目前已经在旅游、医疗卫生、建筑、教育、律师、会计、社工和专利代理等八大领域开展职业资格的认可工作，通过豁免科目、开放认定、执业备案方法简化职业资格认可手续。

2. 人才培养现状。广东各类院校人才培养机构发挥积极作用。据《广东统计年鉴 2023》统计（表 7-8），2022 年广东各类人才培养机构中，研究生培养机构 32 所、普通高等学校 161 所、中等职业教育 372 所、技工学校 148 所。其中，高等院校对人才培养的积极作用，2022 年广东省研究生培养机构 32 所、普通高等学校 161 所，在博士生、硕士生和本专科生的毕业生数量、招生数量、在校学生数量等方面都呈现出逐年增加的趋势；职业教育和技能教育对人才培养的积极作用。广东已经基本建成全国最大的技工教育体系，2022 年广东省中等职业教育 372 所、技工学校 148 所，毕业生数量、招生数量、在校学生数量等方面也呈现出逐年的增加趋势。同时，近年来广东推动“广东技工”“南粤家政”“粤菜师傅”三项工程，累计培训 797 万人，带动就业创业 247 万人次①。

表 7-8　　2022 年广东各类人才培养情况

	机构数（所）	毕业生数（万人）	招生数（万人）	在校学生数（万人）
研究生培养机构（博士）	32	0.4506	0.7687	2.7906
研究生培养机构（硕士）	32	4.0578	60957	16.7504
普通高等学校（本专科）	161	63.38	79.56	267.09
中等职业教育	372	27.19	34.91	94.22
技工学校	148	196.30	236.55	665.38

资料来源：《广东统计年鉴 2023》。

① 相关数据来自《广东人才发展研究报告（2021）》，未获得最新数据。

3. 人才平台现状。广东各类人才平台正加速建设。在区域性平台中，广东和各地级市以科学城、高新区、创新联合体等形式建设了一批区域性平台；在主要创新平台中，截至2022年底广东已有和在建的大科学装置14个、在粤国家重点实验室30个、省重点实验室396个、国家级工程技术开发中心23个，省级工程技术开发中心5944个，省实验室10个，粤港澳联合实验室20个①；在博士后平台中，截止至2022年3月，广东博士后科研流动站177家、博士后科研工作站（分站）582家、博士后创新实践基地398家②。在活动平台中，广东围绕人才发展，打造了一批人才交流、成果转化、竞技比赛等平台。

4. 人才评价现状。广东积极探索和开展各项人才评价工作。一是加快建立以创新价值、能力、贡献为导向，区域协同发展的新时代专技人才职称制度体系。广东制定出台50多个职称制度改革实施方案和评价标准条件。全省共设立职称评审委员会近1800个，年均新增高级职称2万余人。中小学教师、职业院校教师、工程技术人才等各系列增设正高级职称。同时，贯通高技能人才与工程技术人才职业发展通道，开展高技能人才申报工程技术职称试点，2500多名高技能人才取得职称，数量居全国首位。构建全省职称申报点体系，打通非公人才平等参与职称评审的渠道，非公人才申报比例位居全国前列，是全国职称评审社会化程度最高的省份③。二是推进湾区人才职称评价和职业资格认可工作。广东出台推进粤港澳大湾区职称评价和职业资格认可实施方案，以南沙、前海、横琴3个自贸片区为示范带动，推动相关专业领域港澳专业人才在大湾区内地便利执业。

5. 人才政策现状。广东积极制定人才政策文件支持人才发展。广东以2008年发布的《关于加快吸引培养高层次人才的意见》为开端，珠三角地区掀起了新一轮吸引和培养高层次人才的高潮，提出多项人才发展新举措，带动全省形成重才、识才、揽才、用才的积极氛围。例

---

① 相关数据来自《广东科技统计数据（2021）》。

② 相关数据来自《广东人才发展研究报告（2021）》。

③ 相关数据来自《广东人才发展研究报告（2021）》。

如，佛山人才新政23条中指出，创新创业团队的平均资助额为800万元，最高可达1亿元；领军人才最高的住房补贴为400万元，博士和博士后在20万至30万元之间，硕士本科每年补贴6000—9000元。珠三角各地市均在人才引进集聚上发力，其中广州、深圳、珠海等地市推出含金量满满的人才新政招揽四方英才。

6. 人才服务现状。广东多举措推动人才服务工作开展。一是发布粤港澳大湾区（内地）急需紧缺人才目录，省人社厅于2021年首次发布《粤港澳大湾区（内地）急需紧缺人才目录（2020）》，该目录由1个主目录和粤港澳大湾区内地9个城市分目录组成，按管理人才、专业技术人才、高技能人才3类进行编制。采用数据来源于粤港澳大湾区内地9个城市16959家规上和国家高新技术样本企业，覆盖七大战略性新兴产业和其他重点产业共26类，涵盖57720个急需紧缺人才岗位，涉及316类岗位和403类专业，需求人才总量超过33万人①。二是打造粤港澳大湾区（广东）人才港体系，粤港澳大湾区（广东）人才港于2022年开港，是贯彻中央、省委人才工作会议精神，打造粤港澳大湾区高水平人才高地，落实国家人社部和省政府战略合作协议的重大项目，是全国人才服务平台建设的重要创新，正在积极推动“省级主港+市县分港”和“实体港+云港”的一体化服务体系建设，目前，建成6个地市分港和1个行业分港。三是开展海内外高层次人才地市行活动。健全专家服务基层长效机制，依托部省市合作优势，开展“海内外高层次人才地市行”等高端人才品牌活动，助推人才成果高效转化。近年来，累计举办近100场海内外高层次人才地市行活动。四是提升高层次人才服务水平。深入实施人才“优粤卡”制度，于2023年发布2.0版本的《广东省人才优粤卡实施办法》，进一步优化各类人才在粤港澳大湾区发展、生活全链条服务。具体措施包括，实施人才优粤卡2.0版，进一步扩大对象范围，升级服务项目，持卡人可享受子女入学、港澳签注、停居留和出入境等服务。

---

① 《〈粤港澳大湾区（内地）急需紧缺人才目录〉发布》，2021年8月18日，广州市人民政府网，https：//www. gz. gov. cn/zt/qltjygadwqjsxsdzgzlfzdf/qwjd/content/post_ 7724577. html。

二　粤港澳大湾区建设高水平人才高地的优势

第一，体制机制优势。在粤港澳大湾区的建设中，中央和广东分别成立了粤港澳大湾区建设领导小组和广东省推进粤港澳大湾区建设领导小组。坚持党管人才的首要原则，逐步完善各地市人才工作的体制机制，深圳和江门先后成立了市级人才工作局，广州市黄埔区成立全国首个区级人才工作局。同时，在广东“一核一带一区”的发展战略中，把粤港澳大湾区的发展摆在首要位置，并提出以“湾区人才”工程，集聚湾区人才，支持粤港澳大湾区人才高地的建设。

第二，制度政策优势。国家为了支持粤港澳大湾区的建设，把部分权限下放。基于粤港澳大湾区、中国特色社会主义先行示范区、广东自贸区、南沙国际人才特区、前海深港现代服务业合作区、横琴粤澳深度合作区、海上丝绸之路、“一带一路”等相关的制度政策，在部分地区探索和形成一批人才高地建设和人才发展的先进经验，并进一步在其他地级市进行推广和实施。粤港澳大湾区在促进跨境人才便利执业上取得新进展：已实行港澳旅游、医疗卫生、建筑、教育、律师、会计、社工和专利代理等八大领域职业资格的认可工作。

第三，地理区位优势。粤港澳大湾区地处我国的南大门，有着毗邻港澳台的区位优势。目前，港澳在广州南沙、广州黄埔、深圳前海、深圳河套和珠海横琴等区域的科技、教育合作十分紧密，也在东莞、中山、江门等市进行相关的合作布局，抓住目前国际人才集聚和国际科技成果转化的机遇期，留下优秀人才；同时，又有丰富的资源优势，相比于江浙沪地区人才创新的跨区域联动和人才流动，粤港澳地区人才创新的联动效果显得更加紧密和更加聚集。

第四，人口基础优势。根据近期召开的广东省高质量发展大会透露，广东有 1.27 亿常住人口、每天约 1.5 亿实时在粤人口。广东在这两个指标上稳居全国第一。同时，香港通过高才通、优才计划等方式，有效地吸引大批人才加速回流，人才外流趋势暂停；澳门也成立人才发展专委会，于近年启动了人才引进计划。这些人口和人才向粤港澳大湾区和广东流动，形成了大湾区人才高地建设的人口基础优势。

第五，科教合作优势。在粤港澳大湾区区域内，香港的科创和教育优势突出，而广州侧重于教育，深圳侧重于科技创新。强化粤港澳大湾区人才高地内部的科教合作，发挥好已设立和在建的港澳及国内顶尖高校科研院所的校区和研究机构较多且联系紧密，同时，广东省内规模以上企业的研究机构 32434 个①，各类新型研发机构 277 个②，学科类省重点实验室 287 家③，企业类省重点实验室 148 家④。这些是粤港澳大湾区人才培养、储备和交流的优势。

三　粤港澳大湾区建设高水平人才高地的劣势

第一，人才区域分布不够均衡。据《广东统计年鉴 2023》统计（表 7-9），深圳、广州、东莞、佛山是粤港澳大湾区内部创新人才的主要聚集区，沿着粤港澳大湾区的东、西两岸和北部山区这三个方向的人才密度逐步变得稀少，并呈现出中心向外围递减的分布格局。

表 7-9　2021 年粤港澳大湾区内地城市 R&D 活动人员

地市	全社会 R&D 活动人员（人）	全社会 R&D 活动人员（人）#企业
广州	235741	138895
深圳	443644	420383
珠海	37641	33891
佛山	104465	98455
惠州	74114	71722
东莞	187637	182268
江门	39989	38086

① 该数据来自《中国科技统计年鉴 2023》，数据截点为 2022 年。

② 该数据来自《广东科技年鉴 2022》，数据截点为 2021 年底。

③ 该数据来自广东省科技厅官网公布的 2023 广东省重点实验室统计，http://gdstc.gd.gov.cn/zwgk_n/sjjd/content/post_4268892.html。

④ 该数据来自广东省科技厅官网公布的 2023 广东省重点实验室统计，http://gdstc.gd.gov.cn/zwgk_n/sjjd/content/post_4268892.html。

续表

地市	全社会 R&D 活动人员（人）	全社会 R&D 活动人员（人）#企业
中山	36733	34895
肇庆	13408	11296

资料来源：《广东统计年鉴 2023》。

第二，人才质量结构不够合理。一是高科技人才相对较少。拥有和掌握关键核心技术的科技领军人才和创新团队较少，2023 年广东全职两院院士要少于北京和上海。二是人才总体层次偏低。根据国家统计局第七次全国人口普查公报和《中国统计年鉴 2023》的抽样数据（表 7-10），广东人口总量和人口变动数量虽位居全国首位，但从各地区每 10 万人口中受大学教育程度的人数中广东（15699）低于北京（41980）、上海（33872）等地区。其中，广东在受研究生教育和本科教育的人数的占比上要均低于北京、上海，尤其是以硕士、博士研究生为代表的高学历人才占比偏低。三是人才国际化程度不高，以有效持证的外国高端人才（A 类）为例，广东在 2019 年底的数量仅超 1 万份，而上海在 2020 年 10 月的数量已达到 5 万份；海外高层次留学人才在大湾区创新创业的人才数量较少，以深圳为例，深圳留创园 2000 年成立以来累计吸引留学生仅有 1413 人。

表 7-10　　国内三大人才高地的人口受教育程度情况

地区	第七次全国人口普查公报		中国统计年鉴 2023①		
	人口总数（人）	每 10 万人口中受大学教育程度的人数（人）	6 岁及以上人口（人）	受研究生教育的人数（人）	受本科教育的人数（人）
广东	126012510	15699	121049	1043	11182
上海	24870895	33872	24462	1320	4997
北京	21893095	41980	21297	1918	5498

资料来源：《中国统计年鉴 2023》、国家统计局第七次全国人口普查公报。

① 该数据是《中国统计年鉴 2023》根据 2022 年全国人口变动情况的抽样调查数据，抽样比例为 1.023%。

第三，人才引育模式不够完善。一是人才引进模式较为单一，与上海的“白玉兰人才计划”和“东方英才计划”相比，粤港澳大湾区人才引进项目和种类较少，支持力度和覆盖面不够大，各地级市的人才计划也存在着同质化引才和过度竞争的问题，在人才梯队培育和建设方面的重视度不够。二是人才培育力度有待加强，粤港澳大湾区内部的高素质本土化人才相对较少，根据相关省市2020年国民经济和社会发展统计公报的数据，广东在研究生培养方面，在校研究生和毕业研究生分别为15.47万人和3.6万人，这两项数据与北京、上海等省市，以及京津冀和浙江沪等区域都存在着较大差距。

第四，高层次载体平台数量偏少。一是缺乏统筹管理平台支持。粤港澳大湾区人才高地的建设中，缺乏一个类似北京中关村科技园区管理委员会和上海推进科技创新中心建设办公室这一类型的统筹性管理平台。二是重大科技基础设施偏少，截止到2022年，广东已建成和在建的大科学装置的总数为14个[①]，与上海持平，但目前投入使用的仅有6个，远少于上海的14个。同时，建有一批国家级、省级实验平台和港澳联合实验室，并成建制、成体系引进21家高水平创新研究院落地建设。但对比于北京、上海等省市优质高校和科研院所的高度聚集，粤港澳大湾区在平台载体的拥有量上偏少的问题较为突出。

第五，人才发展环境有待提升。一是人才政策和人才服务有待加强，相关地市存在着相关政策的实施效果不佳，人才服务工作未能够全面覆盖的问题，以“优粤卡”为例，该卡目前主要服务于高端人才，缺乏对于大湾区青年人才的支持；二是人才评价科学化程度有待提高，以科研诚信为导向的评价机制有待完善，目前在项目评价和课题评价等方面需要继续优化调整；三是便利化程度有待加强，国际人才和港澳人才在粤港澳大湾区内部自由通行、居住停留方面的限制相比于北京、上海要严格一些。

① 该数据来自《广东统计年鉴2023》。

第四节　加快推进粤港澳大湾区高水平人才高地建设的对策建议

建设世界重要人才中心和创新高地，高质量建设好粤港澳大湾区高水平人才高地，举全省之力推进粤港澳大湾区建设，使粤港澳大湾区成为新发展格局的战略支点、高质量发展的示范地、中国式现代化的引领地，是党中央赋予广东的重大历史责任和使命。广东要牢牢抓住这一重要历史契机。在2023年以来，中共中央关于粤港澳大湾区高水平人才高地建设的总体方案，以及中共广东省委关于粤港澳大湾区高水平人才高地建设的实施方案已经印发给大湾区内地九市。针对目前面临的问题与挑战，持续推动新时代人才强省建设，携手港澳共同推动粤港澳大湾区高水平人才高地建设，可以从党管人才、顶层设计、体制机制、规则衔接、聚才平台、战略人才和人才生态等七个方面采取措施。

一　始终坚持党管人才基本原则，牢固树立人才驱动引领理念

1. 加强党对人才高地建设工作的全面领导，依托广东省委人才工作领导小组，成立高水平人才高地建设协调工作小组。基于党管人才原则和“一把手”抓牢“第一资源”的总体要求，在省级层面，由广东省委人才工作领导小组牵头成立高水平人才高地建设协调工作小组，下设人才高地建设工作办公室，由省委组织部负责日常管理，由广东省委、省政府主要领导任组长，相关职能部门“一把手”和各个地市“一把手”首任成员，全面领导和组织人才高地建设工作。同时，整合省委、省政府人才工作相关部门职能，加快筹建省人才工作局和省人才集团。在市级层面，21个地级市成立高水平人才高地建设协调工作小组，由地级市主要领导、相关局、区委一把手任组长和成员，并加快筹建市级人才工作局。同时，积极推动相关街道、企事业单位、行业协会和商会，依托所在单位党委、属地党支部建设一批基层人才服务工作站。

2. 坚持人才驱动引领的人才理念，建立广东高水平人才高地建设工作的目标责任制，加强对相关部门和单位的监督考核和问责激励制度建设。在省级层面，建立省级人才工作相关职能部门人才高地建设工作的目标责任制，重点深化教育、科技和人才的体制机制改革，通过年度工作目标的制定和考核，加强相关部门"一把手"的工作主动性，把高水平人才高地的体制机制建设摆在首要位置，积极接受省委、省政府以及人大代表、政协委员的监督考核。在市级层面，建立市、区（县）两级的人才高地建设工作的目标责任制，强化市、区两级党政"一把手"及相关部门"一把手"推动产业、科技和人才工作创新的积极性，并接受上级部门和社会各界的监督考核。同时，要建立人才高地建设工作的问责激励机制，重视各类各层次人才的需求感和满意度，并作为人才高地建设成效考核的重要依据，积极推动各级政府定期深入一线调研、关心和了解人才现状。对于推进人才工作机制创新取得突出成效的，可以将其工作做法和经验进行复制和推广。

二 加快优化人才高地顶层设计，分类制定高地建设目标方案

1. 加快粤港澳人才协同合作机制和广东区域人才协同合作机制建设，优化内外联动、合作协同的高水平人才高地顶层设计。积极争取在中央港澳办的指导下，高规格构建由粤港澳三地政府牵头，香港中联办、澳门中联办配合为核心的"3+2"湾区人才工作委员会和执行委员会。其中，工作委员会将由中央港澳办主要领导，粤港澳三地政府主要领导，以及香港中联办、澳门中联办主要领导组成，执行委员会由中央港澳办相关司局领导，粤港澳三地政府、香港中联办、澳门中联办相关职能部门领导组成。在省级层面，广东要发挥好湾区人才工作执行委员会的作用，加快完善执委会联席会议制度和规则。同时，广东要加快建设与横琴、前海、南沙三大重点平台，以及大湾区内地九个地级市间的"1+3+9"湾区人才协同工作机制。

2. 分类制定高水平人才高地建设的远期、中期、近期的战略目标和具体目标，基于地市实际情况因地制宜制定具体实施方案。根据中共

中央关于粤港澳大湾区高水平人才高地建设的总体方案，以及中共广东省委关于粤港澳大湾区高水平人才高地建设的实施方案。广东需要综合考虑粤港澳大湾区高水平人才高地与广东“一核一带一区”区域发展格局，以粤港澳大湾区国际科技创新中心和综合性国家科学中心的建设为牵引，构建以广深港、广珠澳科技创新走廊为主轴，以港深莞、广佛、澳珠为极点，其他城市协同支撑的“两廊三极多节点”人才高地格局。其中，支持与促进广州、深圳、珠海（横琴）三地建设世界级人才小高地，并带动广佛肇、深莞惠、珠中江三大城市群协同发展，打造世界性城市群和国际创新人才聚集带；支持东莞、惠州、佛山、肇庆、江门、中山等地加快建设省级特色人才高地；支持两个省域副中心城市汕头、湛江分别牵头沿海经济带的东西两翼建设省级海洋经济特色人才高地；支持粤北地区建设省级低碳经济特色人才高地。

三　持续深化人才高地体制机制改革，一体推进教育科技人才协同

1. 深化教育体制机制改革，推动教育发展模式创新

一是加快探索国际、港澳、国内知名高校合作办学模式，合作建设一批国际顶尖研究型大学的湾区分校（校区）和湾区研究院（新型研发机构），推动战略人才队伍联合培养模式的创新，并在政策措施、资金扶持、人才配置和属地服务等方面给予重点支持；二是加快探索省内“双一流”高校赴港澳地区办学模式，柔性引进国际优质师资队伍和科研力量，联合培育省内高校基础研究和应用基础研究的青年力量，推动高校基础研究和应用基础研究队伍培育模式的创新，并争取港澳特区政府部门给予支持；三是加快探索省内技校与高职融合办学模式，在教育部支持下，加快推动广州、深圳等地市的重点技工院校的试点工作，探索技能人才培养与高职人才培养融合贯通的新模式，创新复合型高技能人才、数字化技能人才的培养路径，并争取省、市两级教育、人社部门的大力支持和指导。

2. 深化科技体制机制改革，推动科创合作模式创新

一是加快探索并构建粤港澳三地科学城（园）创新发展协同机制，

依托粤港澳大湾区国际科技创新中心和国家科学中心先行启动区，借鉴北京中关村发展模式，构建以广州科学城、南沙科学城、光明科学城、松山湖科学城和横琴科学城等为基础的省级科学城（园）管理委员会，加快推动省内科学城体系内的人才流动、创新协同、科研合作，并携手香港科学园以及澳门科创平台在省内及大湾区建设科学园分园。

二是加快探索新型举国体制下重大科研平台基础设施重组，构建以广州实验室、鹏城实验室和粤港澳三地国家重点实验室为首，以省实验室、省重点实验室为支撑的基础研究与创新平台体系，持续打造重大科技基础设施集群和一流新型研发机构，探索建立一批国际科学研究联盟。同时，探索依托省内高校科研机构引进国际、港澳和国内高校高水平实验室落地湾区，并鼓励省实验室以及省内高校科研机构的国家重点实验室、省实验室，依托港澳院校设立省实验室-港澳分实验室。

三是加快探索粤港澳三地科创金融服务与技术转化支撑体系，构建大湾区投资金融体系服务科创机制，引导并打通国际、国有、港澳和民营金融机构支持科创的路径，切实利用好香港科技园、华南技术转移中心等各类技术转移和孵化平台，加快构建“基础研究+技术攻关+成果转化+科技金融+人才支撑”全过程创新生态链，强化多元化科技金融体系的支撑作用，重点建设“小验—中试—产业化”的人才创新成果转化支撑体系。

3. 深化人才体制机制改革，推动人才发展模式创新

一是加快探索人才政策体系一体化动态调整机制。根据粤港澳产业和人才发展情况，推动湾区人才政策体系一体化建设，避免大湾区城市间人才的无序竞争和流动衔接问题。建设人才政策评估体系，构建以人才协同为导向的政策制定、实施、监督的评估体系，并对相关政策开展定期评估，及时优化调整；建设人才政策标准体系，构建以分类人才队伍为序列，各类人才有序成长的共性人才政策标准规范体系，各地根据区域差异情况适当在政策内容的合理范围上进行倾斜；建设人才政策衔接体系，构建以湾区人才自由流动为导向的政策衔接体系，实现人才凭“人才卡”或“人才码”在大湾区城市间流动后两地政策的有效衔接，

破除人才流动过程中的政策性阻碍。二是加快探索人才引进培育定制化动态调整机制。基于“四个面向”、广东“双十”产业集群、香港“再工业化”和澳门“适度多元发展”等四方面需求为导向，构建湾区特色的人才引进培育体系。三是共同发布湾区产业科技引才计划，按照“人才+项目”“人才+平台”“团队+项目”“团队+平台”等方式，引导粤港澳三地企业、高等院校、科研院所自主引才。四是共同发起湾区产业科技育才项目，粤港澳三地加强高校、职业院校、技校联合育才项目合作，并积极探索湾区博士后、工程师、技能人才等联合培养项目。

四　持续深化人才高地机制规则衔接，加快构建国际领先制度体系

1. 加快推进广东省、市两级人才发展相关的条例起草修订与立法进程。推动省、市两级通过人才发展相关条例起草修订与立法进程，出台市级、区（县）级、区域《人才发展条例》，规范和支持各地级市中的各类人才的事业和发展，为各类人才在粤发展和工作营造出法治化环境，并以法律优势和规范化形式从根本上打造具有全球竞争力的人才制度体系。

2. 加快探索具有国际人才竞争力的制度体系，重点突出人才流动的双向作用。构建内地的“国际与港澳人才飞地”和港澳地区的“内地人才飞地”并存的国际高端人才集聚区，精准链接全球一流人才。鼓励支持更多有条件的地方建立与世界接轨的柔性引才机制。推动南沙国际人才特区、前海深港现代服务业深度合作区、横琴粤澳深度合作区、穗港智造特别合作区、深圳河套深港科技创新合作区等区域分领域进行跨境高端人才制度综合试点改革，打造香港北部都会区科创人才集聚地，制定吸引和集聚国内外高端人才的政策措施，大力吸引“高精尖缺”人才，给予符合条件的高端人才高度便利的出行和更加优质的服务。成熟的实践经验和举措可在广东各地级市进行推广，助力各地级市建设内外交融的国际高端人才集聚区。

3. 加快探索粤港澳国际人才协同的制度体系。一是拓展职业资格国际互认范围，建立高度便利化的境外专业人才执业制度，采用单向认

可、考试、备案等方式跨境便利执业，制定境外执业资格认可目录和清单管理。二是优化个人所得税优惠政策条件和适用范围，为各行各业境外高端紧缺人才来粤工作给予更加便利的个税补贴，并探索优秀人才直接免征机制；三是推动粤港澳居民社保、医保普惠共享，继续推动完善社保服务跨境协作机制，探索医保服务跨境使用模式，加快粤港澳三地社保、医保居民服务“一卡通”建设，积极推动粤港澳社保衔接。支持广深试点解决外籍高层次人才养老保险继续缴费问题。

五 共同推动教育科技人才融合，持续打造湾区高端聚才平台

1. 加快推进广东高层次人才统筹性管理平台建设，发挥国际科技创新中心的人才辐射作用。以粤港澳大湾区国际科技创新中心和国家科学中心先行启动区的建设为基础，加快建设粤港澳大湾区（广东）高层次人才综合数据库。以学科为标准、产业集群为导向，整合现有广东高层次人才资源，构建跨境联动的人才大数据平台、人才交流与技术资源共享云端对接平台。以重大科技基础设施集群和粤港澳大湾区联合重点实验室集群为主体，联合香港、澳门高水平大学，全面提升广东基础研究与应用基础研究实力。

2. 重点打造广东高端聚才平台，借助国家、广东、粤港澳大湾区的优质资源建设新型研究平台。基于“广深港—广珠澳”科技创新走廊，重点打造一批高水平人才聚集的区域性合作平台、科技创新平台、博士和博士后人才平台。争取在重点城市布局一批大科学装置，重点支持建设一批国家重点实验室和新型研发机构，在粤港澳三地布局一批高层次、高质量的联合科技创新平台加强粤港澳大湾区三地的平台资源共享，代表国家在更高层次上参与全球科技竞争与合作，提升广东人才在国际科技竞争中的影响力和主导权。围绕广东最新的产业集群规划和布局，推动一批优质的国家级创新平台通过设立分支机构、联合实验室和博士后工作站等多种形式落地，加快形成广东和粤港澳大湾区科技创新人才的雁阵格局。

3. 加快推动广东各类型优质创新平台的功能延伸，着力打造湾区

人才高质量发展的动力源。发挥好广东各类平台主体在人才工作前沿中引才、聚才、育才、用才、留才、管才等六方面的功能，强化综合服务水平，把一批优秀的战略科学家、领军科技人才、青年博士博士后，以及科技创新团队留在广东，在最大程度上发挥出优质平台的人才集聚效应。打造广东（粤港澳大湾区）世界级科技创新平台集群，充分利用香港国际化程度高、珠三角产业配套能力强的优势，新布局和引进先进光源、医疗健康等领域的一批优质创新平台落户广东。

六　高度聚焦国家战略力量建设，加快打造湾区战略人才梯队

1. 助推高层次复合型人才向战略科学家成长。围绕新一轮重点领域研发计划、“广东强芯”工程、核心软件攻关工程、显示制造装备璀璨行动计划、突破一批“卡脖子”技术、掌握一批“撒手锏”技术、储备若干前沿技术等重大任务，统筹布局一批“从 0 到 1”的基础研究和关键核心技术攻关的项目团队，从基础科学研究一线、高水平科技创新一线挖掘培养具有视野开阔、前瞻性判断力、跨学科理解能力、兵团作战组织领导能力动力等战略科学家潜质的高层次复合型人才，建设战略科学家成长梯队。

2. 注重科技领军人才遴选和创新团队建设。以“揭榜领题”“揭榜挂帅”“赛马制”等机制，调动科技领军人才的创新活力和创新动力，建立一套关键核心技术攻关人才特殊的调配机制，通过多部门、多行业全方位支持领军人才组建创新团队，并对领军人才实行人才梯队配套、科研条件配套、管理机制配套的“三配套”政策，加快关键核心技术突破。

3. 加强青年后备科技人才培养与队伍建设。实施青年科技人才数量倍增计划，根据中央文件精神重新修订《关于加快新时代博士和博士后人才创新发展的若干意见》，以更大的力度激励和引导国内顶尖高校应届毕业生、海外留学生等青年科技人才群体落地广东。同时，在广东省基础研究与应用基础研究基金中，加大对青年科技人才的支持力度，恢复博士科研启动项目，设置青年科技人才专项，并采用随机双向

盲审制度，根除“唯帽子”现象、论资排辈现象，为优秀青年人才在科学研究上快速成长扫清障碍。

4. 强化重点领域卓越工程师人才队伍建设。持续推进高校卓越工程师教育培养计划，充分发挥华南理工大学、南方科技大学两家国家卓越工程师学院，以及东莞、佛山的国家卓越工程师创新研究院对卓越工程师人才培育的引领性作用。加快“新工科”建设工作的开展，着力优化理工科、工程类硕博人才协同培养模式。将卓越工程师人才的培养重点聚焦于新一代通信技术、人工智能、智能家电、汽车、生物医药与健康、软件与信息服务、高端装备制造、超高清视频、前沿新材料等相关的学科专业和产业领域。进一步强化校企合作、产学研合作，积极引导科研力量、社会资源共同参与推动卓越工程师人才梯队的建设。

5. 支持重点领域企业高技能人才队伍建设。持续推进重点企业技能人才队伍培养机制建设，支持龙头企业、链主企业联合高等院校、职业院校、技师学院创办“企业大学”。一方面，持续发挥产教融合在高校院校理工类、工程类人才，以及应用类人才培养方面的积极作用，可以为企业发展提供较为合适且紧缺的高水平技能人才、专业技术人才和经营管理人才。同时，基于校企合作，高校专家可以指导企业内部人才培养体系的建设，以共建企业大学、企业研究院等多种形式，加强企业内部的技能人才、专业技术人才和经营管理人才的素质能力的提升。另一方面，高度重视企业在产学研方面的前沿优势和协同作用，相关的前沿理论、观点、技术可以及时更新，并运用到高等院校、科研院所的人才培养工作中，有力地支持相关领域的人才培养。

七　不断优化湾区人才发展生态，持续厚植湾区人才创新沃土

1. 持续打造具有国际影响力的人才交流活动平台和人才活动品牌项目。一是高质量建设一批国际人才交流活动平台，坚持高质量办好“大湾区科学论坛”“中国国际人才交流大会”“高交会”“海交会”等人才流动活动；二是高水平办好一批国际人才活动品牌项目，持续办好“海外专家南粤行”“粤港澳大湾区博士博士后创新创业大赛”“粤港澳

大湾区人才服务高质量发展大会”等特色活动。

2. 持续完善智能化、数字化的人才服务与人力资源服务保障体系。打造好粤港澳大湾区（广东）人才港体系、以华南技术转移中心为代表的人才综合服务平台体系，建立具备国际竞争力的人力资源服务产业集群和大湾区产业联盟。推进广东各地市加快建设省、市、区三级联动的人才综合服务平台体系和人力资源服务体系。出台服务更优的优粤卡实施办法。进一步解决了人才在税收优惠、交通出行、子女入学、安居保障等方面新的更高要求，实现高层次人才服务全省“一卡通用”。

3. 持续完善宜居宜业特色鲜明的大湾区人才安居乐业体系。加快打造一批高质量的中国特色和国际特色相互融合的高端人才社区、人才公寓，创新人才社区设计理念，从布局改良向空间缝合转变，并在大湾区内地 9 市加快建设以港澳人才、外国人才、海归人才为主的高端人才社区，打造有多元文化、有创新事业、有宜居生活、有服务保障的居住体系。加快引进和培育港澳和内地的优质基础教育机构和医疗养老机构，大湾区内地 9 市引进和培育一批优质的港澳基础教育机构和医疗养老机构，进一步解决人才在子女入学、安居保障等方面新的更高要求，为各类人才留在大湾区发展、服务大湾区建设提供切实保障。

参考文献

陈振明主编：《公共管理学——一种不同于传统行政学的研究途径》(第二版)，中国人民大学出版社 2003 年版。

丁向阳：《人才竞争战略》，蓝天出版社 2005 年版。

广东省教育厅编：《广东省高等职业教育质量年度报告（2023）》，广东高等教育出版社 2023 年版。

广东省统计局、国家统计局广东调查总队编：《广东统计年鉴 2022》，中国统计出版社 2022 年版。

广东省统计局、国家统计局广东调查总队编：《广东统计年鉴 2023》，中国统计出版社 2023 年版。

郭跃文、游霭琼、周仲高等：《粤港澳大湾区高水平人才高地建设研究》，社会科学文献出版社 2023 年版。

李中斌：《人才学概论》，中国社会出版社 2006 年版。

罗洪铁、周琪主编：《人才学原理》，人民出版社 2013 年版。

潘晨光主编：《中国人才发展报告（2010）》，社会科学文献出版社 2010 年版。

潘晨光主编：《中国人才发展报告 No. 2》，社会科学文献出版社 2005 年版。

孙锐：《建设新时代人才强国——面向高质量发展的人才工作研究》，人民出版社 2023 年版。

孙锐、范青青等：《海外及港澳台人才引进政策新动向分析》，经济科学出版社 2023 年版。

王通讯：《王通讯人才论集》（1—5 卷），中国社会科学出版社 2001 年版。

萧鸣政、戴锡生主编：《区域人才开发的理论与实践》，中国劳动社会保障出版社 2009 年版。

萧鸣政、韩溪：《政府人才管理研究》，北京大学出版社 2009 年版。

萧鸣政等编著：《中国人力资源服务业蓝皮书（2012—2023）》，人民出版社 2012—2023 年版。

萧鸣政主编：《中国政府人力资源开发概论》，北京大学出版社 2004 年版。

张再生：《中国人才资源配置前沿问题研究》，天津人民出版社 2000 年版。

赵曙明：《中国企业集团人力资源管理战略研究》，南京大学出版社 2003 年版。

郑贤操、萧鸣政主编：《广东省人才发展研究报告 2021》，中国社会科学出版社 2022 年版。

中共中央党史和文献研究院编辑：《习近平关于人才工作论述摘编》，中央文献出版社 2024 年版。

[美] 西奥多·舒尔茨：《对人进行投资——人口质量经济学》，吴珠华译，商务印书馆 2017 年版。

包惠、符钢战、祝影：《西部地区人才环境综合评价——基于因子分析的结果》，《北方经济》2007 年第 13 期。

薄贵利、郝琳：《论加快建设世界一流人才强国》，《中国行政管理》2020 年第 12 期。

陈辉、刘丽伟：《公共部门人力资源开发与管理价值基础分析》，《行政论坛》2010 年第 5 期。

陈杰、李玉晗：《人才高地建设的经验与启示：从粤港澳人才合作示范区到粤港澳大湾区》，《特区经济》2023 年第 8 期。

陈鹏、刘铖：《合并转设背景下本科职业教育推进的民众阻抗及其消解——基于新制度经济学的民众舆情分析》，《教育研究》2022年第6期。

崔宏轶、潘梦启、张超：《基于主成分分析法的深圳科技创新人才发展环境评析》，《科技进步与对策》2020年第7期。

崔少泽、邱华昕、王苏桐：《城市人才吸引力评价模型研究——以深圳市为例》，《科研管理》2021年第7期。

丁明磊：《弘扬新时代科学家精神　加快建设国家战略人才力量》，《今日科技》2024年第5期。

丁明磊：《切实发挥科学家精神在国家战略人才力量建设中的引领作用》，《国家治理》2024年第2期。

董克用：《关于人力资源开发的理论思考》，《中国人力资源开发》1997年第7期。

窦超、李晓轩：《中部科技人才开发效率评价及其影响因素研究》，《科研管理》2017年第S1期。

方妙英、程发良：《高校师资队伍建设创新研究——以广东“千百十工程”为例》，《中国成人教育》2010年第15期。

方铁、杨东风、崔建国：《解决人事工作与经济工作两张皮的重大举措：论整体性人才资源开发战略》，《中国行政管理》1997年第9期。

韩婕：《加快建设国家战略人才力量》，《中国人才》2022年第1期。

胡计虎：《安徽职业教育产教融合面临的现实问题与解决策略》，《教育与职业》2024年第19期。

蒋锐：《如何加强公共卫生应急人才队伍建设》，《人力资源》2020年第14期。

柯江林、姚兰芳、王建民：《国内一流大学战略人才发展指数构建与检验》，《中国高教研究》2016年第6期。

李华、郭丽娜、张卫国：《新型城镇化背景下的农村人力资源开发评价指标体系研究》，《生态经济》2016年第1期。

李素敏、陈欢欢、刘冬冬：《中国特色学徒制与实践教学体系耦合的机理、困境与路径》，《现代教育管理》2024年第3期。

李锡元等：《我国人才激励机制存在的问题与对策》，《中国行政管理》2014 年第 3 期。

李欣、范明姐、杨早立等：《基于结构方程模型的科技人才发展环境影响因素》，《中国科技论坛》2018 年第 8 期。

李旭辉、夏万军：《基于五大发展理念的人才发展环境动态评价实证研究——以国家自主创新示范区为例》，《北京理工大学学报》（社会科学版）2020 年第 2 期。

李燕萍：《区域人力资源开发程度的测定指标体系构建》，《统计研究》2001 年第 7 期。

林枚：《高校青年教师创新能力培养研究》，《教育研究》2013 年第 9 期。

刘超等：《人才强国战略的实施与人才评价机制研究》，《中国行政管理》2013 年第 10 期。

刘洪银：《我国人才政策评价与展望》，《广东社会科学》2013 年第 1 期。

刘金英：《加强科技人才引育赋能企业高质量发展——评〈我国企业科技人才吸引力研究〉》，《科技进步与对策》2020 年第 23 期。

刘丽、杨河清：《首都地区人才发展环境研究》，《中国人力资源开发》2006 年第 12 期。

罗瑾琏：《企业竞争力的人力资本与组织资本诠释》，《上海管理科学》2008 年第 4 期。

倪超、王颖：《战略人才与经济增长：基于中国 1978—2011 年时间序列数据的分析》，《经济问题探索》2014 年第 2 期。

戚湧、魏继鑫、王静：《江苏科技人才开发绩效评价研究》，《科技管理研究》2015 年第 5 期。

师璐、黎莉、邢方敏：《公共卫生人才培养的问题与对策——基于新冠肺炎疫情的思考》，《中国高教研究》2020 年第 5 期。

石金楼：《基于因子分析的江苏省人才环境评价研究》，《南京社会科学》2007 年第 5 期。

石磊:《奋力建设国家战略人才“金字塔”》,《经济》2023 年第 12 期。
司江伟、陈晶晶:《“五位一体”人才发展环境评价指标体系研究》,《科技管理研究》2015 年第 2 期。
苏中兴、周梦菲:《实施新时代人才强国战略强化现代化建设人才支撑》,《中国行政管理》2022 年第 12 期。
孙健、尤雯:《人才集聚与产业集聚的互动关系研究》,《管理世界》2008 年第 3 期。
孙锐:《面向高质量发展壮大工程师战略人才力量》,《中国人才》2024 年第 2 期。
孙锐:《人才集聚与区域创新》,《科学学与科学技术管理》2010 年第 1 期。
孙锐、吴江:《创新驱动背景下新时代人才发展治理体系构建问题研究》,《中国行政管理》2020 年第 7 期。
万星辰、施杨、秦燕:《城市人才吸引力评价指标体系的设计思路》,《产业与科技论坛》2013 年第 10 期。
王成军、宋银玲、冯涛等:《基于 GRA-DEA 模型的创新型科技人才开发效率评价研究——以陕西省青年科技新星计划为例》,《科技管理研究》2016 年第 36 卷第 4 期。
王崇曦、胡蓓:《产业集群环境人才吸引力评价与分析》,《中国行政管理》2007 年第 4 期。
王芳、张洪春:《师承教育对中医文化守正创新的重要价值及其实践路径》,《中医杂志》2023 年第 15 期。
王建民:《凝聚国家战略人才力量的管理策略》,《经济》2023 年第 12 期。
王建民:《战略人才的研究基础与发展逻辑》,《中国人力资源开发》2014 年第 15 期。
王建民、钱诚:《构建粤港澳大湾区支撑中国式现代化建设战略人才高地:生态分析与战略实现》,《中国人事科学》2024 年第 4 期。

王磊等：《人才引进政策比较研究》，《中国人才》2010 年第 23 期。
王亮、马金山：《基于熵值法的科技创新人才发展环境评价研究》，《科技创新与生产力》2015 年第 3 期。
王通讯：《区域经济与人才开发》，《中国人才》2008 年第 17 期。
王振：《强化财会监督背景下中医药人才培养项目绩效评价体系研究》，《中国卫生经济》2023 年第 12 期。
吴江：《建设国家战略人才力量的制度创新》，《中国人才》2023 年第 3 期。
吴淑元：《人才政策与人才强国战略研究》，《科技管理研究》2011 年第 19 期。
萧鸣政、饶伟国：《基于人力资本的人力资源开发战略思考》，《中国人力资源开发》2006 年第 8 期。
谢俏洁：《国内外人才引进政策比较研究》，《华东经济管理》2009 年第 7 期。
熊磊、张庆芝、杨若俊等：《中医人才培养改革与实践——以云南中医药大学为例》，《中医教育》2024 年第 2 期。
徐斌、马金：《区域经济发展中的人力资源开发与管理研究》，《人口学刊》2000 年第 4 期。
徐明：《基于人才集聚的科技政策对关键核心技术攻坚的影响——以北京市为例》，《北京社会科学》2023 年第 10 期。
杨丽丽：《乡村振兴战略与农村人力资源开发及其评价》，《山东社会科学》2019 年第 10 期。
杨嵘均：《我国公共部门人力资源开发与管理的价值转型与制度设计——基于环境—价值—制度研究范式的探讨》，《中国行政管理》2014 年第 4 期。
杨晓冬：《中国特色博士后制度，为国家战略人才培养贡献中坚力量》，《中国人才》2022 年第 1 期。
叶春燕、宋林佳：《农村科技人力资源的开发模式调整与优化》，《农业经济》2021 年第 1 期。

于海波、张璐、李旭琬等：《中国省级战略人才发展的比较研究》，《中国人力资源开发》2014 年第 19 期。

曾宪奎：《新阶段国家战略人才力量建设：聚焦高校人才教育》，《中国劳动关系学院学报》2023 年第 3 期。

张书凤、沈进：《我国区域人才发展指数研究》，《科技管理研究》2007 年第 11 期。

张同全、石环环：《科技园区创新人才开发政策实施效果评价——基于山东省 8 个科技园区的比较研究》，《中国行政管理》2017 年第 6 期。

赵利霞：《江西省人才吸引力分析和对策研究》，《企业导报》2009 年第 10 期。

赵普光、吕尧太：《基于山东省新旧动能转换战略的人才发展环境评估指标体系构建》，《中共青岛市委党校青岛行政学院学报》2018 年第 4 期。

赵治纲：《深化科技体制机制改革　提升产业链总体竞争力》，《中国行政管理》2020 年第 11 期。

郑代良、钟书华：《中国高层次人才政策现状、问题与对策》，《科研管理》2012 年第 9 期。

周龙英：《“一带一路”战略人才需求效应下的高等教育路径探析》，《中国成人教育》2017 年第 4 期。

周文斌：《我国建设世界重要人才中心的生态保障战略研究》，《经济管理》2024 年第 4 期。

王寅龙：《中国上海市新能源人才吸引力影响因素的实证研究》，2017 第二届经济、金融与管理科学国际会议，2017 年。

《2022 年广东省教育事业发展统计公报》，广东省教育厅网，https：//edu. gd. gov. cn/zwgknew/sjfb/content/post_ 4196860. html。

《汕头每年拿出 3 亿元兑现人才政策红利》，2023 年 11 月 1 日，新浪网，https：//finance. sina. com. cn/jjxw/2023-11-01/doc-imztcunh8671693. shtml。

《政策发布丨〈中山市新时代人才高质量发展二十三条〉》，2022 年 4 月 23 日，中山市人力资源和社会保障局网，http：//hrss. zs. gov. cn/gkmlpt/content/2/2096/post_ 2096520. html#3323。

Jackson D. , Carr S. C. , Edwards M. , et al. , "Exploring the Dynamics of New Zealand's Talent Flow", *New Zealand Journal of Psychology*, Vol. 34, No. 2, 2005, pp. 110-116.

Karren, Ronald, J. , Talent Flow, "A Strategic Approach to Keeping Good Employees, Helping Them Grow, and Letting Them Go", *Personnel Psychology*, Vol. 55, No. 2, 2002, pp. 548-550.

Ravenstein E. G. , "The Laws of Migration", *Journal of the Royal Statistical Society*, No. 2, 1889, pp. 241-305.